ZIBENLUN
ZAI ZHONGGUO

《资本论》在中国

崔占峰　等著

山西出版传媒集团
山西教育出版社

图书在版编目（CIP）数据

《资本论》在中国 / 崔占峰等著. — 太原 ：山西教育出版社，2021.1（2022.1 重印）

ISBN 978-7-5703-1148-4

Ⅰ. ①资… Ⅱ. ①崔… Ⅲ. ①《资本论》-马克思著作研究②马克思主义-发展-研究-中国 Ⅳ. ①A811.23②D61

中国版本图书馆 CIP 数据核字（2020）第 123563 号

《资本论》在中国

ZIBENLUN ZAI ZHONGGUO

选题策划 郭志强
责任编辑 崔 璨
复 审 刘晓露
终 审 郭志强
装帧设计 薛 菲
印装监制 蔡 洁

出版发行 山西出版传媒集团 · 山西教育出版社
（太原市水西门街馒头巷 7 号 电话：0351-4729801 邮编：030002）
印 装 山西人民印刷有限责任公司
开 本 890 mm × 1240 mm 1/32
印 张 10.875
字 数 233 千字
版 次 2021 年 1 月第 1 版 2022 年 1 月山西第 2 次印刷
书 号 ISBN 978-7-5703-1148-4
定 价 39.00 元

1867年问世的《资本论》是马克思主义最厚重、最丰富的著作，被誉为“工人阶级的圣经”。晚年，马克思依然密切关注世界发展新趋势和工人运动新情况，努力从更宏大的视野思考人类社会发展问题。

……

马克思的一生，是不畏艰难险阻、为追求真理而勇攀思想高峰的一生。马克思曾经写道：“在科学上没有平坦的大道，只有不畏劳苦沿着陡峭山路攀登的人，才有希望达到光辉的顶点。”马克思为创立科学理论体系，付出了常人难以想象的艰辛，最终达到了光辉的顶点。他博览群书、广泛涉猎，不仅深入了解和研究哲学社会科学各个学科知识，而且深入了解和研究各种自然科学知识，努力从人类创造的一切文明成果中汲取养料。马克思毕生忘我工作，经常每天工作16个小时。马克思在给友人的信中谈到，为了《资本论》的写作，“我一直在坟墓的边缘徘徊。因此，我不得不利用我还能工作的每时每刻来完成我的著作”。即使在多病的晚年，马克思仍然不断迈向新的科学领域和目标，写下了数量庞大的历史学、人类学、数学等学科笔记。正如恩格斯所说：“马克思在他所研究的每一个领域，甚至在数学领域，都有独到的发现，这样的领域是很多的，而且其中任何一个领域他都不是浅尝辄止。”

——习近平：《在纪念马克思诞辰200周年大会上的讲话》

序 言

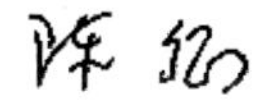

《资本论》不仅是马克思的政治经济学著作，更是一部马克思主义的百科全书，是许多学科研究的对象。自美国次贷危机以来，对《资本论》的学习和研究就不断掀起新的高潮，这说明《资本论》中的方法及许多原理仍然具有旺盛的生命力。让《资本论》走出研究所，走出象牙塔，走进大众视域，尤其让青少年能通过阅读“走近”和“走进”《资本论》，是一项有着特殊意义的工作。

《资本论》在中国的传播和发展经历了数代人的努力，从翻译介绍到解说，再到各种专题研究，无不凝聚了许多学人长期甚至一生的心血。《资本论》在中国的传播、发展过程也是其中的原理和方法在社会主义建设和发展中不断被运用的过程。以往关于《资本论》的研究，如《〈资本论〉的写作与传播》《〈资本论〉在中国的传播》均为后学者走近《资本论》提供了宝贵的索引，《〈资本论〉脉络》和《〈资本论〉解说》更为学习者走进《资本论》指明了深入研读的途径，这些著作已成为《资本论》学习者手中的经典。这些著作带有鲜明的时代印迹，主要是提供给专业学习者和研究者使用的。而如何能让更多普通大众尤其是青少年也愿意接触和走近《资本论》，我认为结合时代发展变化，编著一本带有大众普及意义的、可读性更强的《〈资本论〉在中国》，有着特别重要的意义。

《资本论》在中国的传播不仅要有深度，更需要广度。特别欣慰的是崔占峰教授曾经作为我的博士生，对《资本论》进行过系统的学习和比较深入的研究，热衷于《资本论》的学习、研究和传播数十年，他学术素养较高，取得了很多较高水平的学术成果，相信这本书的完成和出版，能成为让更多人喜欢去阅读、走近《资本论》的有益尝试。去年是《资本论》第一卷出版150周年，今年是马克思诞辰200周年，该书如果能出版，其具有的时代和社会意义是十分深远的。

当前，我国已进入社会主义发展的新时代，社会主要矛盾发生变化，经济社会发展出现了许多新情况和新问题，这便需要对《资本论》中的原理和方法从宏观上把握和辩证理解，汲取发展中的经验和教训。《资本论》并没有过时，相反，其中的一些原理和思想在新时代恰恰彰显出了更旺盛的生命力。

另感欣慰的是，在崔占峰教授的周围又聚集了很多愿意接触、研读并为《资本论》的进一步传播积极努力的年轻人。看到我的学生的学生愿意参与到《〈资本论〉在中国》这项有特殊意义的写作中来，不仅欣慰，更感到振奋。这就是马克思主义在中国的希望！通过他们的努力，将会使更多不同的行业和领域成为《资本论》传播的场域；会让更多不同年龄和职业的人成为《资本论》的阅读者，甚至成为专门的学习者和研究者；将让更多人因为读《资本论》而熟悉、接受并发展地运用其中的原理和方法！更加深远的意义在于，其中所蕴含的价值观将依靠这种途径逐渐成为社会的主流价值观。可以预见，该书的写作和出版，将给《资本论》的学习研究提供更多的阅读素材，尤其是其讲故事的写作风格更能引起青年读者的兴趣，这一意义珍贵并值得期待！

这本《〈资本论〉在中国》不仅努力做到严谨，还试图实现严谨与生动有趣结合，相信本书的作者们所做的这些尝试和努力会让读者有一种新的阅读感受。当然我也希望学界同仁能够以温润宽厚的风范指出其写作中的不足，并能包容其在写作中不成熟的方面，共同为马克思主义在中国的传播贡献力量。

目　录

传播篇
《资本论》在近现代“走完长征”

发展篇

《资本论》在新时代“更上一层楼”

传播篇

《资本论》在近现代“走完长征”

第一章

千磨万击还坚劲　任尔东西南北风

——《资本论》的写作历程

《资本论》是一部博大精深的辉煌巨著，是马克思政治经济学研究的结晶。当时，随着资本主义生产方式在欧洲的迅速发展，资本主义社会所固有的矛盾逐渐暴露出来，无产阶级反对资产阶级的斗争日益尖锐与复杂化。为了斗争的需要，为了给无产阶级提供强大的理论武器，马克思从无产阶级的革命利益出发，用了40年的时间完成了这部工人阶级的“圣经”。他横眉冷对阶级敌人施加的疯狂政治迫害和一些流亡者败类卑鄙的人身攻击，不顾自己和家人的贫病交迫，夜以继日地从事着紧张的理论研究工作……

一、冒“资本家”之大不韪

——《资本论》的写作背景

《左传·隐公十一年》有这样一则记载：“郑、息有违言，息侯伐郑。郑伯与战于竟，息师大败而还。君子是以知息之将亡也。不度德，不量力，不亲亲，不征辞，不察有罪，犯五不韪而以伐人，其丧师也，不亦宜乎!”[①]意思是说，同为周宗室姬姓的息侯与郑伯一言不合，息侯就带兵讨伐郑国，结果在郑国的边境被打得狼狈不堪。很多人因此嘲笑息侯，说他竟然敢干天下人都认为不对的事，息国可能就要灭亡了，这也是“冒天下之大不韪”的出处。确实，就息侯的鲁莽而言，这确实可笑，但他终究也是为了自身去冒天下之大不韪，倘若一个人为了与自己毫不相干的人去冒天下之大不韪，又会招来别人怎么样的目光呢?

（一）欧洲的“孙悟空”与“吸血鬼”

在《西游记》中有这么一回，唐僧师徒四人途经凤县郡，唐僧要八戒去给自己找水，可这件事却难倒了八戒，偌大的一个郡，竟然拿不出一杯水来招待这位大唐高僧。师徒四人走进凤县郡郡主家中，只见凤县郡郡主正设案供香跪拜，为百姓求雨。见到高僧来临，郡主立即起身迎接，并告知这里已经好多年没有下雨了，百姓在死亡线上挣扎，甚是凄惨，因此实在难以用水来招待这位大唐高僧。面对百姓的艰难生活，孙悟空即刻来到天庭，多方打探缘由之后，才知是因一场误会，让玉帝觉得郡主对自己大不敬，于是便在披香殿设了一座米山，让一只鸡在那啄；设了一座面山，让一条狗舔；设了一把铁锁，让一盏油灯烧，直到鸡吃完米，狗舔完面，火烧断了锁才能给凤县郡降雨。孙悟空认为，郡主并非有意得罪，玉帝这样对待平民百姓实属不该，于是

① 《春秋左传注疏》卷三。

带着八戒大闹披香殿。玉帝最终也承认错误，并降旨落雨凤县郡。事后凤县郡郡主写下了一首诗来感恩师徒四人的帮忙：

田畴久旱逢甘雨，河道经商处处通。
深感神僧来郡界，多蒙大圣上天宫。
解除三事从前恶，一念皈依善果弘。
此后愿如尧舜世，五风十雨万年丰。

孙悟空不畏权贵，敢于站在广大贫苦百姓一边，替他们向权贵讨要公道的行为被千古流传。但仔细分析一下，孙悟空之所以能够让凤县郡在这么短的时间内降雨，主要是因为玉帝感到自己没能在凤县郡得到应有的尊重、丧失颜面而生气，而他与凤县郡之间没有直接的利益关系，更重要的是玉帝并未被任何邪恶势力所“挟持”。

如果大家坐上穿越机，来到19世纪40年代的欧洲，那里有位满脸络腮胡子的《莱茵报》主编，他虽然充当着西方“孙悟空”的角色，却没有孙悟空的运气。他所面对的权贵是一心想占他人之物为己有的“吸血鬼”——资本家和只要“吸血鬼”提供一丁点儿好处就被迷惑和利用的普鲁士政府当局。

尽管百姓已经瘦骨嶙峋，可是他们仍没有一点儿暂停“吸血”的意思。就在这时，这群“吸血鬼”眼珠一转，狰狞的脸上又露出了一丝诡笑，因为他们又有了新主意。他们决定再次“为利益而战”。于是，几名农民因为捡用了树林里的一些枯树枝被抓，在如何处置此事的问题上，普鲁士政府为了维护统治者的利益，临时提出了一个法案：农民禁止采伐林木，否则按盗伐惩处。1841年，莱茵省议会会议对这一法案进行了讨论和表决，最后议会不仅决定对砍伐林木者给予严惩，而且还变本加厉，把拾捡枯柴也当作盗窃行为，给予同样严厉的惩罚。就这样，原本由地主和农民共同拥有、共同使用的森林木材从此变成了地主的私有物。就在农民天真地以为使用的是自己的木材时，殊不知自己早已被扣上“盗贼”的帽子，还将面临严厉的处罚。

图1 普鲁士政府议会会议

或许是年轻气盛、血气方刚，“林木盗窃案”（也就是后来马克思所说的：“第一次遇到要为所谓物质利益发表意见的难事。”[①]）再也不能让学习法律的马克思沉住气，他无法一再忍受

① 《〈政治经济学批判〉序言》，选自《马克思恩格斯选集》（第2卷），人民出版社1995年版，第81页。

这群“吸血鬼”了。于是马克思先后多次公开表示要站在“最贫苦阶级”的一边，与当局政府和容克地主展开坚决斗争。他利用自己《莱茵报》主编身份的优势，在该报发表了多篇文章。特别是《关于林木盗窃法的辩论》一文明确指出：把农民拾捡枯柴视为盗窃林木是荒谬的，拾捡枯树枝应该是合法的占有，绝不是什么盗窃！莱茵省议会通过这类法案，说明议会已经沦为地主阶级私人利益的工具。文章揭露了普鲁士反动当局剥削和压迫农民的丑恶罪行，抨击了当时的社会政治制度。但由于当时马克思对政治经济学一无所知，还不能从经济关系上对该事件进行剖析，因此，只能从法学的角度加以抨击。

Rheinische Zeitung
für
Politik, Handel und Gewerbe.

图2 《莱茵报》

之后不久，马克思又遇到了摩塞尔河流域酿造葡萄酒的农民的经济状况问题。于是，马克思发表了一篇关于酿酒农民生活极端贫困的报道。没想到莱茵省总督对此大动干戈、兴师问罪，指责马克思的文章是在歪曲事实、诽谤政府。马克思对此也毫不示弱，进行深入调查之后，在《莱茵报》上发表了言辞更加犀利的《摩塞尔记者的辩护》一文予以回击，指出酿酒农民之所以生活如此艰苦，并不在于自然环境的恶劣和个别官吏的失职，而在于整个普鲁士政府的官僚制度。

正是这几件有关贫困农民的难事成为推动马克思开始研究政治经济学的直接动因。正如恩格斯所回忆的："我曾不止一次地听到马克思说，正是他对林木盗窃法和摩塞尔河地区农民处境的研究，推动他由纯政治转向研究经济关系，并从而走向社会主义。"①

上面这位《莱茵报》主编并没有对"吸血鬼"的切身利益造成多大的影响，但是他发表的文章针砭时弊，切中要害，就像鞭子一样狠狠地鞭挞着政府当局。"吸血鬼"们开始如坐针毡，生怕自己的"私人银行"——被剥削者突然被"洗脑"，他们万一起身反抗怎么办？为了保险起见，他们与政府狼狈为奸，雷厉风行地查封了《莱茵报》。1843年3月，马克思被迫离开《莱茵报》，但这并没有对马克思造成很大影响，他甚至更乐意从社会舞台退回书房，致力于研究他的政治经济学。同年6月，马克思与热恋了七年的燕妮完婚。在以后漫长的岁月中，燕妮既是马克

①《恩格斯致理·费金》，选自《马克思恩格斯全集》（第39卷），人民出版社1995年版，第446页。

思深爱的妻子，又是对儿女关怀备至的母亲；既是可信赖的书信代笔者，又是富有智慧、患难与共的战友。

图3　马克思与燕妮

图4　为马克思誊写书稿的燕妮

马克思退出社会舞台，一度给了资本家一种幻觉，想当然地认为这一仗他们是完胜的。他们或许还在沾沾自喜，以为这个“无名小卒”从此应该可以“老老实实”地生活了，毕竟他作为主编的唯一优势已经被剥夺了。

随着资本家的资本积累越来越充足，生产规模日益扩大，无产阶级和资产阶级之间的矛盾逐渐加深。“屋漏偏逢连夜雨”，不管在何时何地，总会有一些见风使舵的“识时务者”。他们兴风作浪、为虎作伥，为了适应资产阶级的需要，开始炮制为资产阶级进行粉饰和辩护的经济学说（马克思称之为庸俗经济学）来迎合资产阶级的需要。这为资产阶级的恶劣行径披上了堂而皇之的“科学”外衣。有了为自己歌功颂德的帮手，资本家们的行为变得愈发猖狂，因为这些思想很可能会给大多贫困的农民进行“洗脑”，使他们永远听从于自己的命令。这种状况进一步引起了马克思对贫苦农民的怜悯与担忧，庸俗经济学的出现成了推动马克思研究政治经济学的另一个重要动因。

《莱茵报》的查封和庸俗经济学的出现，不但没有磨灭马克思伸张正义的念头，反而更加坚定了他要引导无产阶级站起来的决心，他决定创建科学的经济学理论。因此在“吸血鬼”看来是“釜底抽薪”的大计谋，对马克思来说也不过是“扬汤止沸”的小伎俩。当然，能够让马克思如此之快地投入到这项工作之中，还有一剂催化剂，那就是在工人运动中出现了各种小资本主义的社会主义思潮。他们或许是被“吸血鬼”长期压迫，对其望而生畏，因此极力反对阶级斗争，将自己“翻身做主人”的希望寄托在那群“吸血鬼”的善心上，希冀有一天资本家可以良心发现，减轻对他们的剥削，殊不知这根本就是“与虎谋皮”！列宁后来曾评论这种思潮：“既不会揭示资本主义制度下雇佣奴隶的本质，又不会发现资本主义发展的规律，也不会找到能够成为新社会的创造者的社会力量。”①这种思想给每个革命工人“裹了双脚”，严重阻碍着工人运动的发展，同时也在无意间向马克思的政治经济学的“火苗”泼“冷水”。对这种流传于工人运动中的社会主义思潮的批判，也成为马克思研究和创立新的政治经济学的重要力量。

“吸血鬼”们还在疯狂地吮吸着无产阶级的鲜血，他们就像一只气球，完全不知道自己随时都有“爆炸”的危险，只知道要不断“充实”自己。天公不作美，后来“吸血鬼”们的工厂中站

①《马克思主义的三个来源和三个组成部分》，选自《列宁选集》第2卷，人民出版社2012年版，第313页。

满了能够支配工人、工作效率要比工人高很多的“怪兽”，这些“怪兽”疯狂地排斥工人、将工人一批又一批地赶到大街上，让他们失去被剥削的机会，这就是我们后来所说的第一次工业革命。英国作为当时最大的“世界工场”，在那里，工人被抛弃到街头的现象最为明显，正如恩格斯所说，“产业革命的最重要的产物是英国无产阶级”[①]。和往常一样，“吸血鬼”们丝毫没有觉察到自己的身躯已经膨胀到了极点，所不同的是一贯被剥削的无产阶级不知何时，突然从梦中惊醒，他们就像一只被“枪”指着的“猛虎”，开始想方设法在“猎人”面前周旋。

法国的工人先后两次起义，提出增加工资的要求；英国工人迫使资本家通过了“十小时法案”。马克思《资本论》中提到的“城市无产阶级在里昂敲起了警钟，而农村无产阶级在英国又燃起了熊熊烈火”[②]，就是对英国工人运动的描述。尽管这些运动由于没有相关的革命理论和正确路线作指导，最终相继失败，但无产阶级已经意识到，要摆脱资产阶级的剥削，做自己的主人，于是他们开始找寻革命的真理。但这副重担该由谁挑呢？被剥削的瘦骨嶙峋的无产阶级你看着我，我看着你，四目相对，不知如何是好。而那位满脸络腮胡子的青年一直在密切地关注着这些事，天将降大任于斯人也，于是他勇敢地挑起了这副重担。

在当时，还有一位比马克思小两岁的高瘦青年，本可在优裕的家庭中享受生活，但他还是毅然选择抛弃享乐生活而追随马克

① 《英国工人阶级状况》，选自《马克思恩格斯全集》(第2卷)，人民出版社1995年版，第296页。

② 《马克思恩格斯全集》(第23卷)，人民出版社1995年版，第654页。

思，他的名字叫恩格斯。1844年8月28日，这两位年轻人在巴黎“偶遇”，就像俞伯牙遇上了钟子期，两人相见恨晚，同样怀有一颗正义的心。在后来的几十年中，他们不畏权势、不畏艰苦，在引导世界无产阶级革命的同时，还创作出了划时代的科学巨著——《资本论》。后来，恩格斯回忆说：“当我1844年夏天在巴黎拜访马克思时，我们在一切理论领域中都显出意见完全一致，从此就开始了我们共同的工作。”[①]《资本论》的写作经历40年之久，可以说是马克思和恩格斯两人的智慧结晶。

图5　青年时期的马克思（左）与恩格斯（右）

① 《马克思恩格斯选集》(第4卷)，人民出版社1995年版，第202—203页。

图6　恩格斯和马克思及其女儿们

（二）知音续“断弦”

《三国演义》一书尽管对东汉末年的战乱有一定的修饰色彩，但却得到了后辈人们的传唱，这其中有很大一部分原因是故事中的每个人都有其典型的人格魅力。有人欣赏虽阴险狡诈却是治世之能臣，乱世之英雄的曹操；有人喜欢礼贤下士，宽宏大量的刘备；有人喜欢足智多谋，年少有为的孙权；有人喜欢鞠躬尽瘁，死而后已的诸葛亮；也有人喜欢智勇双全，忠心耿耿的周瑜。其中，我最欣赏的就是诸葛亮，除了因为他辅佐刘备成为三国霸主之一外，更让人感动的是刘备死后，诸葛亮为了完成刘备匡扶汉室的心愿，尽心尽力辅佐刘禅，六出祁山，讨伐中原。一千多年后，相似的故事同样发生在了马克思与恩格斯这对兄弟上，马克思将《资本论》当成自己的孩子一样“疼爱”，只可惜还未完成该书的写作就永远地躺在了写字台前冰冷的安乐椅上。恩格斯很清楚马克思为《资本论》一书耗费了多少精力，于是毫不犹豫地担负起了这项艰巨任务，正如恩格斯说："我喜欢这种劳动，因为我又和我的老朋友在一起了。"[①]马克思和恩格斯之间，无论是理念还是金钱都不分彼此，没有你我。无产阶级崇高的事业和战斗的革命友谊，将其二人紧紧地联系在一起。

"这样，这一卷就完成了。其所以能够如此，我只有感谢你！没有你为我作的牺牲，我是绝不可能完成这三卷书的巨大工作的。我满怀感激的心情拥抱你！……我的亲爱的、忠实的朋友……"[②]

"没有你，我永远不能完成这部著作。坦白地向你说，我的良心经常被梦魇压着一样感到心痛，因为你的卓越才能因为我才浪费在经商上面，才让他们荒废，而且还要分担我的一切琐碎的忧患……我以满怀感激的心情拥抱你。"[③]

像这样的感激言语在两人的书信来往中多处可见，马克思在创作《资本论》一书的过程中，确实得到了恩格斯多方面的支持和帮助。马克思没有固定的收入，一家人基本的生活都无法得到保障，为了让马克思能够安心从事理论写作和革命活动，恩格斯毫无怨言地做出了去从事他最讨厌的"鬼商业"的决定。1850年，恩格斯来到他父亲与他人合股经营的"欧门—恩格斯"纺

①《恩格斯致约·贝克尔》，选自《马克思恩格斯全集》（第36卷），人民出版社1995年版，第28页。

②《马克思致恩格斯》，选自《马克思恩格斯全集》（第31卷），人民出版社1995年版，第328—329页。

③《马克思致恩格斯》，选自《马克思恩格斯全集》（第31卷），人民出版社1995年版，第363页。

纱公司当办事员，用他自己的微薄的薪金来资助马克思一家人的生活费用。尽管恩格斯经常受到一些空谈革命的小资产阶级的恶意攻击和诽谤，但他对这些完全不在意，因为在他看来，只要能够帮助马克思从事《资本论》的创作，那他也算是对无产阶级革命事业作出了一份贡献，而搞商业又是唯一的办法。尽管恩格斯并不喜欢这些“鬼商业”，但是这一做就是十九年。在这十九年里，恩格斯经常给马克思汇去生活保障款，或是直接给生病的马克思寄去必要的食品，有时也会给马克恩的孩子们买一些小礼物。其实，当时恩格斯的年薪也仅仅只有二百英镑，要维持两家人的生活开支是非常有困难的，但就是这微薄的工资也成了解决马克思一家困难的“及时雨”，因为身无分文的马克思经常被债主包围，而这种事情占用了马克思的很多创作时间，让马克思非常头疼。除了汇款、邮寄食物、买礼物之外，恩格斯还经常探望马克思，有一次马克思患了重病，恩格斯立即从远道赶来看望马克思。马克思痊愈之后，写信告诉恩格斯说：“亲爱的朋友，在所有这一切情况下比任何时候更感觉到，我们之间存在的这种友谊是何等的幸福。你要知道，我对任何关系都没有作过这么高的评价。”[①]为了支援马克思，很多时候恩格斯自己也要负很多债务，但在恩格斯看来“我虽然因此相当长时期将囊空如洗，但只要你（即马克思）能摆脱困境，小燕妮（马克思女儿）能去海滨，也就无所谓了。”[②]

---

①《马克思致恩格斯》，选自《马克思恩格斯全集》（第31卷），人民出版社1995年版，第185页。

②《恩格斯致马克思》，选自《马克思恩格斯全集》（第30卷），人民出版社1995年版，第274页。

除了生活上，在《资本论》一书的写作过程中，恩格斯也给予了马克思很大的帮助。前面讲到，马克思为了维持生计，他曾为《纽约每日论坛报》定期撰稿以获取那微薄的收入，为了能够让马克思能集中精力写作《资本论》，恩格斯便经常替马克思修改文章。另外，出生于德国的马克思最开始并不能熟练地使用英文，所以有很多文章在伦敦并不能发表，也是恩格斯将其文章翻译成英文才得以发表的。甚至有些文章直接就是恩格斯替马克思写稿，如《德国革命和反革命》等一系列文章都是出自恩格斯之手，或许恩格斯早就将马克思的工作看成了自己的工作，将马克思的使命看成了自己的使命。

除此之外，恩格斯也参与了《资本论》一书的内容写作，从文章的构思、提纲以及书中的很多细节问题，他们都经常交换意见。“我在经济学的写作中现在遇到一个问题，想从你那里得到一些实际材料的解释，因为这在理论著作中是找不到的。这个问题就是关于资本的周转、周转在不同种类的企业里的差别，以及它对利润和价格的影响。在这方面如果你能告诉我一些什么东西，那就太好了。”[①]由于恩格斯本人从事商业活动，很熟悉资本主义生产管理体制和剥削方式，对于各种资料的搜集都相对容易，因此马克思有时直接邀请恩格斯到伦敦来面对面商讨，“你能不能来这里逗留几天？我在我的批判中要推翻许多旧东西，因此我想有几点要预先同你商量一下”[②]。马克思也非常尊重恩格

①《马克思致恩格斯》，选自《马克思恩格斯全集》（第29卷），人民出版社1995年版，第258—258页。

②《马克思致恩格斯》，选自《马克思恩格斯全集》（第30卷），人民出版社1995年版，第281—282页。

斯的意见，常常把恩格斯提供的材料写到《资本论》中。如恩格斯曾经为马克思编制过意大利簿记的样本，马克思在阐述法国重农学派创始人魁奈的《经济表》时，就利用了这份材料。有时甚至逐字逐句地引用恩格斯的原话，如《资本论》第一卷关于《工作日》一章，马克思认为它仅是恩格斯的《英国工人阶级状况》一书的简略补充。[①]正如马克思所说："你可以了解，如果你能在我的主要著作（到目前为止，我只写了些小东西）中直接以合著者的身份出现，而不只是被引证者，这会使我多么高兴！"[②]因此，恩格斯不仅仅是马克思写作《资本论》的最大帮助者和最好的顾问，而且是《资本论》这一著作的直接参与者。1883年3月14日，伟大的无产阶级革命家马克思在那把旧安乐椅上与世长辞，或许马克思早已意识到自己的病情，在逝世前不久，曾对自己的小女儿爱琳娜说过，希望恩格斯根据《资本论》这些手稿"做出点什么"来。因为马克思知道，他与恩格斯共同战斗了四十年，自己的理想信念只有恩格斯最了解、最清楚。恩格斯认为"我们都在努力以应有的方式使摩尔（即马克思）永世长存，这将由而且应该由发表他的遗著开始。让我们尽我们的力量为达到这一目的而共同努力吧"[③]。当恩格斯向全世界宣布马克思不幸逝世的消息时，庄严地宣告："他亲口指定他的幼女爱琳娜和我为

---

① 雍桂良：《〈资本论〉的写作与传播》，求实出版社1982年版，第126—127页。

②《马克思致恩格斯》，选自《马克思恩格斯全集》（第31卷），人民出版社1995年版，第238页.

③《恩格斯致劳·拉法格》，选自《马克思恩格斯全集》（第36卷），人民出版社1995年版，第44页。

他在著作方面的遗嘱执行人。”[①]这位63岁的老人就这样义无反顾地接下了这一重任，以无产阶级革命家的一腔热血担负起双重任务，一方面准备《资本论》第一卷的再版和翻译外文本的工作，另一方面准备《资本论》第二、三卷的出版及第四卷的整理。

图7　整理马克思遗稿的恩格斯

马克思逝世后，恩格斯立即放下自己正在著述的《自然辩证法》一书，开始整理《资本论》第一卷德文第三版，尽管这是马克思生前就开始的工作，但恩格斯还是做了大量精心的工作，主要根据马克思生前的德文第二版的批注本，以及根据该版

①《卡尔·马克思的逝世》，选自《马克思恩格斯全集》（第19卷），人民出版社1995年版，第383页。

的法文版，对第三版做了一系列的修订和补充，并著序言，于1883年底在汉堡出版。1890年下半年，《资本论》第一卷德文第四版出版。可以说恩格斯对第四版的出版付出了许多额外的精力，他重新审阅了以前的几版，根据马克思生前的笔记，对正文和每一处注释都做了最后的校订，并根据英文版全部核对、审查了引文（因为该版的引文是由爱琳娜校订的），对引文页码是否正确、某些引文在翻译时用字是否恰当等问题都进行了一一订正和勘误。[①]另外，恩格斯还根据法文版补充了新的资料及一些说明性的注释，特别是那些由于现实情况的改变，有必要加注的地方。恩格斯的辛勤付出使《资本论》第一卷第四版成了最终定型版，现在世界各国出版的《资本论》第一卷，都是以德文第四版作为蓝本来再版或翻译的。

除此之外，恩格斯还注重《资本论》第一卷在世界各国的出版与传播，其中，《资本论》第一卷英译本于1887年出版，恩格斯亲自对译文进行了反复校对，之后，《资本论》第一卷被译成了波兰等多国文字逐步在世界各国传播。

除了《资本论》第一卷的再版和翻译外文本之外，恩格斯的另外一项重大任务就是《资本论》第二、三卷的出版工作，相对第一项任务，第二、三卷的出版显得更为艰难。因为马克思逝世后，留给恩格斯的是马克思花费了40年的心血写成的几千页的手稿。

在《资本论》第一卷第三版出版后，恩格斯立即着手开始整理《资本论》第二卷。在整理过程中，恩格斯说：“这需要花

① 雍桂良:《〈资本论〉的写作与传播》，求实出版社1982年版，第129页。

费不少的劳动，因为像马克思这样的人，他的每一个字都贵似金玉。”[1]在这些卷帙浩繁的手稿中，有很大一部分都是草稿，除了部分论述得很详尽外，大多是速记、缩写、大纲或片断的节录，除此之外，有些片段是用混合语言写成的，大部分是德文，还夹杂着法文、英文等语言，甚至有些地方出现了几种异文。加之马克思的笔迹潦草，有时连作者本人也都难以辨别。因此，恩格斯首要的任务就是辨认马克思的别人几乎看不清楚的笔迹，将其誊写清楚，这项工作只有对马克思的思想非常了解的人才能完成，而这个人就是恩格斯。正如恩格斯自己所说：“现在活着的人中只有我才能辨认这种字迹，这些缩写的字以及整个缩写的句子。”[2]

尽管有一腔热血，但恩格斯也深知自己已经63岁了，他担心万一发生意外，便没人能够完成这项艰巨而又光荣的工作，所以便夜以继日地加紧抄写手稿，这样通宵伏案的工作最终还是使恩格斯的腹股沟疝气老病又复发了。这种病只能躺卧，不能久坐，但恩格斯还是“我只有强忍疼痛，违背医嘱，才能坐到书桌旁写东西。”[3]这种“如坐针毡”的疼痛让恩格斯焦急万分地说：“我的老朋友，您不知道，我是多么希望尽快地把它整理出来啊！可是我那该死的病却使我不得不失去半年的时间。”[4]为了尽

①《恩格斯致约·菲·贝克尔》，选自《马克思恩格斯全集》（第36卷），人民出版社1995年版，第28页。

②《恩格斯致彼·拉·拉甫罗夫》，选自《马克思恩格斯全集》（第36卷），人民出版社1995年版，第28页。

③《恩格斯致奥·倍倍尔》，选自《马克思恩格斯全集》（第36卷），人民出版社1995年版，第214页。

④《恩格斯致爱·伯恩施坦》，选自《马克思恩格斯全集》（第36卷），人民出版社1995年版，第101页。

快完成这项工作，恩格斯最终决定聘请一位抄写员——艾森加尔滕，由恩格斯躺在沙发上口授手稿，艾森加尔滕记录。“工作进展很快，可是这毕竟是一项巨大的工作，要花很多时间，有些地方得绞尽脑汁。”[①]因此此次手稿誊写于1884年6月开始，直至10月份才完成。

手稿誊写完成，下一步的工作是对重抄原稿进行加工，恩格斯非常尊重马克思的劳动成果，尽可能完整和准确地复制马克思的原文，甚至对每一个字都要反复斟酌。为了使其“成为一部只是作者的而不是编者的著作”[②]，而通篇好像就是马克思本人的著作一样，恩格斯审慎地考虑了几份手稿的不同方案，并根据马克思于1870年以后撰写的第二、四至八稿的提示，将不同的手稿创造性的编纂结合在一起，最终确定了全卷的结构层次。正如恩格斯所说，“像马克思这样的人有权要求人们听到他的原话，让他的科学发现完完全全按照他自己的叙述传给后世”[③]。“在文体上，仅仅改动了马克思自己也会改动的地方，只是在绝对必要而且意思不会引起怀疑的地方，才加进几句解释性的话和承上启下的字句。”[④]经过恩格斯对手稿的仔细整理，恩格斯完成了马克思没有完成的计算，如对第二篇第十五章《周转时间对预付资本量

---

①《恩格斯致约·菲·贝克尔》，选自《马克思恩格斯全集》（第36卷），人民出版社1995年版，第164页。

② 恩格斯：《〈资本论〉第二卷序言》，选自《马克思恩格斯全集》（第24卷），人民出版社1995年版，第3页。

③ 恩格斯：《〈资本论〉第三卷补增》，选自《马克思恩格斯全集》（第25卷），人民出版社1995年版，第1005页。

④ 恩格斯：《〈资本论〉第二卷序言》，选自《马克思恩格斯全集》（第24卷），人民出版社1995年版，第3页。

的影响》的补充计算，纠正了以前计算的差错。除此之外，恩格斯还把手稿中的英、法语全译成德语，对正文又加了脚注，使马克思理论的意思叙述得更加完整、确切。

恩格斯几乎将所有的精力都放在《资本论》第二卷的整理上面，在与其他工作“相冲突的情况下，理所当然地先搞《资本论》！”[①]这使得《资本论》第二卷仅用一年多的时间便整理完毕。1885年7月，恩格斯采取分批定稿、分批寄出付印的办法，终于使《资本论》第二卷于汉堡出版社问世。

1885年2月《资本论》第二卷定稿后，恩格斯开始着手整理第三卷，恩格斯曾在《资本论》第二卷的序言里谈到：“第三卷可用的材料，除了《政治经济学批判》的最初的手稿，除了第二稿中前面提到的部分和一些随手记入札记本的简短笔记，只有上述1864年到1865年写的那个对开纸的手稿，它经过和第二卷的第二稿大致同样充分的加工。最后，还有一本1875年的手稿，是论述剩余价值率和利润率的关系的，这是用数学的方法（用方程式）来说明的。”[②]尽管马克思留下的材料有限，但是，恩格斯在阅读过《资本论》第三卷的部分手稿后给予第三卷极高的评价，认为第三卷“是卓越的，出色的。这对整个旧经济学确实是一场闻所未闻的变革。”[③]“这个第三卷是我所读过的著作中最惊

① 《恩格斯致卡·考茨基》，选自《马克思恩格斯全集》（第36卷），人民出版社1995年版，第202页。

② 恩格斯：《〈资本论〉第二卷序言》，选自《马克思恩格斯全集》（第24卷），人民出版社1995年版，第9页。

③《恩格斯致奥·倍倍尔》，选自《马克思恩格斯全集》（第36卷），人民出版社1995年版，第293页。

人的著作”[①]。“我钻研的越深，就越觉得《资本论》第三册伟大，……个人有了这么巨大的发现，实行了这么完全和彻底的科学革命”[②]。“第三卷则又如雷鸣电闪，因为它第一次从总的联系中考察了全部资本主义生产，完全驳倒了全部官方的资产阶级经济学。”[③]恩格斯并预见到，“这个包含着最后的并且是极其出色的研究成果的第三卷，一定会使整个经济学发生彻底的变革，并将引起巨大的反响。”[④]

与第二卷相同，“我的工作首先是按照原文把全部手稿口授一遍，弄出一个易读的抄本，这个手稿的原文，甚至我也往往费很大劲才能辨认。这件事就花费了相当多的时间。抄完以后，才能开始真正的编辑工作。我把这种编辑工作限制在最必要的范围内。”[⑤]恩格斯将把第三卷的整理看成“刻不容缓”的工作，夜以继日地紧张工作着，以致他的眼睛差点搞坏了。就这样，口授工作仅用五个月时间就结束了，恩格斯兴奋地说：“不过现在我已经放心了，因为手稿已经誊写清楚，假如在这段时间我的‘歌子’唱完了的话，那在最坏的情况下也可以照现在这个样子刊

① 《恩格斯致尼·丹尼尔逊》，选自《马克思恩格斯全集》（第36卷），人民出版社1995年版，第299页。

② 《恩格斯致劳拉·法拉格》，选自《马克思恩格斯全集》（第39卷），人民出版社1995年版，第285页。

③ 《恩格斯致弗·左尔格》，选自《马克思恩格斯全集》（第36卷），人民出版社1995年版，第322页。

④ 《恩格斯致约·贝克尔》，选自《马克思恩格斯全集》（第36卷），人民出版社1995年版，第288页。

⑤ 恩格斯：《〈资本论〉第三卷序言》，选自《马克思恩格斯全集》（第25卷），人民出版社1995年版，第7页。

印。在这项工作没有完成的时候，我没有片刻安宁过。”[①]口授誊清后，恩格斯对手稿有了全面的了解，才意识到手稿的校订比原来预料的要困难得多。《资本论》第三卷比第二卷的材料复杂得多，全卷共有七篇，五十二章，马克思对第三卷的每一篇的开头部分都是细心地写，但越往后写得就越不完整，甚至带有草稿的性质了，而这占全卷的近三分之一。“许多地方只是汇集在一起的原始材料。”[②]有些章节只写了一些片断材料，有的章节甚至只有一个题目，如“周转对于利润的影响”一章。所以恩格斯在整理过程中，不得不重新安排组织某些材料，“不作仔细校订和局部的调动，就不能发表，而您知道，对于这样的巨著，我只能经过深思熟虑才能这样做。”[③]恩格斯根据马克思的精神和实际材料，逐篇逐章地整理加工，对手稿做了必要的更动和补充，并把空白的章节一一写完。与第二卷相比，第三卷经恩格斯增补和重写的要多几倍（第二卷中恩格斯更动和增补的文句总计不到十个印张）。但是，恩格斯在整理过程中，尽可能地保留马克思的原文。他说“我认为一字不差地用马克思本人的提法整理出马克思的原文，就是尽了我的职责，虽然这可能要逼着读者更努力地去进行独立思考。”[④]即便恩格斯增补的某些章节，也尽可能地保持

①《恩格斯致奥·倍倍尔》，选自《马克思恩格斯全集》（第36卷），人民出版社1995年版，第344页。

②《恩格斯致弗·左尔格》，选自《马克思恩格斯全集》（第36卷），人民出版社1995年版，第422页。

③《恩格斯致斐·纽文胡斯》，选自《马克思恩格斯全集》（第37卷），人民出版社1995年版，第374页。

④《恩格斯致威·桑巴特》，选自《马克思恩格斯全集》（第39卷），人民出版社1995年版，第406页。

马克思的风格和表达方式，并放在方括号里或当作注释，并注上自己名字的缩写。总之，恩格斯的编辑原则是："我在编辑出版时，我最关心的是要编成一个尽可能真实的版本，即尽可能用马克思自己的话来表述马克思得出的各种新成果。只是在绝对不可避免的地方，并且在读者一点也不会怀疑是谁在向他说话的地方，我才加进自己的话。"[①]尽管恩格斯还有很多其他的工作要做，但却将最大的热情付之于此，正如恩格斯所说："这是唯一能给我带来愉快的工作。"[②]由于恩格斯晚年的眼病和视力衰退，使他只能在天气晴朗、光线充足的情况下工作，夜间很难进行工作，眼病最厉害时每天只能工作两三小时。加之恩格斯还有许多其他工作要做。首先是参加和领导国际共产主义运动。马克思逝世后，恩格斯一个人继续担当起国际无产阶级和共产主义者的革命导师和顾问的重担，"来自各地——从罗马到纽约，从彼得堡到得克萨斯——待复的信件把我的架子塞得满满的。"[③]1889年在恩格斯领导下成立了第二国际，而他所住寓所，也成为联络世界各国革命斗争的中心。繁重的国际事务，使《资本论》第三卷的整理工作常常被搁置。尽管如此，恩格斯仍然很有信心地表示：不过没有关系，我可以争得时间。除此之外，"还有一些别的无法推卸的工作，如马克思和我本人以前各种著作的重新出版

① 恩格斯：《〈资本论〉第三卷补增》，选自《马克思恩格斯全集》（第25卷），人民出版社1995年版，第1005页。

②《恩格斯致弗·左尔格》，选自《马克思恩格斯全集》（第36卷），人民出版社1995年版，第422页。

③《恩格斯致劳拉·法拉格》，选自《马克思恩格斯全集》（第39卷），人民出版社1995年版，第32页。

和翻译，就是说要订正、作序、增补等等，而这些工作没有新的研究是往往不可能进行的。”[①]种种原因使得恩格斯用了整整十年的时间，才将《资本论》第三卷出版。也正如恩格斯在1892年所说：“近四年来我哪怕有一次能安静工作三个月，这本书也早就完成了。”[②]

恩格斯在整理出版《资本论》第二、三卷时，一直没有忘记整理《资本论》第四卷——《剩余价值理论》的手稿。早在1884年春，恩格斯便仔细地研究了马克思的《1861—1863年经济学手稿》并和出版商迈斯纳谈妥，按顺序出版，先出《资本论》第二、三册，再出第四册《剩余价值理论》。但是“第四册《剩余价值理论》，……只有把其余一切都搞完，才能着手进行。这是一部大约有一千页四开纸的写得密密麻麻的稿子。”[③]之后，恩格斯也多次提到这个第四卷，但是由于他忙于整理第三卷和其他工作，一直没有顾得上整理《剩余价值理论》。直到1889年初，恩格斯考虑到自己的眼病，“我预感到，在最好的情况下，我也还需要长时期地保护我的眼睛，以便恢复正常。这样，我至少在几年内不能亲自给人口授《资本论》第四册的手稿。另一方面，我应当考虑到，不仅使马克思的这一部手稿，而且使其他手稿离了我也能为人们所利用。要做到这一点，我得教会一些人辨

① 恩格斯：《〈资本论〉第三卷序言》，选自《马克思恩格斯全集》（第25卷），人民出版社1995年版，第3页。

②《恩格斯致维·阿德勒》，选自《马克思恩格斯全集》（第36卷），人民出版社1995年版，第502页。

③《恩格斯致弗·左尔格》，选自《马克思恩格斯全集》（第36卷），人民出版社1995年版，第264页。

认这些潦草的笔迹，以便必要时能代替我”[①]。后来，考茨基承担了这一工作，恩格斯教他辨认马克思的笔迹字体，让他先把第四卷手稿的一部分誊写清楚。但之后考茨基中断了这一工作，好长一段时间没有继续整理下去，这使恩格斯很不放心。于是，1893年恩格斯在给考茨基的信中说：“我已经好几年根本没有听到此事了，而在整理第三卷的过程中经常需要核对手稿，所以我才要你把它寄来。”[②]恩格斯便把珍贵的手稿要回来了。就在恩格斯逝世前四个月，他还在阅读与第四卷有关的专著，还想让爱琳娜担当起辨认笔迹和抄写原稿的工作。但是，由于晚年身体情况不佳，又有其他繁重的工作，1895年8月5日，全世界无产阶级伟大的革命导师恩格斯逝世，使得他在生前没有能整理出版《资本论》第四卷，但他为《资本论》第四卷的整理和出版打下了良好的基础。恩格斯再版和外文翻译《资本论》第一卷，校订和出版《资本论》第二、三卷，整理《资本论》第四卷，无论是对科学社会主义的理论宝库，还是对国际共产主义的实际运动，都有着不可估量的贡献。“恩格斯出版了《资本论》第二卷和第三卷，就是替他的天才朋友建立了一座庄严宏伟的纪念碑，在这座纪念碑上，他无意中也把自己的名字不可磨灭地铭刻上去了。这两卷《资本论》是马克思和恩格斯两人的著作。”[③]但在整个《资

① 《恩格斯致卡·考茨基》，选自《马克思恩格斯全集》（第37卷），人民出版社1995年版，第135页。

②《恩格斯致卡·考茨基》，选自《马克思恩格斯全集》（第39卷），人民出版社1995年版，第57页。

③《弗里德里希·恩格斯》，选自《列宁选集》（第1卷），人民出版社1995年版，第92页。

本论》三卷的写作过程中，恩格斯在任何时候都从来没有提及过为马克思所做过的任何牺牲。不仅如此，即便在恩格斯一生的言行中，也一直把自己放在马克思之后，他认为马克思是位出色的第一小提琴手，而自己不过是拉第二小提琴，能做马克思的助手就觉得很自豪了。正如列宁所说“恩格斯对在世的马克思无限热爱，对死后的马克思无限敬仰”[①]。

（三）西班牙的国库

一日清晨，偶尔路过一家小院，一位老先生边上围满了孩子，孩子们安静地坐着，目不转睛地望着老先生，原来老先生又在给孩子们讲故事了。“在东汉时，有一个人名叫孙敬，他年轻时勤奋好学，即便读书累得直打瞌睡也不休息。由于怕影响自己的读书学习，于是就想出了一个特别的办法，他找来一根绳子，一头牢牢地绑在房梁上，另一头系在自己的辫子上。当他读书疲劳打盹时，头一低，绳子就会牵住头发，把头皮扯痛，马上就清醒了，再继续读书学习，后来他成了著名的政治家，这就是‘头悬梁’的故事；战国时期，有一个人名叫苏秦……”

仔细想来，我国从古至今流传着大量的励志故事：凿壁偷光、囊萤映雪、闻鸡起舞、程门立雪……其实不仅在我国，其他国家也不乏励志的名人逸事，正如前面提到的那位满脸络腮胡子的青年——马克思。与其他学者相同，他们都是处在艰苦的环境中，所不同的是，他坚持自己的梦想并非是为了能够让自己功成

① 《弗里德里希·恩格斯》，选自《列宁选集》（第1卷），人民出版社1995年版，第93页。

名就、飞黄腾达，而是为了能够让世界上所有的工人、农民摆脱贫困与剥削，勇敢地站起来，做自己的主人。

1848—1849年，西方爆发了近代史上规模最大、范围最广的一次革命。马克思毫不犹豫地投身于这场革命运动中，为了鼓舞革命者，他与恩格斯一起创办了《新莱茵报》，该报被称为“当时民主运动中唯一代表无产阶级观点的报纸”[①]，也是马克思宣传革命和指导革命运动的“战斗司令部”。但好景不长，《新莱茵报》就像《莱茵报》一样，不断遭到普鲁士政府的迫害，最终也没能避免被查封的命运。但马克思在终刊号的头条公告中鲜明指出：无论何时何地，他们的最后一句话始终是：“工人阶级的解放！”[②]在这期间，当局政府曾两次将马克思传唤到法庭进行审讯，企图给马克思一个“下马威”，但是都没能吓倒学法律出身的马克思，反而是他的革命指导能力吓坏了普鲁士当局。

图8 《新莱茵报》

无奈之下，普鲁士政府决定将马克思赶出普鲁士，将其驱逐至巴黎，巴黎政府听到马克思的大名，更是被“吓破了胆”，于是又将他从巴黎驱逐至伦敦。这种驱赶并没能让马克思放弃革命的决心，反而使他更加坚定地将全部精力放在总

① 《马克思恩格斯选集》（第3卷），人民出版社1995年版，第330页。
② 《马克思恩格斯全集》（第6卷），人民出版社1995年版，第619页。

结革命失败的经验教训上，以便再次迎接新革命高潮的到来。

为了满足无产阶级革命理论研究的需要，马克思最终决定举家侨居英国伦敦。因为马克思觉得“世界工场（英国）”是资产阶级革命发生最早，并且各种矛盾也最为突出的地方，伦敦也就顺理成章地成了马克思理论研究的“观察哨”。但是这里的生活等级森严，气候恶劣，加之物价昂贵，这对他们贫困的一家来说实在不是一个理想的地方。

马克思除了参与革命活动之外，几乎每日都在博物馆中搜集资料。他说：“不列颠博物馆中堆积着政治经济学史的大量资料，伦敦对于考察资产阶级社会是一个方便的地点。”①早在1851年，马克思就曾坚定地说过“我比任何时候都更确信，没有商业危机，就不会有重大的革命事件”②。此时的他越来越感觉到经济危机即将来临，于是，“我现在发狂似的通宵达旦总结我的经济学研究，为的是在洪水之前至少把一些基本问题搞清楚”③。但是他的这个愿望并没有达成，正如他自己所说：“我总是希望，在这个时间到来以前我能隐居几个月，搞我的《政治经济学》，但是看来办不到了。”④因为除了要继续参加和指导革命

① 《〈政治经济学批判〉序言》，选自《马克思恩格斯选集》（第2卷），人民出版社1995年版，第34页。

② 《马克思致斐·弗莱里格拉特》，选自《马克思恩格斯全集》（第27卷），人民出版社1995年版，第620页。

③ 《马克思致恩格斯》，选自《马克思恩格斯全集》（第29卷），人民出版社1995年版，第219页。

④ 《马克思致阿·克路斯》，选自《马克思恩格斯全集》（第28卷），人民出版社1995年版，第599页。

之外，还有另外一个重要问题困扰着他，那就是家庭生活极度贫困，捉襟见肘，他们一家在伦敦过着近乎流亡的生活，以致“马克思及其一家饱受贫困的折磨”①。正如马克思对自己一家日常生活的描述：

“面包铺老板、牛奶商、茶叶商、蔬菜商，还有欠肉铺老板的旧账，怎样才能还清所有这些鬼账呢？对他们的债务，总是一小部分一小部分偿还的。但是，四面八方都在袭击我了。我想尽了办法，但是都枉然②。

“我的妻子病了，小燕妮病了，琳蘅患一种神经热。医生，我过去不能请，现在也不能请，因为我没有买药的钱。在这种情况下，不幸的孩子成了家庭生活困难的牺牲品③。

“星期一评价员（因捐税问题）和房东的来访正威胁着我。此外，最近两星期因为身无分文，使我无法遵医嘱让我的妻子过得稍微舒适一些，而她身体恢复得十分缓慢（相反的，日益衰弱了）。④

“我的妻子在楼下被一群饿狼包围，他们借口‘困难时期’逼她要钱，而她没有⑤。

---

①《卡尔·马克思》，选自《列宁选集》（第2卷），人民出版社2012年版，第416—417页。

②《马克思致恩格斯》，选自《马克思恩格斯全集》（第28卷），人民出版社1995年版，第127—128页。

③《马克思致恩格斯》，选自《马克思恩格斯全集》（第27卷），人民出版社1995年版，第163页。

④《马克思致恩格斯》，选自《马克思恩格斯全集》（第29卷），人民出版社1995年版，第148页。

⑤《马克思致恩格斯》，选自《马克思恩格斯全集》（第29卷），人民出版社1995年版，第215—216页。

“……一切最必要的东西都送进了当铺，全家穿得破烂不堪，家里已经十天没有一文钱了。这里严寒已经降临，我们家里一点儿煤都没有，这逼着我又来压榨你，虽然对我来说这是世界上最苦恼的事情。……她已经把自己的披肩等等拿去典当，但还是一筹莫展。总而言之，我不得不写信给你，而且也在这样做……如果这样的情况继续下去，我宁愿被埋葬在万丈深渊之下，也不愿这样苟延残喘，老是牵累别人。”[①]

在如此贫困的生活条件下，由于无钱交房租，房东叫来法警将马克思全家的财物查封，一家人只好睡在地板上。马克思一家住在一座旧式四层楼的三楼上两间光线很暗的小屋里，一住就是五年[②]。不仅如此，马克思的生活还一直受到普鲁士政府派遣的密探监视。一个密探曾在一份报告中这样写道：马克思住在伦敦的一个最糟糕、房租最便宜的地区。在他的整套房间里，没有一件家具是干净和牢固的，即使是一个旧货商人都会对脱手这样一堆惊人的破烂货感到羞耻……

马克思每天都在为世界上千千万万不相识的无产阶级工作奋斗，却唯独无力保护好自己最亲近的人。由于没有治病的钱，女儿最终病死在马克思面前。面对女儿的去世，马克思无比心痛，燕妮冒雨出去借了2英镑，买了一口小棺材将女儿埋葬了。事后，燕妮曾悲痛地回忆道：“小女儿出世时没有摇篮睡，而死后

① 《马克思致恩格斯》，选自《马克思恩格斯全集》（第29卷），人民出版社1995年版，第256页。

② 参见雍桂良：《〈资本论〉的写作与传播》，求实出版社1982年版，第38页。

也好久得不到小棺材，当我们把小女儿送进坟墓时，我们是多么伤心啊！”[①]

面对妻子的病情逐渐加重，以及各种债主的追债，马克思只能拼命地写文章赚钱。他给《纽约每日论坛报》写文章，而每礼拜仅得到1个英镑（20马克）的报酬，而这便是他一家仅有的固定收入。[②]这微薄的稿酬根本不能支撑一家人的开销，马克思曾感慨地说：“在那段时间，为了弄到几文钱，把我四分之三的时间都用在奔走上了，使我不能专心地进行创作，尽管我把它看成头等任务。”[③]因此，他只能一次次写信给小自己两岁的恩格斯，请求他的支援，这是马克思最讨厌做的事。而恩格斯总是连续不断地给马克思汇寄“救命钱”，尽管恩格斯当时也只是一个公司的普通办事员。

贫困和艰难的生活并没有让马克思动摇和退缩，他坚定地认为政治经济学理论就是无产阶级战场上的盔甲，没有“盔甲”，别说无产阶级战胜资产阶级，可能连战场都不敢上，因此“它一分钟也不会使我离开我的工作”[④]。因为白天要为生活而奔走，为了弥补时间的损失，马克思只能夜间进行工作。正如燕妮所

① 转引自牛泽渝，戴大禄：《马克思是革命知识分子的楷模》，《成都大学学报（社会科学版）》1983年01期。

② 威廉·李卜克内西：《回忆马克思恩格斯》，人民出版社1973年版，第73页。

③《马克思致恩格斯》，选自《马克思恩格斯全集》（第28卷），人民出版社1995年版，第280页。

④《马克思致约·魏德迈》，选自《马克思恩格斯全集》（第27卷），人民出版社1995年版，第588页。

说："卡尔白天为糊口而工作，夜里则为完成他的政治经济学而工作。"[①]由于无钱支付取暖费，冬天的日子尤其难熬，马克思只好围着棉被写作。

贫困的生活和过度的操劳，使马克思的健康受到了严重损害，他那强健的身体再也承受不住如此压力，他患了多种疾病，牙痛、神经衰弱，后来又肝炎复发。马克思说："我并不是我时间的主人，而宁可说是他的奴隶。给我自己留出的仅仅是夜里的时间，而肝病的经常侵袭和复发，又使这种夜间工作受到妨碍。"[②]即使这样，马克思依然继续带病工作，正如他自己所说的："哪怕是整个房间塌下来压在我的头上也要完成。"[③]

图9　马克思一家

在得知马克思一家的窘迫生活之后，德国统治者开心地笑了，以为让马克思吃到了苦

① 《燕妮致康·施拉姆》，选自《马克思恩格斯全集》(第29卷)，人民出版社1995年版，第632页。

② 《马克思致斐·拉萨尔》，选自《马克思恩格斯全集》(第29卷)，人民出版社1995年版，第530—531页。

③ 《马克思致恩格斯》，选自《马克思恩格斯全集》(第29卷)，人民出版社1995年版，第241页。

头，就可以用安逸的生活来贿赂和收买马克思，于是政府的爪牙很快就找到马克思，用所谓的“正义理论”来劝说马克思，可是马克思却坚决不与资产阶级同流合污。他说，“尽管我家在危机时通常动用的特殊手段又已耗尽，什么东西都当光了，同西班牙的国库一样”①，但是，“我必须不惜任何代价走向自己的目标，不允许资产阶级把我变成制造金钱的机器”②。就这样，马克思亲手将面前的安逸生活拒之门外，仍旧继续在那间光线昏暗的破屋子里研究他的政治经济学。如果没有对无产阶级革命理想的崇高信念，没有普罗米修斯式的巨大牺牲精神，马克思是不可能以如此坚强的毅力从事这项理论研究工作的。

就是在这样的环境下，马克思先后完成了多部手稿，包括《1844年经济学哲学手稿》《1857—1858年经济学手稿》和《1861—1863年经济学手稿》，它们分别代表着马克思研究资本主义经济形态、批判地继承资产阶级古典经济学、写作《资本论》这三个重要过程。在这些手稿中，最重要的当属《1857—1858年经济学手稿》，主要包括《巴师夏和凯里》《导言》《七个笔记本的索引》《政治经济学批判》（1857—1858年草稿）、《我自己的笔记本的提要》以及其他手稿。其中《政治经济学批判》（1857—1858年草稿）在这七个手稿中占据核心位置，其内容广泛，几乎包括了《资本论》第一卷的全部基础问题以及第二、三

①《马克思致恩格斯》，选自《马克思恩格斯全集》（第28卷），人民出版社1995年版，第389页。

②《马克思致约·魏德迈》，选自《马克思恩格斯全集》（第29卷），人民出版社1995年版，第550—551页。

卷中的重要问题。也是在该草稿中，马克思第一次使用了剩余价值这个概念，并谈到剩余价值的两种形式，即绝对剩余价值和相对剩余价值。他曾兴奋地告诉恩格斯："我取得了很好的进展。例如，我已经推翻了迄今存在的全部利润学说。"[①]可以说该草稿是后来《资本论》第一卷的初稿。

1858年3月，马克思与柏林的出版商弗·敦克尔签订了出版这部经济学巨著的协议，但由于家庭生活拮据，马克思延后了6个月才交稿。马克思生气地说："这种处境再也不能忍受下去了。这一切的直接结果，就是我完全不能工作，因为一方面为了筹钱我把大好时光浪费在四处奔走和毫无效果的尝试上，另一方面由于家务繁杂而且也许由于我的健康状况恶化而使我的抽象思维能力衰退。"[②]可以想象在如此艰难的环境下，马克思需要多大的勇气和精力才能支撑他坚持下去。

直到1859年6月，《政治经济学批判》第一分册终于出版，这期间马克思曾在自己家中给几十个经过挑选的工人讲解政治经济学，希望其中的相关理论能够尽快地被工人阶级接受。马克思说："它是十五年的、即我一生的黄金时代的研究成果。这部著作第一次科学地表述了对社会关系具有重大意义的观点。"[③]斯大林后来也对《政治经济学批判》给予了高度评价，"它对历史唯

① 《马克思致恩格斯》，选自《马克思恩格斯全集》（第29卷），人民出版社1995年版，第250页。

② 《马克思致恩格斯》，选自《马克思恩格斯全集》（第29卷），人民出版社1995年版，第326页。

③ 《马克思致斐·拉萨尔》，选自《马克思恩格斯全集》（第29卷），人民出版社1995年版，第546页。

物主义的实质做了天才的表述”[①]。

就在马克思计划出版《政治经济学批判》第二分册的时候，一件意外事情的发生，彻底打乱了马克思的写作计划。1859年12月，充当路易·波拿巴密探的福格特出版了一本诽谤马克思及其战友们进行共产主义活动的书。本着对其同盟在历史上的声誉高度负责的态度，马克思花了整整一年的时间，写了《福格特先生》一书，彻底击溃了福格特的诽谤。直至1861年，马克思才又重新整理思绪，回到政治经济学的研究和写作中。

由于劝降不成，政府还在为他们心头的这个大麻烦感到无奈，而此时马克思理论却一个个经过发芽、开花、结果等过程慢慢地“瓜熟蒂落”。“吸血鬼”们于是又找到他们的同僚，开始谋划怎样才能将马克思的理论“扼杀在摇篮中”，最终决定用“沉默”来达成他们的阴谋，即报刊上不准报道马克思书籍出版的消息，也不得对他的书籍发表任何评价。对此，马克思与恩格斯也毫不示弱，为了粉碎这场阴谋，恩格斯亲自在《人民报》上发表了两篇书评，高度赞扬了这一分册，并阐明了其革命意义。由于当时的无产阶级都在跃跃欲试，该书便自然而然地引起了很大反响，马克思高兴地说：“我希望为我们的党取得科学上的胜利。”[②]事实证明，这一仗，“吸血鬼”们及其同僚又输了。

---

① 斯大林：《辩证唯物主义和历史唯物主义》，选自《列宁主义问题》，人民出版社2002年版，第656页。

②《马克思致约·魏德迈》，选自《马克思恩格斯全集》(第29卷)，人民出版社1995年版，第554页。

（四）虽九死其犹未悔

中国有一句俗话："越难得到的东西，越会去珍惜。"轻易得到的东西总觉得不好，经过努力后再得到，才会让人们倍加珍惜。这句话用来形容马克思与《资本论》的关系实在是再合适不过了。

1865年底，马克思已经初步完成《资本论》三卷的新手稿，根据恩格斯的建议，他决定先出版第一卷。1866年初，马克思开始为出版前的加工、润色和誊写工作而忙碌，并时不时地添加一些补充材料，马克思曾在信中告知恩格斯："除我之外，任何人甚至连你在内都不能编纂出版。我正好于1月1日开始誊写和润色，工作进展得十分迅速，因为经过这么长的产痛以后，我自然乐于舐净这孩子。"①

图10　工作中的中年马克思（左）与恩格斯（右）

① 《马克思致恩格斯》，选自《马克思恩格斯全集》（第31卷），人民出版社1995年版，第181页。

长时间的紧张工作再次将病魔召唤到了马克思身边，肝病刚好又长了严重的痈疖疮，加上牙痛的折磨，再一次让马克思延迟交稿，就像给一个口干舌燥的人一杯滚烫的开水一样，把他急得焦头烂额。燕妮说："书的最后完工再次推迟，这对他说来简直是要命，每天夜里他说梦话都说到个别章节，对这些章节总是念念不忘。"[①]在痈疖疮发作的时候，马克思说："我只有忍受剧痛才能坐下来（当然，也才能写），我没有服砒剂，因为服了会使我糊涂，而我至少在能写作的时候，需要清醒的头脑。"[②]"'坐'自然谈不上，这在目前对我来说还很困难。白天哪怕只有短暂的时间，我也还是躺着继续苦干。"[③]"因为绝不能长期中断我的写作。我认为，对于工人阶级来说，我这部著作所能提供的东西比我个人参加任何代表大会所能做的工作都重要。"[④]就这样，夏天过后痈疖疮痊愈了，肝病又来临，随后又是失眠、牙痛……病魔像商量好了一样，一个刚走，另一个又来。

上天并没有眷顾这位已经走向中老年的络腮胡子男人和他的家人，他们的家庭生活依旧十分窘迫，在经过内心的挣扎之后，马克思又拿起笔给恩格斯写了几封信：

---

① 《燕妮致路・库格曼》，选自《马克思恩格斯全集》（第31卷），人民出版社1995年版，第592页。

② 《马克思致恩格斯》，选自《马克思恩格斯全集》（第31卷），人民出版社1995年版，第283页。

③ 《马克思致恩格斯》，选自《马克思恩格斯全集》（第31卷），人民出版社1995年版，第177页。

④ 《马克思致路・库格曼》，选自《马克思恩格斯全集》（第31卷），人民出版社1995年版，第523页。

“由于我长期患病，我的经济状况达到了危机。我负债累累，这些债务像噩梦般压迫着我[1]。我的处境很困难，因为再也没有可以典当的东西了。”[2]

“给我们供应东西的人又采取了咄咄逼人的态度，其中有几个已经声明停止赊售，并且以向法院起诉相威胁。”[3]

“例如，今天肉铺老板已不再供应肉了，甚至我储存的纸张到星期六也要用完。”[4]

在这困难之际，德国统治者企图收买马克思的想法再次闪现。这一天马克思正在他的朋友库格曼医生家做客，俾斯麦（政府官员）的爪牙再一次“登门拜访”，他虚伪地笑着说：“希望利用您和您的大才为德国人民谋福利。”[5]但马克思再次坚决地拒绝了他，并坚定地说：“我已经把我的全部财产献给了革命斗争，我对此一点不感到懊悔，相反地，要是我重新开始生命的历程，我仍然会这样做，只是我不再结婚了。”[6]当那位让一家人一直生活在贫困中的男人说出这句话时，所有的人不禁感到心酸，

①《马克思致路・库格曼》，选自《马克思恩格斯全集》（第31卷），人民出版社1995年版，第522页。

②《马克思致恩格斯》，选自《马克思恩格斯全集》（第31卷），人民出版社1995年版，第223页。

③《马克思致恩格斯》，选自《马克思恩格斯全集》（第31卷），人民出版社1995年版，第264页。

④《马克思致恩格斯》，选自《马克思恩格斯全集》（第31卷），人民出版社1995年版，第261页。

⑤《马克思致恩格斯》，选自《马克思恩格斯全集》（第31卷），人民出版社1995年版，第294页。

⑥《马克思致保・拉法格》，选自《马克思恩格斯全集》（第31卷），人民出版社1995年版，第521页。

或许马克思在说前半句话时是毫不后悔的，但是说后半句时，定是对妻子、孩子充满愧意的。

可以想象，当他面对妻子被催债者逼得精神恍惚，由于没钱看病，三个孩子在病痛的折磨下死去，马克思心中该受到多大的打击，他是真正的“为了大家，牺牲了小家”。

1867年3月，马克思终于完成了《资本论》第一卷的润色与誊写工作，4月10日，马克思带着第一卷的书稿，乘船离开伦敦，横渡英吉利海峡，于13日抵达德国汉堡，亲手将书稿交给了出版商。1867年5月5日，这天是马克思49岁生日，他收到了一份“大礼”，那就是《资本论》第一卷的校样，马克思借用《浮士德》中的诗句“痛快得无以复加，像五百头老母猪一样”[①]来形容自己。《资本论》第一卷马上要“横空出世”，德国反动当局又沉不住气了，上次的“沉默阴谋”已经失效，这次若是再对这部著作装聋作哑，那真是太愚蠢了。要怎样才能让《资本论》“不见天日”呢？经过冥思苦想后，他们突然想明白了一件事，书中谈论的是英国的事，又不是德国的，再加上并没有触犯普鲁士法典，不用管它了，于是耸耸肩膀，不再管《资本论》是否出版。就这样，在1867年9月14日，《资本论》顺利地与大众见面了。

当时所有的国内外报纸都争先恐后地登出了该书出版的消息，其中《先驱》杂志是这样评论《资本论》的：“最伟大的著作，求解放的武器库，真正科学的源泉，对无产阶级来说是

① 《马克思致恩格斯》，选自《马克思恩格斯全集》（第31卷），人民出版社1995年版，第289页。

一次‘胜利的战役’。”[①]出版商迈斯纳在一个月内就刊登了50次《资本论》出版的消息。闻知《资本论》在德国工人阶级中广泛传播，马克思高兴地说道：“《资本论》在德国工人阶级广大范围内迅速得到理解，是对我的劳动的最好的报酬。”[②]他写信给恩格斯：“没有你，我永远不能完成这部著作。坦白地向你说，我的良心经常像被梦魔压着一样感到沉痛，因为你的卓越才能主要是为了我才浪费在经商上面，才让他们荒废，而且还要分担我的一切琐碎的忧患……我以满怀感激的心情拥抱你。”[③]

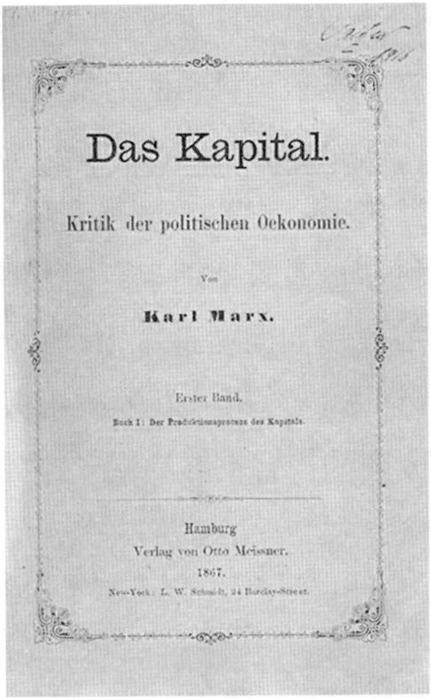

图11 《资本论》第一卷

《资本论》第一卷出版后，马克思引用《神曲》中的诗句满怀激情地说：“任何科学批评和意见我都是欢迎的。而对于我从来就不让步的所谓的舆论的偏见，我仍然遵循伟大的佛罗伦萨诗人的格言：走你的路，让人们去说吧！”《资本论》很快就被当时国际工人运动中的实践者与理论家所接受，国际著名活动家约·菲·贝克尔在读后感慨道：《资本论》，这是我们的剑，我

① 转引自《第一国际》(第1卷)，生活·读书·新知三联书店1980年版，第389页。

②《〈资本论〉第一卷第二版跋》，选自《马克思恩格斯全集》(第23卷)，人民出版社1995年版，第15页。

③《马克思致恩格斯》，选自《马克思恩格斯全集》(第31卷)，人民出版社1995年版，第301页。

们的铠甲，是进攻和防御的武器。工人哲学家约·狄慈根也向马克思表示：科学的力量是不可战胜的，在我眼前流逝的短短的时间内，您的思想产生了巨大的影响，它引起的反响日益明显，日益扩大，它的力量越来越不可阻挡，而时间对它是有利的。[①]恩格斯也曾激动地说："自地球上有资本家和工人以来，没有一本书像我们面前这本书那样，对于工人具有如此重要的意义。"[②]《资本论》第一卷的出版狠狠地给了统治者"当头一棒"，振聋发聩的声音彻底唤醒了还处于惺忪状态的无产阶级。

图12　法国巴黎公社

① 顾海良：《画说〈资本论〉》，二十一世纪出版社2000年版，第137页。

②《卡尔·马克思〈资本论〉第一卷书评》，选自《马克思恩格斯全集》(第36卷)，人民出版社1995年版，第263页。

《资本论》第一卷出版后，马克思趁热打铁，赶紧着手整理第二卷。就在马克思埋头苦干时，普法战争于1870年爆发了，诞生了人类历史上第一个无产阶级政权——巴黎公社。马克思最终选择牺牲掉整理《资本论》第二卷的时间，将精力转移到革命中来，毕竟《资本论》也是为革命服务的。他说："最近几个月来，我的健康又处于令人厌恶的状况，但是，谁能面对这样伟大的历史事件，而去考虑诸如此类的小事呢！"[①]在革命期间，马克思洋洋洒洒地写了几百封书信来赞颂和支持巴黎公社的革命斗争，并给予革命积极的理论指导。

自1870年以后，马克思频繁参加国际工人运动，其间还要修改《资本论》第一卷，他的身体在经过病魔的反复折磨后，更加不如从前。这一系列的原因使马克思连续几年都没有进行《资本论》第二卷的整理。直到1877年3月，马克思才又重新开始整理《资本论》第二卷，但当时世界性的经济危机已经蔓延至很多资本主义国家。马克思特别关注这次经济危机在新的历史条件下发生的变化，因此他写信给出版商丹尼尔逊："在英国目前的工业危机还没有达到顶峰之前，我绝不出版第二卷。这一次的现象是十分特殊的，在很多方面都和以往的现象不同……"[②]这种严谨、科学的态度，使之前的八份第二卷手稿全都不能作为最终的定稿。

1881年10月，马克思的病情使他完全停止了《资本论》第二

① 《马克思致齐·迈耶尔》，选自《马克思恩格斯全集》（第33卷），人民出版社1995年版，第177页。

②《马克思致尼·丹尼尔逊》，选自《马克思恩格斯全集》（第34卷），人民出版社1995年版，第345页。

图13　燕妮・马克思逝世

图14　马克思逝世

卷的整理，加之同年12月夫人去世，让马克思悲痛欲绝，马克思惭愧地说：“因为我一直在坟墓的边缘徘徊，因此，我不得不利用我还能工作的每时每刻来完成我的著作，为了它，我已经牺牲了我的健康、幸福和家庭。”①马克思的病情也越来越严重，1883年初，马克思在弥留之际，还写信给恩格斯说：“我想只要耐心和严于律己，还是会很快重新走上正轨的。”②这是马克思逝世前写给恩格斯信中的最后一句话。1883年3月14日下午2点45分，马克思在写字台前的安乐椅上与世长辞，病魔夺走了他的生命，只留下晃晃悠

①《马克思致齐・迈耶尔》，选自《马克思恩格斯全集》(第31卷)，人民出版社1995年版，第543页。

②《马克思致恩格斯》，选自《马克思恩格斯全集》(第35卷)，人民出版社1995年版，第135页。

您的办公桌以及办公桌上正在修订的《资本论》第二卷手稿……

在马克思的追悼会上，恩格斯说："我们党最伟大的头脑停止了思想，我生平所知道的一颗最强有生命力的心停止了跳动。"

像马克思这样勤奋又有才能的人才，本可以享受比歌德和黑格尔更好的生活，可他却亲手将安逸拒之门外，任何时候都不愿与资产阶级同流合污。"天将降大任于斯人也，必先苦其心志……"只是对于马克思来说这一苦便是一生，但是在他看来，可谓"亦余心之所善兮，虽九死其犹未悔"。

二、军队中的"司令部"

——《资本论》核心理论与其中的中国事

据统计，美国设有多处司令部：太平洋司令部（下设太平洋舰队司令部、太平洋陆军司令部、太平洋空军司令部）、欧洲司令部（下设欧洲陆军司令部、欧洲空军司令部、欧洲海军司令部）、大西洋司令部、南方司令部、中央司令部、特种作战司令部（下设陆军特种作战司令部、海军特种作战司令部、空军特种作战司令部）、战略空军司令部、航天司令部、部队司令部和运输司令部，美国为何要设立如此之多的司令部呢？因为，司令部是首长的指挥机关、军队的指挥中枢和军事工作的领导机关，是一个军队最核心的部门，没有司令部，一个军队很难在战争中取得胜利。就像一本书，倘若没有能够反映和解决实际问题的核心理论，是不会得到别人认可的，更不会有无数追随者而流传千古。

（一）披着“羊皮”的“狼”

寒冬逐渐远去，又到了一年一度春耕的季节，人们伸伸懒腰，抖擞抖擞精神，准备大干一番。村子里有一位博学的教师，人们都习惯亲切地称他为大卫老师，除了教书育人，大卫老师平时还精心经营着自己门前的那一片菜园。这天，妻子跟他说：“给菜园翻土的农活工具不够用了，你去买一把吧。”大卫老师带上钱便出门了，可是妻子一等便是一上午，不见大卫老师回来，原来大卫老师在给店老板普及知识呢！

大卫老师：“老板，你家有耕作用的农活工具吗？”

店老板：“有有，各种各样的都有，就看你想要干什么活了？镢头可以挖坑、刨条沟、松泥土；铁锨可以翻地、铲东西；锄头可以除草、松浅层泥土……”

大卫老师：“现在这个季节种地，当然是要先松土了，就买镢头吧。多少钱一把？”

店老板：“这把大的30元一把，小的20元一把。”

大卫老师：“嗯，好，我买一把大的吧。老板，我考考你怎么样？”

店老板：“好啊，你就问吧。”

大卫老师：“你知道这把镢头为什么是30元一把，而不是3元或者300元吗？”

店老板：“这还不简单，这把镢头就值这个价，再怎样都是30元左右，怎么会只值3元或者高达300元呢？”

大卫老师：“对，道理是这样的，价格是由价值决定的。可是你知道价值又是怎么一回事吗？”

店老板：“具体说不出来，但是我觉得价格应该是价值的货币表现，价值大或者小，就看它的价格高低就可以了。”

大卫老师：“不愧是生意人，果然聪明。那我今天就给你讲讲价值是怎么一回事吧，说不定对你以后的卖货还有用呢。”

店老板：“太好了，大卫老师。现在技术更新太快，生产产品的效率也在时刻变化着，这可真是愁坏了我。在这之前，由于资金不足，我没能尽快掌握新技术，所以生产这些工具就比其他生产商慢很多，耗费的人力物力也多，我的价格自然就要高一些，可是顾客每次来买商品都嫌我的价格太高，因为那些掌握了新技术的人的卖价要低很多，我因此还流失了很多客户。无奈之下，我选择了把价格降下来，可是有时候还赔钱呢。好在我最近超前掌握了一项新技术，生产效率远在其他人之上，我把价格定的和其他厂家一样，本想小赚一笔，可是顾客又说，你的生产效率如此之高，生产相同的产品，你耗费的人力物力要少，怎么还能跟其他厂家一个价格呢？无奈我又把价格下调了。顾客走后，我也是百思不得其解，但是又觉得他们说得有道理，真是有苦难言哪。”

大卫老师：“好，那我今天就教你几句，绝对会解决你当前的烦恼。价值是什么呢？虽然耳熟能详，看似简单，但是包含着不少的哲理呢。先教你一个词叫“使用价值”，就拿这把镢头来说，你知道我为什么要买它吗?“

店老板：“因为你要种地，需要松土。”

大卫老师：“对。我要松土就必须借助镢头，它对我来说具有实用价值，首先是因为它是一个现实的物，它是切切实实存在的，我是不可能购买一把你脑海中想象的镢头，想象中存在的物并不具有使用价值，也就是说使用价值离开商品本身就不存在了；其次是因为它本身能够帮助我松土，正好符合我的要求，满足我的需要，这种有用性使镢头具有了使用价值。”

店老板：“那使用价值就是这把镢头本身了？我好像还是没太听明白。”

大卫老师：“对，你这样理解一点问题都没有。使用价值可以主要从两个方面来理解，也就是从质与量两个方面来看。”

店老板：“什么是使用价值的质呢？”

大卫老师：“物品本身不同的有用性就是使用价值的质，如水杯是用来喝水的，锄头是用来锄地的，砂锅是用来做饭的，雨伞是用来遮雨的，钢笔是用来写字的……每件物品都有不同的属性，当然同一物品也有不同的属性，比如说同为面粉，有的人直接用来做馒头，当作主食来食用，而工厂却将其作为加工副食品的原材料；同为一条面包，有的人买它是为了充饥，而有的人则是为了献爱心，送给贫苦人民……”

店老板：“明白，那使用价值的量呢？”

大卫老师：“所谓使用价值的量，就是不同的使用价值按照它们的不同属性具有不同的尺度，比如说衣服的尺度是件，棉布的尺度是尺，小麦的尺度是公斤……这些物品之所以具有不同的尺度，一方面是由于它的属性不同所致，另一方面也是长久以来，人们约定俗成的。任何一种使用价值，总是以一定的量为前提，但是一定使用价值的量却与你取得它所耗费的劳动的多少没有关系，因为它的使用价值是在人们使用它的过程中才实现的，就像我今天要买的这把镬头一样，因为它可以帮我完成松土的工作，所以我觉得他很有使用价值，但是对于你来讲，因为你不使用，所以对你来说，它有的仅仅是价值，而没有使用价值。另外，使用价值还是交换价值的物质承担者。”

店老板：“怎么又出现了一个交换价值？”

大卫老师：“简单点说吧，交换价值就是两种不同的使用价值在交换时的量的比例或关系，这个比例随着时间和地点的不同而不断发生变化。在之前，社会上是没有货币的，人们为了得到自己想要的东西（使用价值），便会拿自己所拥有的物品去与其他人进行交换，有时甚至要交换很多次才能得到自己想要的物品。比如说，我有10斤大米，你有3把斧头，隔壁的小唐有10斤盐，我现在需要盐，于是我找到了小唐，但是小唐不需要大米而需要斧头，而此时你正好需要大米，于是我就用10斤大米换了你的3把斧头，然后又用3把斧头去换了小唐的10斤盐，最后才完成了这场交易。因此，在这种情况下我就可以说10斤大米=3把斧头=10斤盐，如若闹饥荒，我的大米说不定能够换你6把斧头呢，这个比例并非固定不变，在不同情况下是会发生变动的。”

店老板：“太麻烦了，还好现在有货币了，想买什么能够直接获得，不需要兜兜转转的了。”

大卫老师：“对，我们将货币称之为一般等价物，也就是说，货币能够买到任何对你来说有用的物品了。”

店老板：“对了大卫老师，你刚才说这把镬头对我来说只有价值，那我自然就更关心什么是价值了，大卫老师你就再给我解释一下吧。”

大卫老师："商品的价值是由劳动的量决定的，就是说生产一件商品耗费的劳动时间越多，那么它的价值量就越大，反之则越小……"

店老板："这可不对吧，我与我的学徒一同生产1把镬头，我只需用1小时，而他却要用2小时，难道他生产的那把镬头的价值量就比我的大吗？"

大卫老师："店老板还真是个急性子，你听我慢慢说。商品的价值量确实是由劳动量决定的，但是要弄清楚这个劳动量是怎么规定的。其实，这把镬头的价值量既不是由你的劳动时间决定的，也不是由你的学徒决定的，而是由社会必要劳动时间决定的。"

店老板："社会必要劳动时间是什么意思？"

大卫老师："它是每个没有任何专长的普通人的有机体平均具有的简单劳动力的耗费。简单平均劳动本身虽然在不同的国家和不同的文化时代具有不同的性质，但在一定的社会里是一定的。[①]也就是说社会必要劳动时间是从整个社会的平均水平来看的，而非一家生产商或者一个人的生产水平决定的。"

店老板："明白了！对了，大卫老师，你之前说你今天教我的内容有助于解决我前面怎样都不能赚钱的疑惑，可是我现在还是有点不明白。"

大卫老师："就像我刚才说的，商品的价值量是由社会必要劳动时间决定的，假如说生产1把镬头所耗费的社会平均劳动时

---

① 《马克思恩格斯全集》(第23卷)，人民出版社1995年版，第58页。

间为45分钟，当你的生产水平落后于平均水平时，你可能需要1个小时才能生产出1把镬头，但这时候消费者是不会承认你多耗费的那15分钟的劳动量的，所以你不必觉得你亏本了，这是很正常的。好在你已经提高了你的生产水平，否则就可能会面临着被其他大工厂挤压倒闭的风险。可是你说后来你的生产水平提高了，生产1把镬头只需要30分钟，但此时你仍然不能赚到钱，可就是你自己犯糊涂了，你定的价格本应该在社会必要劳动时间的水平上，在这种情况下，你本可以获得相当高的超额剩余价值，这次可是真的亏了啊。”

店老板：“也就是说不管何时，价格都是由社会必要劳动时间决定的，我只需要保证我的生产水平在社会平均水平之上就不会出现亏本了。”

大卫老师：“基本上可以这样说。”

店老板：“噢，我终于明白商品价值量的衡量标准了，明白为什么跟不上技术的发展就要面临破产的危险，也明白为什么所有的人都在不惜重金寻找先进的生产技术了。他们无非就是想要让自己的商品价值量低于社会平均价值量，以便获取差额。”

大卫老师：“对呀，商场如战场，在价值量上打赢了，还怕竞争者打价格战吗？”

店老板：“想不到生活中随口一说的价值竟隐藏着如此深奥的道理。”

大卫老师：“还有更神奇的呢！正是因为有了劳动，所以才产生了商品，但是商品既有使用价值又有价值，这两种价值又是由谁决定的呢？”

店老板：“大卫老师，劳动也有双重属性吧？”

大卫老师：“说对了，劳动确实具有双重属性，即具体劳动与抽象劳动。具体劳动很简单，比如说你在制造镬头的时候，需要烧铁、锤打、入水、打磨等各种程序，这一系列带有明确目的的劳动都叫作具体劳动。至于抽象劳动，我举个例子你就会明白。就拿你的开饭庄的邻居与你家来说吧，假如我买完你家的镬头之后再去饭庄吃一顿饭，我完全不知道那位厨师是经过了什么样的程序才做出了我点的那盘菜，也不知道你家的这把镬头是怎样生产出来的，我现在只知道那位厨师做菜用了10分钟，而这把镬头你们是用了20分钟才制造出来的，假设饭庄与你家的生产均处于社会平均水平，那么我就可以说一把镬头的价值量等于两盘菜的价值量。就像这样，将劳动的具体形式撇开，将所有的劳动都看成是单纯的生理学意义上的损耗，所有的劳动都不再有什么差别，我们就将这种无差别的人类劳动叫作抽象劳动。也就是说劳动具有二重性，即具体劳动和抽象劳动，具体劳动创造了商品的使用价值，抽象劳动创造了商品的价值，也正是因为抽象劳动的无差别性才使得具有不同使用价值的商品之间能够按照一定的比例关系进行交换。”

店老板：“真是受教了。在还没有出现货币之前，人们之间之所以能够进行物物交换，大概就是按照各取所需，在价值量的基础上顺利展开的。将劳动的神秘面纱一层层揭开，才发现所有的劳动单纯从生理学意义上讲都是一样的，但是我还有一个问题。”

大卫老师：“你尽管说。”

店老板：“你说抽象劳动就是要将所有劳动的具体形式撇

开，将所有的劳动看成是无差别的人类劳动，可是有一些劳动特别复杂，只有具备相关知识、技能的人才能完成，而有一些工作则所有人都可以干，那这两种劳动在相同的时间内创造的价值量是一样的吗？”

大卫老师：“当然不一样了，你说的这是简单劳动和复杂劳动的区别，两者在相同的时间内创造的价值量自然不相等。就像马克思所说的‘比较复杂的劳动只是自乘的或不如说多倍的简单劳动，因此，少量的复杂劳动等于多量的简单劳动……各种劳动化为当作它们的计量单位的简单劳动的不同比例，是在生产者背后由社会过程决定的’[①]。也就是说，复杂劳动是n倍的简单劳动，在相同的时间内，复杂劳动创造的价值量是简单劳动的倍加。”

店老板：“怪不得技术人员的工资是普通流水线人员工资的几倍，但是我们还是争相抢夺技术人员，原来在相同的时间里，他们比普通人员创造的价值量要多得多啊。既然商品是由劳动生产出来的，那么人们之间频繁的商品交换能否直接理解成人们之间劳动的交换关系呢？”

大卫老师：“不错，商品之间的交换实际上就是在物的外壳掩盖下，人们之间的劳动的交换。”

店老板：“真是披着‘羊皮’的‘狼’啊！”

大卫老师：“既然这么说，我就跟你讲一下什么才叫真正的‘披着羊皮的狼’。老板，你觉得劳动是商品吗？”

店老板：“我觉得劳动应该算是商品，就拿我自己的工人来

① 《马克思恩格斯全集》（第23卷），人民出版社1995年版，第58页。

说，他们出卖自己的劳动，生产出我所需要的产品，然后我给他们工资，工资就是他们劳动的价格，就跟我买普通的商品一样，唯一的区别就是这件商品我不能一次完全购买，而是需要分次购买，并且还要考虑工人们对我提出的种种要求……”

大卫老师：“嗯，你的想法完全符合资本家的想法啊。但你觉得你购买的是工人的劳动还是劳动力呢？”

店老板：“当然是劳动，我给他们支付的工资不就是因为他们为我劳动嘛。”

大卫老师：“错，你购买的只是他们的劳动力，并非是他们的劳动。我从三个方面说服你：第一，人们只能出卖已经存在的东西，在你和你的员工签订合同时，存在的只是他们的劳动力，而非劳动，因为劳动是劳动力的使用过程，劳动当时并不存在，你又怎么会购买呢。第二，只有有价值的东西才有价格，你说工资是劳动的价格，那么劳动就应该有价值，而我们已经知道价值是人类一般劳动的凝结，这样的话劳动的价值就是劳动的凝结。这不就相当于‘半斤是多少？半斤就是五两；五两是多少？五两就是半斤’。这岂不成了同义反复，无法解释的问题。第三，商品之间的交换要按照等价交换的原则进行，因此你支付给工人的工资就应该是工人劳动创造出的全部价值，既然这样的话那你还赚什么钱？按照你这种说法，整个资本主义生产方式就根本不能存在了。在整个资本主义生产过程中，工资是劳动力的价格，但却表现为劳动的价格，这就掩盖了必要劳动和剩余劳动的区别，有酬劳动和无酬劳动的区别。这样，表面上看来工人的劳动全都是有酬的，根本不存在剥削，而资本主义生产方式最突出的特点就是剥削。这才是名副其实的‘披着羊皮的狼’呢，工资表面上作为劳动的价值，让‘剥削’这只‘狼’在‘等价交换’这张‘羊皮’下窃窃自喜。”

店老板尴尬地笑了笑，将目光转移到了别的地方。大卫老师笑着说：“时间不早了，我该回家了，地里的活儿还等着我去干呢。”说完便离开了……

（二）换“汤”不换“药”

“吸血鬼（资本家）”们在进行了一场疯狂的资本原始积累之后，已经为下一步的剥削做好了准备，怎样才能让工人给自己干更多的活，使自己在与同行的竞争中不会败下阵来呢？“小人同而不和”，在激烈的竞争中，那群“吸血鬼”或许只有在如何压榨工人这一点上是心灵相通的。

这天，资本家甲在工厂外贴了一张招工启事，很快就有很多人前来报名了，因为他们的生产资料已经被剥夺得所剩无几了，他们也只能依靠出卖劳动力才能养家糊口。看着如此之多的人前来，甲笑了笑说：“哎，现在竞争这么激烈，我还要养活你们，你们也得给我卖力干活呀。”说完便挑了几个身材高大的工人，让他们当即留下开始干活。甲一边喝着茶一边想，我该怎样获取更多的利润呢？是不是应该先从这些工人的工资着手呢？万一我支付的工资太低怎么办，还有工会的存在呢。资本家乙、丙、丁……都在思考着同一件事，一直寻找解决这个问题的方案，他们仔细琢磨了一段时间之后，估摸出了工人劳动多久（假设6个小时）才能弥补劳动力价值（支付给他们的工资）。

这天，资本家将工人召集在一起，说："你们可知道，之前让你们每日工作8小时，可是你们每日创造的价值量还没有你们的工资高，照这样下去我还怎么跟其他人竞争呢，最后就让你们把我的财产消耗没了，以后每日工作必须延长至10个小时。你们觉得怎么样，如果不愿意，可以不在我这里干，我再重新招人，想来的人多着咧。"工人们敢怒不敢言，还是都选择留了下来。

不管规定8个小时还是10个小时，工人们每天被要求至少工作6小时以上，因为只有这样，工人创造的价值才能超过他的劳动力价值，我们将工人创造的超过劳动力价值的那部分价值叫作剩余价值，于是工人的劳动时间也被分成两部分：一是补偿劳动力价值的那部分时间，这个时间内的劳动对工人是非常必要的，因为这样才能获得必要的生活资料，有饭吃，有衣穿，才能养活家人。这个时间同样对资本家是非常必要的，因为只有干够6小时，垫付给工人的工资（交换劳动力的价值）才能补偿回来，正因为如此，这个时间叫作必要劳动时间。二是生产剩余价值的时间，叫作剩余劳动时间。由于剩余价值是被资本家无偿占有的，因此资本家对工人的剥削越厉害，剩余价值就越多。这也是一直以来，资本家能够越来越富有的奥秘。其实，他们口中的"资本家养活了工人"是完全错误的，恰恰相反，是"工人养活了资本家"。

工作时间可谓是可长可短，弹性很大，资本家早已深知这个道理，因此他们绝不会放过这个绝好的剥削机会。这天，资本家又在工人们的休息时间里，给工人们开了一个会。"你们可知W

工厂的工人干活有多卖力，他们每日都能工作十几个小时，即便如此也没有耽误他们读书看报、抚育子女、参加社会活动和文化活动的时间。我如果能有这样的工人，每日做梦都能笑醒，所以我决定以后每日的工作时间改为12个小时……”这样的事情，不论在哪个工厂，都已经是屡见不鲜。除了延长工时以外，资本家还用提高劳动强度的方法来加强对工人的剥削，劳动强度的增加相当于在一个工作日中劳动支出增加了，因此也是变相地延长工作日。

即便如此，他们的工厂从来没有缺少过工人，资本家为了获取尽可能多的剩余价值，就必须延长剩余劳动时间。因此，在必要劳动时间不变的条件下，资本家通过绝对延长劳动日来达到这个目的，我们将这种榨取剩余价值的方法称为绝对剩余价值生产。

虽然资本家处于优势，工人们处于劣势，但是这并不意味着资本家可以任意地延长工作时间：一是生理界限，工人们不可能一天工作24小时，他们总需要吃饭、睡觉的时间来恢复劳动能力；二是道德界限，工人们不是纯粹的生产工具，他们每个人都有精神生活和社会生活的需要，当然这取决于一个国家的经济文化发展状况。但是由于生理界限和道德界限有很大的伸缩性，这使得资本家加强剥削的想法一直在膨胀，工人们在受到巨大的压迫和剥削后，想要反抗的冲动也日益强烈，但最终工作日的时长是如何确定的呢？这天，资本家和工人们展开了激烈的辩论——

资本家：“你们（工人）的劳动力既然作为商品在商场上进行交换，而我恰好又购买了这件商品，我不管劳动力这件商品有多特殊，我就要和其他的买者一样，让这件商品最大限度地满足我的需要，获取最多的利益。”

工人：“我们每天都要高强度地工作十几个小时，难道还不能满足你的需要？你因此得到的利益难道还不够多？”

资本家：“我们可是严格按照公平的原则进行交易的，你给我做一天工，我给你们一日的工资。我既然支付了一天劳动力的价值，那么我就得到了对你劳动力的使用权，在这一天我就可以对你进行自由的支配。”

工人：“在我们签订合同时，一边是我们这种处于弱势地位的劳动者，一边是你们这种财大气粗的资本家，这个天平怎么可能保持平衡，‘在平等的权利之间，力量就起决定作用’，我们工人现在必须团结起来，减轻我们的痛苦，毕竟我们出卖的是劳动力，不是我们这个人，你们（资本家）在使用劳动力时必须首先保证我们最基本的健康问题。”

…… ……

在资本主义早期阶段，劳动者的工资往往是由资本家单方面决定的，他们的工资远远低于他们劳动创造的价值，这就使得维持劳动力再生产的基本生活需要也难以保障。18世纪90年代，由于粮食歉收，食物价格持续上涨，工人的工资完全不能承担上涨后的物价。为了解决这个问题，资本家竟然依据小麦价格的高低来确定生活所必需的最低工资。[①]也就是说，工人的工资基本刚好够买小麦，根本不会有剩余。随着资本主义的发展，工人阶

① 胡放之：《英国工业革命时期的劳动力市场与工资水平》，《湖北大学学报》2004年第5期。

级不断壮大，两个阶级之间的矛盾日益加深，为了维护自身的生存权利，他们同资产阶级展开了激烈的斗争。

面对工人阶级的不断壮大，政府再也不能装聋作哑，他们必须出面来缓和这种“劳资矛盾”。1894 年，新西兰颁布了《劳资协调与仲裁法》，对最低工资做了规定。英、法、加拿大、挪威等国也先后颁布该方面的法律。1938 年，美国也颁布了《公平劳工标准法》，规定了最低工资标准。因此，劳动日的最终长度是由资产阶级和工人阶级力量的对比决定的。

工业革命的来临，可谓是“几家欢喜几家愁”，喜的是那群资本家们，他们终于又可以居高临下地对工人说：“你们说我剥削你们，现在你们连被剥削的机会都没有了。”工人们又开始一筹莫展，因为资本家在他们的工厂中安置了大量机器，它们已经公然站到了资本家这一边，一天可以工作 24 小时，毫无怨言，而且生产效率要远远高于工人。面对这样的竞争者，工人们有苦难言，除了劳动力，他们一无所有，只有被剥削才能勉强养家糊口，可是他们就这样被那群“怪物”赶到了大街上，这就是机器排斥人。尽管他们已经被剥削得瘦骨嶙峋，可是现在他们却盼望着自己能够有机会被剥削，正所谓“可怜身上衣正单，心忧炭贱愿天寒”。

不过，就如不管孙悟空再怎么神通广大，也逃不出如来佛的手掌心一样，机器再先进都不可能独自完成整个生产过程，资本家仍然需要雇佣劳动，只是数量相对来说有所减少。由于劳动日的界限和无产阶级的斗争，资本家不能任意地延长工作日，那如何才能在不延长工作日的条件下，获取更多的剩余价值呢？

资本家在剥削工人这一方面可以堪称“脑王”，劳动时间是由必要劳动时间和剩余劳动时间组成的，如果劳动时间不变，要想获得更多的剩余价值就只能缩短必要劳动时间，以相对延长剩余劳动时间来实现了，马克思把这种榨取剩余价值的方法叫相对剩余价值生产。可是如何才能实现相对剩余价值生产呢？正在资本家为此事烦恼时，大机器时代的到来，“恰到好处”地解决了这个问题。

必要劳动时间是补偿劳动力价值的时间，要缩短必要劳动时间就必须降低劳动力的价值，而劳动力的价值是由工人及其家属必要的生活价值决定的，要降低劳动力的价值就必须降低生活资料的价值。而生活资料的价值与生产它的劳动生产率成反比。因此，必须提高相关生产部门的生产效率。除此之外，生产生活资料的生产价值也影响生活资料的价值，因此也要提高生产资料有关部门的生产效率。也就是说只有全社会各个部门生产率的普遍提高，生活资料的价值才会降低，劳动力的价值才会降低，再生产劳动力价值的必要劳动时间才会缩短，剩余劳动时间才会相对延长。大机器时代的来临，使得各行各业的生产率普遍提高，从而实现相对剩余价值的生产。即相对剩余价值的生产必须以劳动生产率提高到足以使必要劳动时间压缩到工作日的一小部分才能实现。

生产效率的提高首先是从个别聪明资本家采用先进的生产设备和技术开始的，效率的提高，使得他的商品价值量低于社会价值量，率先掌握先进技术的资本家就可以获得超额剩余价值（即商品的个别价值低于社会价值的差额），可当这种先进的生产技术被普及之后，上述两者之间的差额就不存在了，超额剩余价值便消失了，最终的结果就是全社会的资本家都得到了劳动生产率普遍提高的好处——相对剩余价值，也可以说相对剩余价值是资本家追逐超额剩余价值的结果。

尽管绝对剩余价值与相对剩余价值存在很大的不同，但是从根本上讲两者的本质是一致的，无论是绝对延长剩余劳动时间，还是通过提高劳动生产效率，使剩余劳动时间相对增加，结果都是增加了剩余价值的生产，加强了对工人的剥削。只是两者发挥作用的时间有所不同，绝对剩余价值生产主要在资本主义发展初期、生产技术不发达时起作用，后来随着技术进步和劳动生产率的提高，特别是大机器生产代替手工操作之后，相对剩余价值生产开始发挥主要作用。虽然后者看似没有前者那么明显，就好像“吸血鬼”们突然间发了善心，但是这不过是掩人耳目的另一种榨取手段，和前者的关系就是“换汤不换药”，本质都是一样的。

（三）“圣经”里的中国事

杜甫，我国唐代诗人，虽有“致君尧舜上，再使风俗淳”的宏伟抱负，但一生都在颠沛流离。他一生写诗一千五百多首，大多反映了当时的社会矛盾和人民疾苦。我国古代诗人辈出，杜甫是最令人敬佩的一位，人们敬佩他那种即便身在困境仍心系国家、心系人民的伟大情怀。

亲朋无一字，老病有孤舟。
戎马关山北，凭轩涕泗流。

杜甫登上岳阳楼之后，不禁想到了自己的不幸处境，难能可贵的是尽管他已远离战乱之地，但仍旧关心着国家和人民，想到还有大片国土烽烟未止，便老泪纵横。

> 布衾多年冷似铁，娇儿恶卧踏里裂。床头屋漏无干处，雨脚如麻未断绝。自经丧乱少睡眠，长夜沾湿何由彻！
>
> 安得广厦千万间，大庇天下寒士俱欢颜！风雨不动安如山。呜呼！何时眼前突兀见此屋，吾庐独破受冻死亦足！

图15　杜甫画像

尽管身处“屋漏无干处”的茅屋，他心中所想却仍是希望贫寒的士人们可以有“广厦千万间”，如果能够“眼前突兀见此屋”，那么“吾庐独破受冻死亦足”。如此看来，后人们形容其作品为“世上疮痍，诗中圣哲；民间疾苦，笔底波澜”，实在是再合适不过了。他这种身处困境还在忧国忧民的精神，值得每一个人敬佩。

历史总是惊人的相似，千年之后德国也出现了这样一位人物——马克思，他的一生也是充满神奇色彩。马克思从1843年开始研究政治经济学，到1883年整整四十年中，不畏自己的处境，只关心无产阶级如何摆脱被剥削的命运。为了彻底揭示资产阶级最终会被无产阶级取代的伟大理论，他时刻关注着世界上的每一次革命。当时中国的土地上正发生着两件举世瞩目的大事：一是英、法、俄等国家加紧瓜分中国；二是以洪秀全为首的太平天国运动的爆发，中国正处在从封建社会转为半殖民地半封建社会的重大转折时期，因此，即便在《资本论》写作最紧张的时期，马克思对“千里之外”的中国也尤为关注。

由于马克思多次参加并指导革命活动，一度成为欧洲当时的“风云人物”，他也“顺利”地进入了很多资本主义国家的“黑名单”中，其结果就是一家几口被连续驱逐后，最终流落到英伦三岛侨居。尽管身在英国，但他多次公开指出英国对中国发动的这场战争，是“极端不义的战争”[①]。对于这场战争，英国当局讲得头头是道的花言巧语，并非事实；不分青红皂白对中国人民进行种种非难，说他们的同胞在中国备受欺凌，遭遇侮辱、迫害和虐待等，全是污蔑。“它们举不出一个明确的罪名，举不出一件事实来证实这些指责”[②]。马克思还特意说明“亚罗号”划艇事件来还原第二次鸦片战争爆发的真相。

“亚罗号”原本只是被英国人雇佣的中国船，船上插着英国国旗，这面国旗在当时就是“通行证”，但后来却成了窝藏走私与海盗、偷运私盐的交通工具。有一次，该船只停泊在广州时，当局水师上船逮捕了船上的罪犯，需要指出的是，在进行逮捕时，船上并没有插英国国旗。这合乎情理的平常事，却被英国领事说成了船上的英国人与英国国旗遭受了不可容忍的侮辱，于是他们向两广总督提出各种无理要求，为了息事宁人，两广总督忍辱屈从于英国领事的各种蛮横挑衅。可是“吸血鬼”总是没有满足的时

① 《马克思恩格斯选集》(第1卷)，人民出版社1995年版，第704页。

② 《马克思恩格斯选集》(第1卷)，人民出版社1995年版，第703页。

候，为了进一步打开中国市场，扩大侵略权益，又提出“触碰底线”地修改条约这种无理要求，在要求遭到中国政府的拒绝后，鸦片战争就这样再次爆发了。对于中国当时遭遇的战争，恩格斯也曾对中国的遭遇表示同情，并公开指出：“我们不要像道貌岸然的英国报刊那样从道德方面指责中国人的可怕暴行，最好承认这是保卫社稷和家园的战争，这是保存中华民族的人民战争。”①

图16　鸦片战争

“封建剥削与压迫”和“殖民主义宰割”这两座大山压得中国喘不过气，这只沉睡的“雄狮”开始苏醒，农民起义达百余次之后，终于于1851年爆发了波澜壮阔的太平天国运动。马克思说：“中国的连绵不断的起义已经延续了10年之久，现在汇合成了一场惊心动魄的革命……推动了这次大爆发的，毫无疑问是英

① 《马克思恩格斯选集》（第1卷），人民出版社1995年版，第710页。

国的大炮。”[①]在19世纪50年代，英国资本主义空前发展，迫切要求开辟新市场，而太平天国运动则使中国这个巨大的市场突然急剧缩小，必然会加速英国经济危机的来临。马克思大胆预言：“中国革命将把火星抛到现今工业体系这个火药装得足而又足的地雷上，把酝酿已久的普遍危机引爆，这个普遍危机一扩展到国外，紧接而来的将是欧洲大陆的政治革命。”[②]马克思给予了太平天国运动高度的评价。

图17　太平天国运动

太平天国运动是一场突如其来的“雨”，侵略者是一团“烈火”，清政府是一堆“干柴”，“干柴”既不可遇“火”，又不可遇“雨”。面对“西边火焰东边雨”的现状，“干柴”陷入了进退维谷的窘境，但最终还是毫不犹豫地选择与“火”联合。结果

① 《马克思恩格斯选集》(第1卷)，人民出版社1995年版，第690—691页。
② 《马克思恩格斯选集》(第1卷)，人民出版社1995年版，第18页。

就是，“火”与“干柴”产生了一团“熊熊烈火”，使这场落地的“雨”还未打湿地面便被烤干了，“木柴”最终也被“火”烧得遍体鳞伤。太平天国运动就这样失败了，马克思对太平天国运动也表达了深深的同情与惋惜。

除此之外，马克思对旧中国的研究也涉及“朝堂内事”及经济体制。《资本论》中共有二十几处直接提到中国，如对外贸易、三大发明、社会经济结构等，还有多次间接提及中国，如文章中的亚洲、亚细亚，便多指中国和印度。

《资本论》的脚注中有一处这样的记载：“清朝户部右侍郎王茂荫向天子上了一个奏折，主张暗将官票宝钞改为可兑现的钞票。在1854年4月的大臣审议报告中，他受到严厉申斥。他是否因此受到笞刑，不得而知。审议报告最后说：‘臣等详阅所奏……所论专利商而不便于国。’”[①]这可谓是一次货币改革悲剧。户部侍郎王茂荫曾向咸丰皇帝主张将官票、宝钞改换成可以自由兑换的白银，以利于货币流通，减少贪污腐败。但由于鸦片贸易及鸦片战争的巨额赔款，清政府国库空虚，政府正在利用官票、宝钞等加重对百姓的苛税，以此增加税收，王茂荫这个“不识时务者”在这个时候提出这样的建议自然是行不通的。奕䜣和戴铨两个大臣迎合旨意，参本弹劾王茂荫，结果王茂荫负着不与朝廷“和衷共济”的罪名被罢职。[②]这件事在当时除了当事人之外，并没人知晓。而直到1932年，我国侯外庐、王思华在翻译《资本

① 《马克思恩格斯全集》(第23卷)，人民出版社1995年版，第146—147页(83)注。

② 胡培兆，林圃：《〈资本论〉在中国的传播》，山东人民出版社1985年版，第16页。

论》时，才在财政史专家崔敬白的帮助下，从《清史稿》中查到王茂荫其人及其货币改革主张。马克思身居遥远的西方，却能先于绝大多数中国人知悉此事，足以彰显他对中国问题的重视。

马克思对中国的经济体制也颇有见解。在阐述“商品流通过程不能顺利进行，生产过程就要中断”这个理论时，马克思说：“中国的手工业者就是这样，他只是为私人顾客劳动，如果没有新的订货，他的生产过程就会停顿。”[①]手工业者用小本钱购买一些原料，加工成手工业品后拿到市场上卖，恰到好处地反映了货币资本转换成生产资本，生产资本转换成商品资本，商品资本再转换成货币资本的循环过程。但是，若手工业者不能将自己的手工业品卖掉，就没有额外的资本再去投资生产，这又恰恰揭示了商品的流通过程不能顺利进行就会导致生产过程的中断。用中国手工业者的经营活动来佐证《资本论》中的相关理论，能够让理论由抽象变为具体，有助于更好地理解《资本论》。

另外，马克思对旧中国的经济结构也有深刻研究。马克思说：“商业对各种已有的、以不同形式主要生产使用价值的生产组织，都或多或少地起着解体的作用，但是它对旧生产方式究竟在多大程度上起着解体作用，这首先取决于生产方式的坚固性和内部结构。”[②]印度与中国都是农业大国，同样存在着农业与手工业相结合的小农经济，但是侵略者通过向印度输入价格低廉的棉毛织品，逐渐使自古以来不可分割的工农业生产方式失去了工业

① 《马克思恩格斯全集》(第24卷)，人民出版社1995年版，第118页。

② 《马克思恩格斯全集》(第25卷)，人民出版社1995年版，第371页。

的一部分。[①]尽管在印度，英国殖民主义享有一定的政治权利与经济权利，但从商品经济对已有生产方式的解体时间来看，其过程是极其缓慢的。但是，“在中国，那就更缓慢了，因为在这里，直接的政治权利没有给予帮助。因农业与手工制造业的直接结合而造成的巨大的节约和时间的节省，在这里对大工业产品进行了最顽强的抵抗”[②]。

在英国用大炮打开中国的大门后，原以为可以向这个巨大的市场倾销更多的商品，但是事与愿违，处于封建期的旧中国并没有让英国殖民主义如愿以偿。例如，从1670年（康熙九年）英国就与中国在厦门有通商关系，但棉布运到中国后却很难卖出，直到鸦片战争后厦门成为通商口岸，尽管期间经过了170多年，可洋布在中国的销路却一直不佳。这主要是因为妇女利用空闲时间纺纱织布，不存在什么时间成本，其成本几乎只有棉花的价值，而洋布的价值除了原材料的价值、工人的工资外还有昂贵的运输费用，洋布自然竞争不过土布。中国农业与家庭工业相结合的经济结构（耕织牢固结合），即自然经济对商品经济的抗衡力量，是英国在与中国通商时遇到的最主要障碍，马克思对中国的封建经济结构分析完全符合中国的实际。

对于“得了便宜还卖乖”的西方殖民主义，马克思尽管身在英国，但他毫不客气地将英、法、俄等殖民主义的恶行抛到阳光下，让他们无“乖”可卖。这种身在“曹营”心在“汉”的勇气

① 参见胡培兆，林圃：《〈资本论〉在中国的传播》，山东人民出版社1985年版，第18页。

②《马克思恩格斯全集》（第25卷），人民出版社1995年版，第373页。

让所有人钦佩，更让中国人感动。马克思将中国的“事”写进《资本论》中，让中国尽早地出现在世界人们的眼中。只是当时的中国人并未感受到这份来自千里之外的“问候”，他们并不知道“异军营”中竟有人为自己摇旗呐喊。

三、万事俱备，只欠“东风”

——《资本论》传入中国的坎坷路程

马克思在写作《资本论》的紧张时期，还时时关心着中国，并让中国走进了这部划时代的巨著——《资本论》中。《资本论》准确表达了工人阶级的利益和要求，指明了工人阶级的历史地位与作用，因此出版后很快就被誉为工人阶级的“圣经”，在多个国家迅速传播。但在马克思、恩格斯生活的整个年代，中国几乎没有人了解和宣传《资本论》，直到19世纪末20世纪初，才有人零星地提到这部巨著。究其原因，主要有“三片乌云”遮挡了中国人接受马克思主义“光芒”的视线。

（一）“与虎谋皮，与羊要肉”

周朝时有一个人非常喜欢穿皮衣，还爱吃精美的饭食。他打算缝制一件价格昂贵的狐狸皮袍子，于是就与狐狸商量说：“把你们的毛皮送给我几张吧。”狐狸一听，全逃到山林里去了。他又想用肥美的羊肉祭祀，于是去找羊说：“请帮帮我的忙，把你们的肉割下二斤，我准备祭祀。”没等他说完，羊就吓得狂呼乱叫，互相报信，一齐钻进树林里藏了起来。这样，那个人十年也没缝成一件狐狸皮袍子，五年也没办成一次祭祀。究其原因，是因为他侵犯了狐狸与羊的切身利益。

《资本论》的姗姗来迟应该归咎于什么？有人说是距离遥远，这可真是大错特错了。若说距离远，日本离欧洲更远，可是在1919年，日本就已经有了日文版的《资本论》全译本，比我国郭大力、王亚南的全译本早了二十年。到了19世纪20年代，日本河上肇教授已经开始在大学开设《资本论》课程，领先中国数十年。因此，若将距离遥远、通信不发达看成是《资本论》传入中国时间晚的主要原因，真所谓是“只见树木，不见森林”。究其深层原因，还是陈旧的思想在作怪，因为当时的权贵者认为《资本论》会侵犯自己的利益。

1840年的鸦片战争，英国用大炮打开了中国封闭已久的大门，“闭关锁国”的政策就像小心保存在密闭棺材里的木乃伊，一接触外界的新鲜空气，就会腐烂解体[①]。但是殖民主义的大炮并没有解放中国人腐朽、保守的思想观念，对于殖民主义在中国引进的新事物，几乎都被严重排斥。铁路、汽车等基本都是在经历“九九八十一难”之后，才得以“生存”的。

铁路、火车、汽车漂洋过海来到中国后，这些“舶来品”让愚蠢的清政府闹足了笑话。

同治年间，英国人在宣武门外建造了中国历史上第一条铁路，只有一里长。中国历来只有泥土路、石子路，而铁路对于中国人来说闻所未闻、见所未见，清政府认为铁路有伤风化，便令人将它拆除了。光绪二年（1876），英国人从上海到吴淞，在中国铺设了第二条铁路，清政府仍然接受不了铁路的存在，于是花

① 参见《马克思恩格斯选集》(第9卷)，人民出版社1995年版，第111—112页。

费二十五万五千两白银将该铁路从英国人手中买回来，又耗费大量人力、物力将建好的铁路拆毁，并把“瘟神”远送，将铁轨、车厢等运到台湾，沉入打狗港海底。从唐山到胥各庄，英国人在中国铺设了第三条铁路，这次清政府有了很大的进步，容许铁路存在，这条铁路终于“幸存”了。可是，清政府又开始跟火车头较劲，火车头能够一次吃下那么多的煤炭，喝下那么多水，没有生火就可以冒出那么多的烟，还发出奇怪的声音，简直就是“妖怪”，他们认为让“妖怪”在中国穿行，必然会影响国运的。于是清政府便“异想天开”地对火车进行改造，最后闹出用驴、马拉火车的笑话。用马拉火车创造了旧中国的“纪录”，也创造了“世界纪录”。于是，在《世界交通史》上便有了马拉火车的“世界奇谈”。

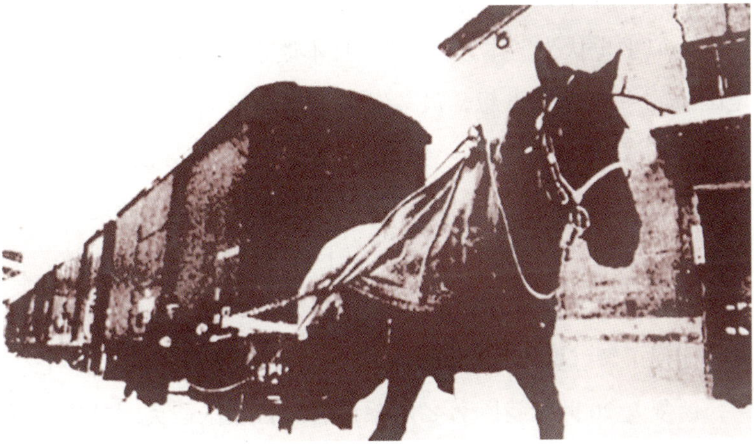

图18　马拉火车图

汽车"初来乍到"也受到了"无尽折磨"，西藏和平解放之前，英国商人曾送给一位活佛一辆汽车，但活佛却因此大怒，让商人摸不着头脑。原来这位活佛认为自己只能由人抬，俗人（司机）是没有权利和自己平起平坐的，于是命人将汽车这种亵渎神灵的东西给焚烧了。

在当时，许多中国人没见过的新事物都被毫无根据地妖魔化了。可想而知，如果铁路、汽车这些物质文明当时能在中国土地上很快"落地生根"，那么首先受益的也将是统治者和权贵们。然而，尽管这些物质文明能增进他们的物质享受，但腐朽陈旧的思想却成为这些物质文明被排斥的根源。当时的统治者也不会允许剥夺他们至高无上权力的理论传进中国。

从秦王朝算起，到清王朝为止，封建制度已经延续两千多年，历代统治者都要求人民恪守君臣封建伦理纲常，人们被统治者统治似乎也认为"本该如此"，且不谈平民百姓能否接受自己是国家的主人这种思想，最关键的是统治者绝对不会允许这种"造反理论"传进中国来。例如"无产阶级是领导阶级""无产阶级是当今世界的主人"，在统治者看来简直就是无稽之谈，如果谁敢说这种话，那就是"以下犯上"，轻者被抓捕、流放，重者可能把全家都送上断头台，清朝的"文字狱"让人毛骨悚然，因此即便了解《资本论》的人也会三缄其口，更不会去宣传它。

严复是20世纪我国著名启蒙译者，曾被派往英国朴次茅斯皇家海军作战学校学习海军理论。严复留学期间，正是《资本论》出版十年之际，当时科学社会主义在英国已经很流行。回国后他曾翻译了一系列著作，如亚当·斯密的《原富》、赫胥黎的

《天演论》、甄克思的《社会通诠》、穆勒的《名学》、耶方斯的《名学浅说》等等，翻译内容的广泛程度几乎涉及了西方资产阶级的经济、政治、法律、伦理、思想等各个方面，却唯独对马克思及其《资本论》闭口不谈，没有一点关于《资本论》的只言片语。[①]如果有一个人说，我特别喜欢《红楼梦》，我对贾宝玉了解甚多，但是我并不知道林黛玉是谁，那么我们会觉得这个人一定是在开玩笑。马克思的《政治经济学批判》和达尔文的《物种起源》同在1859年出版，两人在科学界齐名，严复却只知达尔文而不知马克思，只知《物种起源》而不知《资本论》，严复是在和所有人开玩笑吗？显然不是。这只是从侧面反映出了清王朝思想的腐朽与保守，以及封建制度的可怕，在当时的封建酷刑下，就算说错一个字，后果都不堪设想，又有谁敢站出来宣传这部两百多万字的《资本论》呢？这对宣传者来说就是“与虎谋皮，与羊要肉”，《资本论》就这样被腐朽的封建社会制度拒之“千里之外”。

（二）再兴“文字狱”

康熙时，戴名世写了一本书叫《南山集》，书中记述了一些南方人民抗清的史事，后被人告发，戴名世被斩首，另外还有三百多人受牵连。

雍正时，徐骏在窗前读书，微风吹来翻动了几页书，于是他饶有风趣地写下“清风不识字，何故乱翻书”的诗句。谁知这句

① 参见胡培兆，林圃：《〈资本论〉在中国的传播》，山东人民出版社1985年版，第23页。

诗竟闯下大祸，因为雍正认为这两句诗是污蔑清朝统治者没文化，于是便下令将徐骏处死了。

乾隆时，胡中藻有“一把心肠论浊清”的诗句，其意在于要认真分辨混浊和清白，却被视为有意把“浊”字放在“清”字前面，是在攻击大清王朝混浊腐朽。结果胡中藻及家族中16岁以上的人全部被处死，甚至连他的老师、朋友也受到株连。因此，许多读书人害怕祸从天降，整天提心吊胆，惶惶不可终日。清朝的文字狱，多数是捕风捉影，望文生义，横加罪名。

民国以后，《资本论》在中国的传播可谓是见到一点光明之后，又马上跌入了万丈深渊。中国资产阶级要走向资本主义道路，就势必要向西方那些“老牌”资本主义国家学习，因此大量的西方文化就被源源不断地引进来。

辛亥革命之后，孙中山提出“联俄、联共、扶助农工”政策，更是为《资本论》的传播创造了良好的环境，但这一切也只能说资产阶级为《资本论》的传播起过“桥梁”的作用。由于资产阶级的软弱性，袁世凯窃取了革命的果实，北洋军阀开始操弄权柄；然后蒋介石夺权，做起了皇帝梦，想要继续维持之前的封建制度，这使《资本论》在中国的传播犹如即将绽放的花朵突然迎来了空前的暴风雨。

国民党专政期间，无论是从纵向还是从横向看，其在抑制文化传播方面，与文字狱相比，都是有过之无不及的。中国自秦始皇“焚书坑儒”以来，几乎历朝历代都很“流行”文字狱。国民党为了抑制革命思潮的传播，再一次将文字狱“发扬光大”。

1929年至1930年先后颁布了《宣传品审查条例》与《出版

法》，所有违反者，一律严加处置，书遭扣留，人遭重罚。据不完全统计，仅仅1931年一年的时间，被扣留的书籍就超过百种，被惩之人更是不计其数。这让原本想要或者已经开始传播《资本论》的人士畏葸不前，《资本论》的翻译、出版一次次被搁浅。尽管《资本论》在其他国家的传播也遇到了一些坎坷，但是都没有在中国那么严重。就拿德国和沙皇俄国来说：德国用“沉默法”来应对《资本论》的出版，即政府采用不评论、不宣传的方法企图把《资本论》无声无息地扼杀在襁褓之中，致使一千册《资本论》卖了四年，到1871年才艰难售完；[①]沙皇俄国对书刊发行的检查力度也是令人毛骨悚然，有人说可以与中国“相媲美”，但是世界上第一部《资本论》译本竟然是俄译本，因为俄国的书刊检察官认为《资本论》是一部纯粹的学术性著作，只是忌讳马克思，于是要求将马克思的照片从书中抽调而已，《资本论》俄译本便很快问世了。因此，纵向来看，国民党的“文字狱”是“青出于蓝而胜于蓝”；横向来看，国民党在书籍检查方面也是“更胜一筹”，这严重阻碍了《资本论》传播的步伐。

“上有政策，下有对策”，即便在国民党的严查中，当时也出现了一些马列著作，但这并不代表国民党思想进步了或者良心发现了，只是期间有两个阶段为这些著作的发行提供了“喘息”的机会：一是军阀混战时期，国民党自己也是自顾不暇，哪里还会把心思放到书刊上；二是国共合作时期，为了装点门面，表现出谦谦君子的风范，国民党不得不做出一些让步，但是这并不意

① 参见胡培兆，林圃：《〈资本论〉在中国的传播》，山东人民出版社1985年版，第25页。

味着马克思主义相关书籍可以任意发行。因此，还是需要一些“手段”来对付那些反动派的。

“佛要金装，人靠衣装”，在当时一本书能否出版，并不仅仅在于内容是什么，还要看它的包装（即封面）是什么。一天，有位青年将一本宣传马克思理论的书籍名称改为《脑膜炎预防法》拿去投寄。特务们依照惯例对其进行严查，可是当“脑膜炎”三个字出现在眼前时，特务们连忙将书扔到一边，以为这本书一定是此类患者曾经看过的，他们害怕被传染便跑开了，就这样这本书得以轻松躲过特务们的追查。①

《西游记》中有这么一回，车迟国国王因夜间做了一个噩梦，梦到有位和尚对自己大不敬，被惊醒后便下令抓捕和尚。有位不知情的光头商人路经此地，在一间客栈休息时，被误认为是和尚给抓捕了。此类事件并非只出现在神话故事中，在国民党严查书刊期间，此类“事故”比比皆是。有位年轻人酷爱文学，于是身上经常携带古代文学典籍，不幸的是，他因为身上携带一本清朝马建忠的语言文字书《马氏文通》而含冤被捕，原因就是反动分子看到马字就以为是宣传马克思的书籍。②

反动派色厉内荏的一面很快便被识破，知识分子为了躲避追查，经常会将书籍改为与马克思主义理论风马牛不相及的名称：

《中国工人》的伪装书名为《南极仙翁》《红拂夜奔》；《列

---

① 参见胡培兆，林圃：《〈资本论〉在中国的传播》，山东人民出版社1985年版，第27页。

② 参见胡培兆，林圃：《〈资本论〉在中国的传播》，山东人民出版社1985年版，第26页。

宁青年》的伪装书名为《青年之路》；《少年先锋》的伪装书名为《闺中丽影》；《俄国资本主义的发展》的伪装书名为《经济学教程》；《布尔什维克》的伪装书名为《少女怀春》《金银贵贱之研究》；等等。[1]

腐朽、保守的封建制度这座大山虽然被推翻了，但是国民党的"文字狱"又给进步人士来了一场猝不及防的暴风雨，使《资本论》在中国的传播依旧步履维艰。

（三）我要当"主角"

一天，一位当时著名的女演员来到一家书店，她在剧中总是主角。有一本名叫《今后的主角是谁》的书吸引了她，她满心欢喜地拿起这本书，翻开后第一句话竟是"现在的主角即将失色，现在的配角才是今后的主角"，女演员很不开心地将这本书扔下了，开始找寻其他书籍。这时，一位戏份很少的女配角也来到了这家书店，她拿起刚刚被扔到一边的那本书，翻开书本后，"现在的主角即将失色，现在的配角才是今后的主角"这句话同样出现在她的眼前，可是她并没有很开心，因为她觉得这并不现实，自己既没有出色的外表，更没有强大的力量做后盾，于是也将该书放到一边去。日复一日，这家书店每日都有大量的主角、配角来光顾，但是《今后的主角是谁》一书却一直都没有销量……

《资本论》这部巨著在中国与《今后的主角是谁》有着相同的命运，由于它极力推崇无产阶级做"主角"，自然不能被资产

① 参见胡培兆，林圃：《〈资本论〉在中国的传播》，山东人民出版社1985年版，第27页。

阶级与权贵阶层的人所接受，对它置若罔闻。而被推崇的无产阶级却还未意识到自己有可能成为“主角”，因为在当时，他们的力量还不足以使他们成为革命的“主角”。正如毛泽东所说：“在一九一九年五四运动之前，中国无产阶级还没有当作一个觉悟了的独立的阶级力量登上政治的舞台，还是当作小资产阶级和资产阶级的追随者参加了革命。”[①]因此，无产阶级没有当“主角”的觉悟，也让《资本论》在中国坐了很长时期的“冷板凳”。

无产阶级为何不想当“主角”？或许不是不想，是没有强大的力量做后盾，而这最大的力量就是人。何为无产阶级？说白了就是没有自己的生产资料，靠出卖劳动力为生，受资产阶级剥削的阶级。资本主义企业成了无产阶级的“孵化器”，有了资本主义企业，就有了资本和资本剥削的对象——工人，以及工人的集合——工人阶级。

资本主义企业在当时是“无地生根”的，中国两千多年的封建社会，几乎各朝各代都推崇“重农抑商”的思想，使自给自足的自然经济占据统治地位。“农民不但生产自己所需的农产品，而且生产自己需要的大部分手工业品。地主和贵族对于从农民剥削来的地租，也主要是自己享用，而不是用于交换。那时虽有交换的发展，但是在整个经济中不起决定的作用。”[②]另外，中国的地主和贵族只扮演了西方资本家的一半角色，他们只知道如何剥削，却不知道交换。况且，在当时殖民主义也只是打开了中国市场一半的大门，产品进来了，可是却没有销量，商品卖不出去。

---

① 《毛泽东选集》(合订本)，人民出版社1991年版，第627页。

② 《毛泽东选集》(合订本)，人民出版社1991年版，第623—624页。

在这种情形下，企业几乎没有发展的空间，又怎会有无产阶级的发展空间呢？

19世纪下半叶，坚如磐石的自给自足经济开始出现企业的“身影”，殖民主义国家开始在华办工厂，曾国藩、李鸿章、左宗棠等人开始办洋务。但这是黄鼠狼给鸡拜年——没安好心，帝国主义好不容易才找到的“金钱豹”，怎么可能就让它这么轻易地挣脱。西方列强虽然在华开办工厂，但是却并不想让中国发展成强大的资本主义国家，失去对其的控制，他们只是想让中国成为他们自己的附庸，因此处处限制中国企业的发展。在内困外扰的环境下，工人的数量虽然有所上升，但速度却十分缓慢。1870年，全国工人数还不到1万，直至19世纪末，全国的工人才刚刚发展到9万。[①]第一次世界大战前工人数虽然达到了60万，[②]但相对于当时的人口来说，简直就是沧海一粟。

第一次世界大战的爆发，成了我国工人阶级发展的“分水岭”，那群“饿狼”再也没有时间与精力来“监视”中国产业的发展，他们都纷纷卷入到战争中，因此中国的工厂企业进入了发展的黄金期。五四运动之前，产业工人数量已经达到了200万。[③]要实现“质变”，首先要有“量变”，只有工人阶级数量不断壮大，有了坚强的力量做后盾，登上中国的历史政治舞台，才有了“当主角”的自信与觉悟，《资本论》才渐渐地被潮流所接受。

① 孙毓棠：《中国近代经济史》（上册），人民出版社1979年版，第179页。

② 黎澍：《论社会主义在中国的传播》，《历史研究》1954年第3期。

③ 周宏府：《中国早期工人运动的发展和中国共产党的诞生》，《湘潭大学社会科学学报》，1981年10月。

第二章

忽如一夜春风来　千树万树梨花开

——《资本论》在中国的传入、翻译、出版与传播过程

毛泽东曾说："十月革命一声炮响，给我们送来了马克思列宁主义。"我们应该怎样理解这句话？这句话并非是说"十月革命"之前，中国人一点也不知道马克思列宁主义，或者"十月革命"以后中国有了现成的马克思列宁主义应用果实。而是"十月革命"的胜利，让许多中国先进知识分子接受了马克思主义的世界观，并作为中国革命的理论基础和指导思想。《资本论》从第一次被提及到全译本的完成及出版，可谓经历了九九八十一难，最终修得正果。

一、"西风"初来的"前奏"

——《资本论》传入中国

两次鸦片战争的失败，曾国藩、左宗棠等人亲眼看到了外

国侵略者坚船利炮的巨大威力，于是继承魏源的“师夷长技以制夷”，在康有为“大同主义”启蒙下，中国开启了漫长的“西学”运动。或拜来华的洋人为师，或出国寻找“西夷长技”。当时，马克思学说与《资本论》就是被资产阶级改良派作为“安民新学”的一家，[①]在这个“西学”潮流中与中国人见面了。

（一）虽无功，却有史

《射雕英雄传》《天龙八部》《笑傲江湖》《倚天屠龙记》都堪称金庸小说中的经典，为人津津乐道。金庸小说之所以吸引人，也与其中的武功绝学和武功集大成者是分不开的，如“九阳真经”，此功为达摩所创，张无忌也是凭此功连败六大门派，成为新一代明教教主。在此之前，张三丰和郭襄也皆因此功分别开创了武当、峨眉两派；又如“九阴真经”，由一代宗师黄裳所创，后来被周伯通发扬光大，虽然郭靖、黄蓉只有小成，陈玄风、梅超风只习得最初级的九阴白骨爪和摧心掌，便都成为了一流高手……

此等绝世武功之所以能够被人千古传诵，主要原因自然在于张无忌、周伯通等人的发扬光大，但不能说与其他人便无关系，像林远图、岳不群、郭襄、郭靖、黄蓉、梅超风等人，虽不是集大成者，但也因为曾修炼此功，而让人们有更多机会去了解这些武功的奥秘，这些人在武功的发扬过程中，虽无大功，却有史，历史是不会被抹杀的。

① 参见胡培兆，林圃：《〈资本论〉在中国的传播》，山东人民出版社1985年版，第50页。

各大门派之所以能够在武林中立足，就是因为他们有本门的武功绝学，深刻去钻研其中的奥秘，让自己的门派得以名垂千古。在中国的现代史上，无产阶级借助“本门绝学”——《资本论》的指引，登上了历史的舞台，引领时代的发展，是“修炼”《资本论》的集大成者。那么，它是怎样一步步传入无产阶级手中的呢？

1899年4月，一位叫李提摩太的英国传教士来到中国，为了宣传颉德（英国进化论研究学者）的《社会进化论》，他与蔡尔康合作写了《相争相进之理》一文，并发表在《万国公报》第一百二十三卷上。文中有一段话，“今世之争，恐将有更甚于古者，此非凭空揣测之词也。试稽近代学派，有讲求安民新学之一家，如德国之马克偲（马克思），主于资本也”[①]。意思是德国马克思有《资本论》一书，虽是“无心插柳”，随口一提，但这却成了至今查阅到的最早提及《资本论》的文献记载。

图19 《社会进化论》译本

梁启超由于受进化论的影响之深，也极力推崇颉德之说，甚至贬低马克思及《资本论》。1902年，梁启超在《新民丛报》上发表了《进化论革命者颉德之学说》一文，在文中提到“麦喀

① 胡培兆，林圃：《〈资本论〉在中国的传播》，山东人民出版社1985年版，第51页。

士（马克思），日耳曼人，社会主义之泰斗也”一句，但这并非是简单提及，而是作为他所推崇的颉德的反面来介绍的，文中写到“此等幼稚之理论，其谬误已不可掩”，[①]梁启超认为马克思和赫胥黎这些人只会拿自己也解决不了的问题来难为别人，并批判马克思等人是只着眼于现在而牺牲未来的“鼠目寸光”者，这显然是不恰当的。为何说梁启超没能真正理解马克思主义的核心理论？从他1903年的文章中就可以看出：“社会主义者，近百年来世界之特产物也。包括其最要之义，不过曰土地归公，资本归公，专以劳力为百物价值之源泉。麦喀士曰：现今之经济社会，实少数人掠夺多数人之土地而组成者也。”[②]并指出：“吾中国固夙有之”，“中国古代井田制度正是近世之社会主义同一立脚点。”[③]很显然，他把社会主义看成了中国古代所憧憬的大同社会一类的乌托邦。因此，与其说梁启超在文中提到过马克思，不如说是贬责过马克思。

与蔡元培同享盛名，有“北蔡南马”之誉的马君武，1903年曾在《译书汇编》中发表过《唯物论二巨子学说》和《社会主义与进化论》，前文中的“二巨子”就是指达尔文和马克思，后文中比较了进化论与社会主义之间的异同，并指出：“马克司（思）者，以唯物解历史学之人也。马氏尝谓：阶级斗争，为历

① 胡培兆，林圃：《〈资本论〉在中国的传播》，山东人民出版社1985年版，第52页。

② 胡培兆，林圃：《〈资本论〉在中国的传播》，山东人民出版社1985年版，第53页。

③ 同上。

史之钥。”[①]这是中国第一个以纯粹的文学理论和视角提及马克思唯物史观的人。另外，同期的赵振汉在《第二期社会主义——德意志之社会主义》中也提到了马克思的生平及《资本论》，文中介绍说：“加陆·马陆科思（马克思）创设社会之实行，其学理皆具于其《资本论》。”甚至还提及了剩余价值学说的一点内容，这在当时已经是非常进步的了。

蔡尔康是基督教徒，不会去信奉马克思主义；保皇派的梁启超作为资产阶级维新派的代表人物，更不可能去推崇无产阶级的理论，他们只不过是在推崇“本派”所谓“武功秘籍”的时候，顺带提及其他“门派”的“绝学”而已。马君武、赵振汉等学者也是在翻译或者介绍西方文学时提到马克思及《资本论》，仅仅是在客观地记载“华山论剑”这个过程，而《资本论》不过是其中的一种而已，他们并没有舍得更多笔墨，浓墨重彩地去专门描述它。因此，他们都未对《资本论》起到真正的传播作用。尽管如此，在他们“贬低旁者”或“顺带提及”下，却使马克思及其理论提前进入中国人的视野，虽无大功，却是先者。

（二）大浪淘金

“百日维新”失败后，面对危如累卵的清王朝，资产阶级革命派看到了中国社会改造的迫切性，在推翻封建王朝的大暴动前夜，为了冲击旧思想，唤醒民众，先进的知识分子纷纷东渡日本，西涉欧洲，亲自寻找真正的社会主义理论，因此各种社会主

① 胡培兆，林圃：《〈资本论〉在中国的传播》，山东人民出版社1985年版，第54页。

义学说被纷纷介绍到中国，马克思主义自然也在其中。

东渡日本。日本与中国距离较近，并且是东方社会主义运动的开端之地。1898年片山潜（日本共产党创始人之一）、幸德秋水（日本社会主义运动活动家）等人就组织了社会主义研究会，同时又有大量宣传马克思主义的著作问世，如村井知至的《社会主义》、西川光次郎的《人道之义士、社会主义之父——马克思》等，[①]这种活跃的气氛深深地吸引并感染着当时中国的留学生。孙中山、陈独秀、李大钊、朱执信、宋教仁、李达、沈雁冰、周恩来等一批马克思主义者，以及陈启修、王亚南、漆琪生等许多著名的马克思主义学者都曾留学日本，找寻社会主义理论，并为《资本论》在中国的传播做出了巨大贡献，这里仅就《资本论》传播初期的突出贡献者李大钊、朱执信做简要介绍。

李大钊（1889—1927）是我国共产主义运动的先驱，河北乐亭人。1913年李大钊在日本早稻田大学留学两年半，在这两年中钻研了不少马克思主义著作，特别是马克思主义经济学方面的书籍。据一起留学的高一涵回忆说，“我在这个时期对于李大钊的印象是：他的思想转变总是走在时代发展的前面，他善于吸收新思想、新理念，绝不会落在时代变化的后面。他在日本学的经济学，但他对那时的资本主义经济学总是不感兴趣，但一看到河上肇博士介绍的马克思主义政治经济学的论著，就手不释卷”。[②]另外，李大钊在早稻田大学组织了经济学会，专门研究马克思经

① 参见胡培兆，林圃：《〈资本论〉在中国的传播》，山东人民出版社1985年版，第36页。

② 高一涵：《回忆李大钊同志》，选自《五四运动回忆录》，中国社会科学出版社1979年版，第116页。

济学。1917年俄国十月革命胜利后，李大钊备受鼓舞，连续发表《法俄革命之比较观》《庶民的胜利》《布尔什维主义的胜利》《新纪元》等文章，其中发表在《新青年》上的《我的马克思主义观》系统介绍了马克思主义理论，对当时的思想界产生了重要影响，他的这一系列理论基础都是在日本留学时奠定的。

图20　李大钊在日本留学时的照片（前排左三为李大钊）

朱执信（1885—1920），广东番禺人，国民党党员。朱执信于1904年参加广东省留日考试，以第一名的成绩官费东渡日本留学，在日本法政大学主修法政经济。1905年加入中国同盟会，是同盟会最早的会员之一和重要骨干。1920年9月21日，朱执信到虎门调停驻军时，因与东莞民军发生冲突被桂系军阀杀害，孙中山曾悲痛地说："执信是革命的圣人，执信忽然殒折，使我如失左右手。"

图21　朱执信（前排左一）

1906年，朱执信在《晨报》上发表《德意志社会革命家小传》一文，该文从序言到正文，洋洋洒洒近万字，对马克思、恩格斯的生平事迹，以及《共产党宣言》《资本论》的主要内容做了详细介绍，包括劳动价值论、剩余价值理论、无产阶级的贫困化等内容。可问题来了，朱执信一直主张中国实行资产阶级专政，走资本主义道路，加之他国民党党员的身份，为何要传播《资本论》呢？一方面，孙中山领导民主革命时期，资产阶级和无产阶级的矛盾已经尖锐化，因此资产阶级不得不有选择地吸收部分马克思主义理论的内容到自己的纲领中来，以响应无产阶级的号召，缓解矛盾，加速革命进程；另一方面，朱执信对共产主义的理解不甚了了，加上世界上无产阶级革命运动取得一次次胜利，因此资产阶级也想从中吸取一定的经验，这是朱执信介绍

《资本论》的主要目的。但无论目的如何，朱执信都是全面介绍、宣传《资本论》的第一人。

西涉欧洲。欧洲是世界上资本主义的发祥地，同样也是共产主义的开创地，尽管路途遥远，但也有一些人抱着“教育救国”的思想赴欧留学，接触马克思主义学说。正如毛泽东所说：“自从1840年鸦片战争失败那时起，先进的中国人，经过千辛万苦，向西方国家寻找真理。……那时，求进步的中国人，只要是西方的新道理，什么书也看。”[①]1917年蔡元培、吴玉章回国后，在北京、上海等地喊出“劳工神圣”的口号，并发动了先进青年知识分子到欧洲勤工俭学的运动。不久，十月革命爆发，无产阶级夺取政权，“劳工神圣”的口号在革命知识分子中变得盛行，也彻底激发了蔡和森、陈毅、邓小平等人去欧洲学习马克思主义的热情，他们到欧洲后广泛涉猎社会主义理论，钻研《资本论》，回国后开始尝试将其中的原理应用到实际中，对《资本论》在中国的传播有不可磨灭的促进作用。本文仅对贡献突出者——周恩来、蔡和森做简要介绍。

周恩来（1898—1976）是旅欧勤工俭学学生的主要领袖，在欧洲的四年中，他“系统深入地研究了马克思主义，先后到法国、德国、英国考察了欧洲的共产主义运动的实践经验”。[②]他对《资本论》做过专门的研究，并用它与各种反马克思主义派别展开斗争，周恩来曾在《宗教精神与共产主义》一文中公然驳斥无

① 《毛泽东选集》(合订本)，人民出版社1991年版，第1469页。

② 胡培兆，林圃：《〈资本论〉在中国的传播》，山东人民出版社1985年版，第39页。

图22　周恩来读过的《共产党宣言》

政府主义的《无所谓宗教》，指出“马克思主义绝对不是宗教迷信而是科学预见”[①]。周恩来在旅欧期间还写了近四十万字的论文和通讯，并注重用马克思的经济学说分析社会中的实际问题。周恩来认为：“经济问题最重要部分，厥维产业界与银行界，其次则为商务。今世资本集中，大资本家类皆举此三者而兼业……无论其倾向何方，侧重何业，结果与资本家固无不利者。”[②]深刻揭示了只有经济问题的解决才能从根本上解决社会痼疾，只有推翻资本主义制度，无产阶级才能真正摆脱被剥削的现状。

① 周恩来：《宗教精神与共产主义》，选自《五四前后周恩来同志诗文选》，天津人民出版社1979年版，第358页。

② 周恩来：《周恩来旅欧通信》，人民日报出版社1979年版，第194页。

蔡和森（1895—1931）是旅欧勤工助学的另一位领袖，1920年到达法国，原本打算在此居住五年，以便系统地研究马克思主义原理。但在1921年因为与赵世炎领导了中国勤工俭学学生占领里昂中法大学的义举，最终背着“从事布尔什维克活动”和过激党的罪名，被强行押解回国。[①]尽管只在法国待了一年半左右的时间，但他研究了大量马克思主义的著作，正如他给毛泽东的信中所说的，“我到法后，鲁莽看法文章，现门路大开，以世界大势律中国，对于改造计划略具规模。现搜集各种小册子上百种，拟编译一种传播运动的丛书”[②]。当蔡和森得知国内陈独秀与孙东荪正在就“中国能否实现社会主义”进行激烈的论战时，立即写信给陈独秀说：“独秀先生！我是极端主张无产阶级专政的。我的主张不是主观的，乃是客观的，必然的。”[③]并指出“马克思的学理由三点出发：在历史上发现他的唯物史观；在经济上发明他的资本论；在政治上发明他的阶级斗争。三者一以贯之，遂成为革命的马克思主义。社会革命完全为无产阶级革命”[④]。于是，陈独秀便把这封信公开发表在《新青年》上，让它在论战中充分发挥作用。

① 参见胡培兆，林圃：《〈资本论〉在中国的传播》，山东人民出版社1985年版，第41页。

② 中共双峰委员会：《蔡和森传》，湖南人民出版社1980年版，第63页。

③ 蔡和森：《马克思学说与中国无产阶级》（一九一二年二月），湖南人民出版社1980年版，第51页。

④《蔡和森文集（下）》，湖南人民出版社1979年版，第1页。

图23　蔡和森与夫人向警予

蔡和森在法国的这一年半时间里，“一面向中国留学生宣传马克思主义，促使一些民主主义者、无政府主义者转化为马克思主义者，一面写信向国内寄稿传播马克思主义”。①留学期间还与向警予在法国完婚，结婚时两人共同捧着一本翻开的《资本论》，拍下了他们的结婚照，足见其对《资本论》的感情之深。1921年蔡和森被迫回国后，立即投入到无产阶级斗争实践中，并从《资本论》的角度写了《中国劳动运动应取得方针》。蔡和森虽然没有给我们留下专门的马克思主义著作，但他对早期的《资本论》传播做出的贡献是有目共睹的。

“十月革命一声炮响”让中国人开始真正认识马克思和《资本论》，以李大钊为代表的中国先进分子为了找寻社会主义真

① 胡培兆，林圃：《〈资本论〉在中国的传播》，山东人民出版社1985年版，第42页。

理，东渡日本，西涉欧洲，展开了一场大规模的“大浪淘金”运动。老一辈无产阶级革命先驱历尽千辛万苦，将马克思主义以各种途径和方式带回中国，为还在黑暗中摸索救国途径的进步人士照亮了前进的路。

二、“春风”已度“玉门关”

——《资本论》在中国的翻译与传播

十月革命的胜利就是《资本论》的胜利，这让无产阶级革命的热风吹进中国。一时间宣传、介绍、翻译《资本论》的著作如雨后春笋般繁茂起来。“唯物史观”“阶级斗争”“盈余价值”（剩余价值）、“康姆尼”（共产主义）等等马克思主义新名词的议论，代替了严复翻译“天演论”以来风行一时的“物竞天择”“优胜劣汰”这类口头禅。[①]《资本论》的乐章被一个个“号手”吹响，马克思主义的春风吹遍了中国的每个角落，《资本论》逐渐走进中国人民的内心。

（一）新时代的“号手”

十月革命后，李大钊在北京发起了马克思学说研究会、少年中国会，周恩来在天津发起了觉悟社，毛泽东、蔡和森在湖南发起了新民学会，陈独秀、李达在上海发起了共产主义小组等。

① 参见胡培兆，林圃：《〈资本论〉在中国的传播》，山东人民出版社1985年版，第68页。

《资本论》研究学会如星星之火，在全国范围内蔓延。与此同时，大量宣传马克思主义的报刊也纷纷创立，如陈独秀主编的《新青年》《每周评论》，毛泽东主编的《湘江评论》，邵飘萍主编的《北京晨报》，李达主编的《共产党》，蔡和森主编的《向导》，瞿秋白主编的《布尔什维克》等，在当时掀起了《资本论》的研究、传播热潮。正如恩格斯所说："德国无产阶级的政党出现了。它的全部理论内容来自对政治经济学的研究。"①

20世纪20年代左右，中国涌现出了大量介绍《资本论》的文章和著作。如：

李大钊的《我的马克思主义观》(1919年)、《马克思的经济学说》(1922年)；顾兆熊的《马克思学说》(1919年)；黄凌霜的《马克思学说的批判》(1919年)；陈公博的《马克思的一生及其事业》(1920年)；邝摩汉的《马克思剩余价值论》(1920年)、《马克思经济学说》(1922年)；李汉俊翻译的《马克思资本论入门》(1920年)；费觉天翻译的《资本论自叙》(1920年)；周佛海的《介绍马克思经济学说》(1922年)、《马克思的资本论》(1923年)；陈独秀的《马克思经济学说》(1922年)；施复亮的《资本论解说》(1923年)、《资本论大纲》(1929年)、《经济学大纲》(1929年)；李季翻译的《通俗资本论》(1926年)、《马克思传》(1929年)；戴季陶与胡汉民合译的《资本论解说》(1927年)；李达翻译的《政治经济学批判》(1929年)；陈启修的《新经济学》(1929年)、翻译的《经济学大纲》(1929年)等。

①《马克思恩格斯选集》(第2卷)，人民出版社1995年版，第37页。

从文章内容来看，这些文章对马克思及其学说的态度可谓褒贬不一。李大钊、陈启修撰文的目的在于赞扬马克思和他的理论，顾兆熊主要批判《资本论》，而黄凌霜的文章毁誉参半。褒扬马克思经济学说的文章，对《资本论》传播所起的作用自然不言而喻，但也不能否认那些批判《资本论》的文章对其传播所起的作用。首先，要批评《资本论》就要先了解和熟悉其内容，这就在一定程度上把其内容介绍出去了，客观和辩证地看，批判或批评也是一种介绍。对一部伟大著作来说，当它还没有传播开来之前，公开的批评要比沉默好得多。《资本论》第一卷刚刚出版时，马克思就曾期待资产阶级对其书公开批评，以借助资产阶级的喉舌将该理论传播出去，因为批评得越厉害，该书就越容易传播。但是资产阶级政府却选择了用“沉默的阴谋”来对待这部著作，以将其扼杀在萌芽之中，可谓是“无招胜有招”。好在恩格斯另辟蹊径，为《资本论》的传播打开了新局面。其次，一种新学说刚刚诞生的时候，特别是与现存的主流或传统思想针锋相对的时候，存在不同的理解和争论是正常的。新学说也只有在不断的争论中，最后才能被证明。可以说，只有经得起争论的理论才是永葆生命力的理论。

当然，上面提到的《资本论》早期传播者中，其政治面貌也十分复杂，他们本就不是同一个马克思主义战营中的盟友，只是在当时潮流下的暂时同路者，仅对《资本论》的介绍而言，他们都曾为《资本论》的传播起过一些积极作用。本文仅就李大钊、陈独秀、李达、周恩来等人在传播《资本论》方面的贡献做简要介绍。

李大钊，著有《我的马克思主义观》，他是我国最早成熟的一批马克思主义者，是站在无产阶级立场上宣传马克思主义经济学说最响亮的号手。他深信“经济问题的解决，是根本解决”[①]，因此他认为《资本论》必定是无产阶级革命最权威的理论武装，他曾感慨地说道：“使中国将来能够产生几倍真正能够了解马克思学说的，真正能够在中国放点光彩的人，这实在是我最大的希望。”[②]

1919年冬，他把五四运动中的“左翼”分子集合起来，成立了秘密的“马克思主义研究会”，并发表了大量文章宣传《资本论》。李大钊集中介绍《资本论》的代表作主要有两篇：一是《我的马克思主义观》，这篇长达三万字的文章于1919年发表在《新青年》第六卷上；二是《马克思的经济学说》，1922年发表在《晨报》副刊上。

在《我的马克思主义观》中，李大钊旗帜鲜明地指出：现在正是社会主义经济学改造世界的新纪元，而马克思是社会主义经济学的鼻祖。“从前的经济学，是以资本为本位，以资本家为本位。以后的经济学，要以劳动为本位，以劳动者为本位了。”[③]文章介绍了《资本论》中的绝大部分内容。一是关于阶级斗争学说的理解，认为《资本论》是以“在今日社会组织下的资产阶级

①《李大钊选集》，人民出版社1959年版，第233页。

②《李大钊选集》，人民出版社1959年版，第371页。

③《李大钊选集》，人民出版社1959年版，第323页。

图24　李大钊

与工人阶级，被放在不得不仇视、不得不冲突的关系上”[①]的思想立论的，从而指出马克思主义的理论是用阶级斗争这条经线联络起来的。二是介绍剩余价值学说，“余值（剩余价值）本是由劳工生产的价值中除去他的必要生活费所余的价值”[②]。“余值即全为资本家的掠夺品，那工人分外的工作就是余工，便一点报偿也没有。这是现代资本主义的秘密，这是资本主义下资本家掠夺劳动生产的方式。”[③]李大钊非常赞同马克思的观点，认为存在剥削现象的根源在于资本主义制度。三是介绍资本主义积累的一般规律，即资本逐渐集中在少数资本家手中，他们获利更厚，而中小产业凋敝倒闭。文章指出：“阶级竞争日益激烈，但凡物发达之极，它的发展的境界，就是它的灭亡的途径。资本主义趋于自灭，也是自然之势，也是不可避免之数了。现在生产的形式已经变为社会的，

① 《李大钊选集》，人民出版社1959年版，第177页。
② 《李大钊选集》，人民出版社1959年版，第200页。
③ 《李大钊选集》，人民出版社1959年版，第198页。

这分配的方法也依随着改变为共有了。就如已成熟的鸡子必然冲破蛋壳一样，社会主义的诞生是不可避免的。”[①]除此之外，李大钊还讲述了马克思主义经济学中的唯物史观、资本理论、生产价格理论等等。

曾经有个德国人说，一个不到50岁的人要是说能够了解马克思的《资本论》那必定是欺人之谈，这个德国人显然是故意将马克思的学说当成晦涩难懂的天书了。但是在当时的环境下，没有现成的翻译文本，只有30岁的李大钊却能够将《资本论》理解得如此透彻，还能够联系中国的实际，用马克思主义思想指导工人阶级的斗争，俨然成了深明马克思主义精髓的理论权威。李大钊这位伟大的马克思主义者将自己的一生都贡献在了阶级斗争的舞台上，就是为了盼望中国“庶民的胜利”早日来临。

陈独秀（1879—1942），著有《社会主义批判》。陈独秀是五四时期最有影响的新派领袖，因极力反对孔子学说，主张推翻两千多年来旧的封建传统观念而享誉中外，当时他被誉为中国近代第一流的思想家[②]。但在1916—1919年，只信奉罗素、杜威哲学的陈独秀还是远离马克思主义、反对马克思学说的，他觉得“中国‘产业未兴，兼未行’，还不到实行社会主义的时候”，因此“反对在他主办的《新青年》上宣传社会主义”。[③]直到1920年，

①《李大钊选集》，人民出版社1959年版，第211页。

② 参见郭湛波：《近五十年中国思想史》，北平人文书店1936年版，第102页。

③ 胡培兆，林圃：《〈资本论〉在中国的传播》，山东人民出版社1985年版，第93页。

陈独秀才开始信仰马克思主义，并在宣传马克思方面写了很多文章，其中影响较大的是《马克思学说》和《社会主义批评》。他针砭时弊地指出："马克思的经济学说，和以前个人主义的经济学说不同之特点，是在说明剩余价值之如何成立及实现。在两千零几百页《资本论》里面所反复说明的，可以说目的就是在说明剩余价值这件事。"[①]因此，陈独秀在文章中特别强调剩余价值，运用剩余价值理论来揭示资本主义必然灭亡的趋势。面对其他人对马克思主义的质疑，陈独秀在《社会主义批判》中指出："一定有人说：资本主义制度既然会使自身崩溃，而马克思身后数十年来，资产阶级何以不但未曾崩溃并且日渐强盛呢？我以为这不过是因为殖民政策一时的救济，并不是马克思学说失了灵验。"[②]这铿锵有力的语句直接解答了他人的质疑，更给广大无产阶级吃了一颗"定心丸"。

与李大钊相比，陈独秀在宣传《资本论》时确实是晚了几步，并且他的立场曾一度站在资产阶级一边。但是他对《资本论》的传播所做出的贡献是不言而喻的，正如毛泽东曾说："李大钊和陈独秀都是中国最有才华的知识界领袖，我在李大钊手下当国立北京大学图书管理员的时候，就迅速地朝着马克思主义的方向发展。陈独秀对于我在这个方面的兴趣也是很有帮助。第二次到上海的时候，曾和陈独秀讨论过我读过的马克思书籍。陈独秀说他自己信仰的时候的那些话，在我一生中可能是关键性的，

① 陈独秀：《马克思学说》，《新青年》1922年第9卷第6期。

② 陈独秀：《社会主义批判》，《新青年》1922年第9卷第3期。

这个时期，对我产生了深刻的印象。”[①]可以说，陈独秀和李大钊都是毛泽东这位坚定的马克思主义者的启蒙老师。

图25　陈独秀

李达（1890—1966），著有《现代社会之剖析》。李达当时被认为是除李大钊、陈独秀之外，在宣传马克思主义方面“最早、最有贡献”“介绍成绩最佳，影响最大”的第三号人物。[②]1919年，李达抱着推翻北洋军阀统治的宏愿，东渡日本专攻马克思列宁主义理论，在两年的时间里，研读了大量马克思主义的相关著作。回国后，李达立即投入建党的准备工作中，一方面四处奔走，联络同志，建立组织；另一方面著书立说，宣传马克思主义，并创办了自己的第一个出版社——人民出版社。他亲自写稿、译稿、校对、发行，在一年内就出版了《共产党宣言》《工钱劳动与资本》《资本论入门》等大量通俗读物。

1922年，李达应毛泽东之邀出任湖南自修大学校长时，编写了《马克思主义名辞解释》一书，书中解释了剩余价值学说的

① 埃德加·斯诺：《西行漫记》，生活·读书·新知三联书店1979年版，第132—133页。

② 参见郭湛波：《近五十年中国思想史》，北平人文书店1936年版，第384页。

图26　李达与妻子张乃一

各个经济范畴。[①]1926年，李达编写的《现代社会学》中的“剩余价值之梗概”深受读者欢迎，使马克思主义在中国广泛传播。

在整个20世纪20年代，除了解说部分《资本论》的译本外，中国还没有《资本论》一篇一章的译本。直至1929年，李达编写了《社会之基础知识》，其中第二篇就是众所周知的《现代社会之剖析》，文章中系统阐述了历史唯物主义和科学社会主义的原理，简明扼要地介绍了《资本论》的基本内容，《现代社会之剖析》因此被誉为中国历史上第一个《资本论》缩简本，是对《资本论》传播的一个较大的推进。

由于介绍和宣传《资本论》的书籍频频出版，国民党开始发觉，于是以“著名共首”“宣传赤化甚力”的罪名通缉李达。[②]但“为时已晚”，在此之前李达的相关理念已经深深影响到了当时绝大多数的学者。

周恩来曾在狱中宣传《资本论》。《资本论》的宣传可以分

① 参见胡培兆，林圃：《〈资本论〉在中国的传播》，山东人民出版社1985年版，第101页。

② 同上。

为口传和笔传两种，一般来讲，先有笔传，再有口传。但只有口传才能更加广泛，越出知识界，让没有文化的劳动者也能深刻理解，在学校的讲台上、群众的聚会中、秘密的组织中，甚至是黑暗的牢狱中都在进行着传播。周恩来就是为数不多的牢狱《资本论》口头传播者，他在日本、欧洲留学期间就比较系统地研究过《〈资本论〉入门》《社会主义精髓》等著作，根据一起留学的张鸿浩回忆：“周恩来在留日期间读书很用功，他读了很多宣传马克思主义、十月革命的书籍。《马克思全集》《改造》《解放》等都是他爱看的书籍。”①

1919年回国后，由于领导工商界和学生集会游行，周恩来被军阀逮捕入狱，但在狱中，他仍不顾个人安危给被捕的青年传授马克思学说。当时的《检厅日录》便记载了这段历史：

“五月十四日　晚上会议……内容是：全世界工业革命史讲完后，由周恩来介绍马克思学说。

“五月二十八日　晚间全体会……先开演会，周恩来讲马克思学说，历史上经济组织的变迁同马克思传记。

“五月三十一日　晚上全体

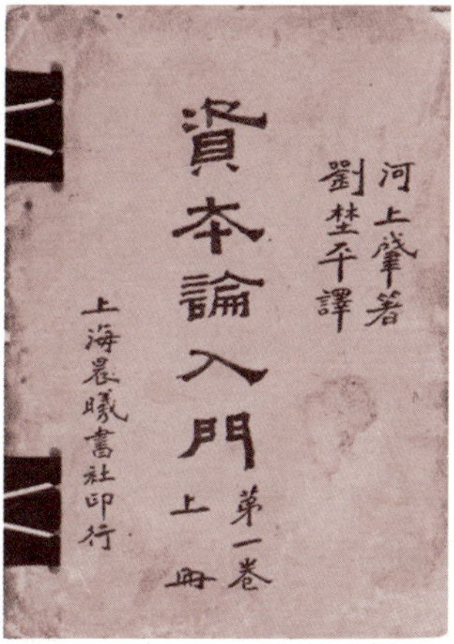

图27　《资本论》入门

① 张鸿浩：《回忆学生时代的周恩来同志》，选自《五四前后周恩来同志诗文选》，天津人民出版社1979年版，第397页。

会，演讲会仍由周恩来讲马克思学说，唯物史观。

……

“六月四日　晚间聚会……先开讲演会，仍由周恩来讲马克思主义——经济论中的余工余值。

“六月七日　晚上会议……先开讲演会，周恩来讲读马克思的学说——经济论中的资本论同资产集中说。今天马氏学说已讲完。”①

“桃李不言，下自成蹊”，像周恩来一样的《资本论》“口头文字”传播者数不胜数，让《资本论》逐渐传播至每一个角落，只是这些文字不见经传史载，大多的传播者也都成了无名英雄，但我们不能因此就忘记他们的贡献。

（二）取得“真经”

唐僧师徒四人西天取经，一路降妖驱魔，过凌云渡，乘无底船，历尽千辛万苦，来到灵山，得以脱胎换骨，并一一受封佛号。修成正果的唐僧师徒肩挑经书，腾云驾雾踏上回国旅程。这时，如来佛祖问一旁的观音菩萨：“唐僧师徒经历了多少难?”观音掐指一算说：“整整八十难。”如来说：“佛门中九九归真，还少一难。”观音明白如来之意，立刻说道：“对，待弟子作法。”归心似箭的唐僧师徒正当喜笑颜开地想象着荣归故里的盛景时，突然祸从天降，四人一下子失去控制，从空中坠下。返回途中，重遇通天河老龟，老龟曾托唐僧向佛祖打听自己何时能修道成仙，

① 人民出版社资料组：《人民的好总理》(上册)，人民出版社1977年版，第145—146页。

不想唐僧却忘了此事，老龟一怒，沉下河去。师徒们掉入河中，当挣扎着上岸后，经文已经全都湿透，于是师徒四人在一处岩石上晾晒经文，经书晒干后，粗心大意的八戒在整理经书时不小心将其中一页经文扯破，唐僧很是心痛，还因此斥责了八戒。但师徒四人总归经历了八十一难，终于取得真经，返回东土，得以普度众生。

佛家讲“九九归真”，唐僧师徒四人也是在经历八十一难之后，才修成正果。若说《资本论》传进中国便是“取得真经”，其实并不准确，只能说是“八十一难少一难”，还有最后一难——翻译与出版发行。

1924—1927 年第一次大革命失败，经过此次革命的洗礼，介绍《资本论》的人基本就只剩共产党和进步人士了，当然还有极少数靠卖文为生的变节分子，如潘冬舟等人，他们只能靠给小报卖点理论为生。但客观来讲，他们对《资本论》的传播也起到了一定的作用。在 20 世纪 30 年代，马克思主义传播的重点开始转入研究、翻译《资本论》原著，如：

吴黎平 1930 年翻译的《反杜林论》；李达 1930 年与王静等合译的《马克思主义经济学基础理论》；陈启修 1930 年翻译的《资本论》第一卷第一篇；郭沫若 1931 年翻译的《政治经济学批判》；汪馥泉 1932 年翻译的《马克思经济学说》；潘冬舟 1932 年翻译的《资本论》第一卷第二、三、四篇；王思华、侯外庐 1932—1936 年翻译的《资本论》第一卷；吴半农 1934 年翻译的《资本论》第一、二篇；狄超白 1936 年写的《通俗政治经济学讲话》；郑易里 1938 年翻译的《〈资本论〉的文学构造》；郭大力、王亚南1938年合译的《资本论》第一、二、三卷；沈志远1939年写的《研究〈资本论〉入门》；许涤新1939年写的《理解〈资本论〉所必需的预备和知识》等。[①]

许多革命学界的前辈在翻译、发行《资本论》的过程中历尽万难，用科学谨慎的态度去翻译《资本论》中的每一句话，甚至每一处脚注，为我们后人学习《资本论》扫除障碍，提供了便利，节约了时间。

1930年，陈启修（1886—1960）参与翻译的首部《资本论》译本问世。陈启修曾留学日本，是知名教授河上肇的学生，回国后在北京大学担任经济系教授，是当时国内很有声望的马克思主义经济学教授。1920年，陈启修在蔡元培“兼容并包”“学术思想自由”的庇护下，开始在北京大学开设马克思主义经济学教程。[②]马克思学说研究会成立后，陈启修被聘为导师，指导过研究会翻译《资本论》。据当时参加翻译的罗章龙回忆说：“他（李大钊）还号召我们翻译《资本论》的第一卷。我们大家觉得很难，啃不动……但是我们还是坚持啃下去，曾译了《资本论》的第一卷。我们当时是硬啃，实在不懂的地方，就把困难绕过去。后来我们把《资本论》第一卷译稿交给了一个教经济学的老师，叫陈启修。”[③]研究会把译稿交给陈启修并非偶然，既是因为

① 参见胡培兆，林圃：《〈资本论〉在中国的传播》，山东人民出版社1985年版，第72—73页。

② 参见胡培兆，林圃：《〈资本论〉在中国的传播》，山东人民出版社1985年版，第135页。

③ 胡培兆，林圃：《〈资本论〉在中国的传播》，山东人民出版社1985年版，第134页。

对他的信任，也是希望他可以继续完成这项工作。为了完成这项艰巨的任务，1929年，陈启修辞去《中央日报》总编辑的工作，重渡日本，专心进行《资本论》的翻译工作。为了能够将《资本论》翻译准确，陈启修先翻译了河上肇的《经济学大纲》，并于1929年先寄回国内，由乐群出版社出版。陈启修在跋文中写道："这本书是河上肇先生在大学讲坛上二十年的结晶，可以将这本书作为大学经济原理的科学书，因为这可以说是世界上的第一良书。"①在《经济学大纲》翻译完成之后，陈启修开始着手翻译《资本论》，但他认为日译版的《资本论》有些地方译得不准确，若再从日文转译为中文就更走样了，因此他以德文本为依据，并参考英译本、高畠素之的全译本、河上肇的分册本以及结合马克思学说研究会的译稿，最终译出了《资本论》第一篇。1930年，《资本论》第一分册（第一篇）由上海昆仑书店出版，第一本中文版的《资本论》终于在中国问世，这标志着马克思主义学说在中国的传

图28　陈启修

① 罗章龙：《回忆北京大学马克思学说研究会》，选自《新文学史料》，人民文学出版社1979年版，第9—15页。

播进入新阶段。

但是，第一次大革命失败后，陈启修对革命动摇、失望，便脱离了共产党，改名为陈豹隐。新中国成立前夕，他甚至还写过错误文章如《民主主义经济学之特质与体系》来附和蒋介石的《中国经济学说》。[①]但有一点是值得肯定的，即陈启修从来没有放弃过对马克思主义经济学的研究，直至中华人民共和国成立后，他还被选为中国科学院哲学社会科学部委员。[②]

潘冬舟（1906—1935）翻译了《资本论》第一卷的二、三、四篇。陈启修译完《资本论》第一卷第一篇后就没再继续，而是由潘冬舟接译。潘冬舟原是共产党员，曾担任中央机关刊物《红旗》的主编，但在大革命失败后叛党，开始以卖文为生，就连翻译《资本论》也是叛党之后的事。他曾对同时翻译《资本论》的侯外庐、王思华心怀疑虑，怕被抢先，故经常口诉龃龉，说他二人"在数量上虽然在今日还没有追上我译的前面，但根据他们在广告上所发表的出版计划，以及他们在工作中有着吸引较多助手的可能，以后能追上在我的译作之前面也未可知。很显然地，在现在看来，译第一分册是非常容易的工作，因为已经有出版的两个译本可以参照。"[③]话语中充满了对侯外庐、王思华翻译第一篇的轻视，虽然潘冬舟翻译《资本论》并非出自高尚的动机，但在1932年翻译出《资本论》第二、三、四篇，也为《资本论》的

---

① 参见胡培兆，林圃:《〈资本论〉在中国的传播》，山东人民出版社1985年版，第137页。

② 同上。

③ 胡培兆，林圃:《〈资本论〉在中国的传播》，山东人民出版社1985年版，第139页。

传播起到一定的促进作用。

侯外庐（1903—1987）、王思华（1904—1978）合译的《资本论》第一卷出版。历史学家侯外庐在风雨如晦的年月里，呕心沥血翻译《资本论》整整十年。1922年，侯外庐在北平读书时结识了李大钊，在李大钊的鼓励下决心为《资本论》的传播做一些贡献，但在当时竟找不到一本关于马克思主义的原著，为此愁坏了斗志昂扬的侯外庐。1927年，由于参加革命活动，被张作霖通缉，因此侯外庐被迫离开北平去法国留学。途经哈尔滨时，在路边的小摊上竟然出乎意料地买到了英文版与日文版的《资本论》，他兴奋之余暗自立志，到法国后学好德文，一定要翻译出《资本论》全译本。到达法国之后，他每日工作十六七个小时，除了听课，就全心全意扑在《资本论》的翻译上，最后翻译完了第一卷的前二十章。[①]在法国的三年中，他没有游览过凡尔赛宫、卢浮宫，也没有登上过埃菲尔铁塔，与巴黎这座繁华的城市相隔绝。1930年，因为经济困难，侯外庐不得不离开法国，中途暂住苏联时，曾邀请在日本学习的郭沫若到莫斯科共同完成《资本论》的翻译，但因张国焘的阻挠，最终没能如愿。[②]

回国后，侯外庐没有停止《资本论》的翻译工作，他一边靠教书维持生活，一边继续翻译《资本论》。后经陈翰笙介绍，结识了经济学家王思华，二人开始合译《资本论》。1932年9月，他们将翻译完成的前七章以国际学社的名义出版（其实是由

① 参见吴杰:《“资本论”的几种中译本》,《翻译通报》1951年第2期。

② 参见胡培兆，林圃:《〈资本论〉在中国的传播》，山东人民出版社1985年版，第140—141页。

图29　侯外庐

图30　王思华

王思华借来的200元在北平新华印刷厂印刷的，国际学社并不存在）[①]。后来侯外庐被捕，由王思华一人继续翻译，1936年由世界名著译社出版了《资本论》第一卷剩余的内容，译者署名为玉枢（侯外庐）、右铭（王思华）。[②]当时就是这样，出版马克思主义著作不但无功无利，反而会有政治风险，可以说只有意志力坚定、敢于牺牲的革命者才会有翻译《资本论》的勇气。

第一卷译完之后，王思华因去延安，便不再参与《资本论》的翻译工作，由出狱后的侯外庐继续第二、三卷的翻译工作。从1934年到1937年，侯外庐基本完成了《资本论》第二、三卷的翻译工作。卢沟桥事变爆发，华北很快沦陷，

① 胡培兆，林圃：《〈资本论〉在中国的传播》，山东人民出版社1985年版，第143页。

② 雨竹：《在白色恐怖下翻译与出版〈资本论〉》，《中国社会科学报》2011年第7期。

侯外庐便将译稿托付给著名爱国将领续范亭，希望由其护送至西安。不幸的是，途中遭遇日寇战火，译稿就这样在战火中全部化为灰烬。1938年当得知郭大力、王亚南的合译本快要出版时，侯外庐便与武汉生活出版社解除了《资本论》译稿合同，彻底结束了《资本论》的翻译工作。侯外庐从1928年到1937年进行《资本论》的翻译工作达十年之久，与王思华一起给我们留下了第一个《资本论》第一卷的中译本，虽然第二、三卷的译稿没能成功出版，但是其功劳已经名垂《资本论》的传播史，当我们唏嘘和叹息被战火烧毁的译稿时，一种精神却树立起来了！

郭大力、王亚南的《资本论》全译本出版。郭大力（1905—1976）是江西南康县人，1924年考入厦门大学，1925年转入上海大夏大学（今华东师范大学）哲学系，毕业后以研究、翻译和教授马克思主义经济学作为终身职业。个人一生译、著过大量政治经济学的文章，例如译《资本论》《剩余价值学说史》《马克思恩格斯〈资本论〉书信集》等，著作有《关于马克思的〈资本论〉》《〈帝国主义论〉讲解》等。

王亚南（1901—1969），湖北黄冈县人，1927年武汉中华大学教育系毕业，毕业后参加过北伐军，大革命失败后东渡日本，开始潜心钻研政治经济学，先后担任过中山大学、厦门大学的教授，1950年担任厦门大学校长。王亚南一生著作等身，写了四十多部书、三百多篇论文，主要著作有与郭大力合译的《资本论》，独著的有《中国经济原论》《〈资本论〉研究》等。

这两位经济学家于1928年在杭州西子湖畔的大佛寺内相遇，相见恨晚。在此之前，郭大力早就有翻译《资本论》之意和打算，在促膝长谈后，两人很快就决定一起研究马克思主义经济学，并翻译《资本论》。可以说，郭大力与王亚南的不期而遇，对《资本论》在中国的传播具有里程碑意义。

翻译《资本论》是一项艰难的工作，与大多数人一样，在翻译过程中他们主要面临四点困难：一是生活上的困难；二是政治经济学和其他知识方面的困难；三是国民党反动派的"围剿"，这也是最大的困难；四是出版困难。

1859年，马克思在写完《政治经济学批判》后，去邮局邮寄稿件时因为付不起邮资和保险金而被拒绝。他曾感慨地说道："未必会有人在这样缺货币的情况下来写关于'货币'的文章！写这个问题的大多数作者都同自己的研究对象有最好的关系。"[①]而在七十年后，中国的这两位青年学者又何尝不是面临着相同的处境，在艰难的生活条件下，他们同样进行着一种没有报酬只有风险的义务劳动。郭大力、王亚南相聚不久后就各奔东西，开始分头工作。郭大力回上海后，一边靠在中学教书的微薄工资过日子，一边自学德文准备翻译工作，而王亚南仅靠一点稿费收入和亲友的帮助来支撑他从事《资本论》的翻译工作。王亚南的女儿曾回忆说："讲起在杭州大佛寺和郭大力叔叔共译《资本论》时的困境，他感慨地说：'那个时候，谁还会想到舒服呵！'"[②]

其次他们遇到的是相关学识方面的问题，《资本论》是公认

①《马克思致恩格斯》，选自《马克思恩格斯全集》(第29卷)，人民出版社1995年版，第371页。

② 王岱平：《生活，人格，精神——琐忆我的爸爸王亚南》，《厦门大学学报(社会科学版)》1979年第1期。

的百科全书，但首先是一本政治经济学著作。所以要准确地将其内容翻译出来，译者必须要有足够扎实的经济学基础，但郭大力、王亚南两人在大学都不是经济学专业，因此必须从头学起。其实早在1928年，郭大力已经自译完了《资本论》第一卷，但当他要继续翻译第二、三卷时，他说："我发现了令我感到心悸的事情。"[①]"在那时，我对《资本论》的主要批判对象——古典经济学，连初步的认识也没有。"[②]出于对读者的崇高责任感，他与王亚南决心先翻译几部古典经济学著作，当真正领会《资本论》的写作背景之后，再继续第二、三卷的翻译工作。于是，郭大力同王亚南将李嘉图的《经济学及赋税之原理》、亚当·斯密的《国富论》、约翰·穆勒的《经济学原理》等多部资产阶级的古典经济学著作一一翻译出来，这耗费了他们大量的时间和精力，况且，在当时这些资料即使有钱也是很难买到的，更别说经济拮据一直如影相随。

1932年，当郭大力与王亚南回过头来重新准备《资本论》的翻译时，他们之前已经译好的《资本论》第一卷译稿，已经全部毁于"一·二八"的战火之中，为此，他们不得不从头开始，这丝毫没有影响到他们要完成《资本论》三卷中译本的决心。

若论他们遇到的最大的困难，那便非国民党反动派的"围剿"迫害莫属了。其实，每一个《资本论》译者都曾遇到过这个问题，他们有的因找不到出版社而取消计划，有的因被迫逃亡或

① 参见刘大明：《把火种"盗"到中国的人们——〈资本论〉早期的翻译出版和全译本首次在中国出版纪实〔中篇〕》，《新文化史料》1998年第2期。

② 同上。

被捕而使出版一再推迟。郭大力和王亚南的翻译工作也曾因为国民党反动派的“围剿”而几度中止，因为没有一家书局（店）敢贸然应允出版《资本论》中译本。1936年前后，当《资本论》全译本翻译工作快要完成时，郭大力曾抱着部分译稿，向商务印书馆、中华书局表示出版意向，以当时“商务”“中华”的物质条件、财力是完全有能力承接的，但是郭大力却遭到了同郭沫若十年前的一样命运，被谢绝了，这显然是出自政治的原因。[1]

就在所有出版社都不愿冒风险刊印关于马克思的文章时，《资本论》全译本的出版竟被一个处境艰险、资金拮据，然而干劲十足的出版社接受了，这就是上海读书生活出版社。读书生活出版社成立于1935年，由李公朴任社长，艾思奇任总编辑，因编辑发行《读书生活》半月刊及出版《大众哲学》等书刊而受到广大读者的欢迎。

1936年11月，社长李公朴被捕，读书生活出版社的刊物《读书生活》被停刊，《大众哲学》等书均被查禁，使出版社瞬间跌入了万丈深渊。但是，在紧要关头，得到郑易里、郑一斋（商人）兄弟二人三千元资金的资助，使出版社暂时渡过危机，有了新生的希望。[2]同时，出版社立即电邀黄洛峰来上海出任经理，并由郑易里任社长，艾思奇任总编。1937年，黄洛峰不计个人安危与得失，毅然决然地挑起了读书生活出版社经理的重

① 参见刘大明:《把火种“盗”到中国的人们——〈资本论〉早期的翻译出版和全译本首次在中国出版纪实〔中篇〕》,《新文化史料》1998年第2期。

② 参见刘大明:《把火种“盗”到中国的人们——〈资本论〉早期的翻译出版和全译本首次在中国出版纪实〔上篇〕》,《新文化史料》1998年第1期。

担。他上任伊始，就创办了《生活学校》，以替代被迫停刊的《读书生活》，但在《生活学校》刚出版两期后又遭查禁。黄洛峰随即改出版《读书》半月刊，经过这一系列的努力，读书生活出版社终于在险浪中站稳了脚。[①]重整旗鼓之后，继续以出版发行为武器，向反动派做不屈不挠的斗争。

在读书生活出版社的工作走上正轨后，黄洛峰、艾思奇、郑易里为了提高出版物的理论水平，一致同意出版马列经典著作，并决定先出版《资本论》全译本，再分步出版《马克思恩格斯全集》。[②]但是却面临三个关键问题：一是资金问题，要出版《资本论》三卷，至少需要三万元，可即便倾尽读书生活出版社全力，也不能解决一半所需；二是政治风险，在白色恐怖笼罩下，《资本论》能否顺利通过审查以及出版后能否畅销，这都是他们不得不考虑的问题；三是翻译问题，二百多万字的巨著，多少年来虽三三两两有人译过一些，但尚无人能真正把三卷全部译成。但这三个问题并没有阻碍他们准备刊印《资本论》的决心，关于资金问题，郑一斋愿意向出版社出版《资本论》提供资金支持，这位进步的企业家，他生前为读书生活出版社渡过难关和出版《资本论》《剩余价值史》等马列著作，先后共投入7万元之多，但从未想过从中索取什么。[③]对于政治问题，《资本论》是一

① 参见刘大明：《把火种“盗”到中国的人们——〈资本论〉早期的翻译出版和全译本首次在中国出版纪实〔上篇〕》，《新文化史料》，1998年第1期。

② 同上。

③ 参见刘大明：《把火种“盗”到中国的人们——〈资本论〉早期的翻译出版和全译本首次在中国出版纪实〔中篇〕》，《新文化史料》1998年第2期。

部学术著作，即便在资本主义的英国、德国、日本都可以公开出售，那为什么不在中国闯一闯呢？唯有最后的翻译问题，他们一直没有找到解决办法，此时，伯乐因为找不到千里马而发愁，而千里马却因为没有遇到赏识自己的伯乐而惆怅。一方面郑易里、艾思奇等人因找不到译者而苦恼；另一方面，郭大力、王亚南则在为找不到出版家而发愁。

图31　艾思奇

图32　黄洛峰

图33　郑易里

“山重水复疑无路，柳暗花明又一村”，巧合总会出现在有心人身上，艾思奇的一个亲戚曾在暨南大学读书，而当时他的邻居正好就是郭大力，当他得知艾思奇为找不到译者而发愁时，便牵线郭大力与艾思奇认识。艾思奇当即便走访了郭大力，并阅读了部分译稿，觉得译稿水平很高，于是两人最终商定先出版《资本论》第一卷，并且每月预付郭大力出版费40元，以供其生活必需。[1]出版《资本论》对当时的读书生活出版社来说是非常果断大胆的决定，用黄洛峰的话来说："这叫作初生牛犊不怕虎!"[2]

1937年，当厚厚的一包《资本论》第一卷译稿交到郑易里手里时，七七事变已经爆发，八·一三事变的战火也正在上海燃烧。读书生活出版社当机立断，做出《资本论》坚决出版不能动摇的决定，同时该出版社迅速将重心迁到武汉以求发展。10月下旬，黄洛峰率徐逸、刘大明二人雇了一条大船，载着读书生活出版社的书刊，绕道抵达汉口，读书生活出版社在武汉重新开始了工作。由上海带来的书刊备受读者欢迎，因此读书生活出版社很快在武汉立住了脚。在这期间，出版社经常遇到资金周转不开的情况，为了压缩或推迟别的开支，他们宁可少出其他书，也要保证《资本论》的正常刊印，并按月给郭大力汇寄费用，郭大力则不时将二卷译稿用信笺誊清后寄到汉口，再汇总转送至上海郑易里处。[3]郭大力、王亚南与读书生活出版社就像抗战中的队友，为了共同的信念而坚持。

1937年11月12日，上海除了租界外，全部沦陷，南京失陷后，上海租界完全成了一个孤岛，往日里灯火通明、车水马龙的上海，一时间百业萧条、一片狼藉。这就使得上海设备条件好的印刷厂处在无字可排、无书可印的境地，为了生存，他们到处降

① 参见刘大明：《把火种"盗"到中国的人们——〈资本论〉早期的翻译出版和全译本首次在中国出版纪实〔中篇〕》，《新文化史料》1998年第2期。

② 同上。

③ 同上。

价揽活，甚至暂不收款，出书后再付也可，统治当局一时也无暇顾及出版书刊的审查。[①]郑易里用犀利的目光从黑暗中看到了光明，当机立断，将上海的这种情况告知黄洛峰，并磋商《资本论》出版大计，他们一致认为当前回到上海刊印《资本论》是一个绝好的时机。为了利用好当前的大好时机，最后他们做出了将《资本论》三卷连续出版的决定。1938年，正值上海盛暑季节，一场《资本论》全译本出版的战斗打响了，他们在阴暗、闷热的办公室里挥毫如云，挥汗成雨，不计昼夜，全身心地投入到了这场“突击战”中，在这段时间里，郭大力、王亚南也陆续译完了第二、三卷。

1938年8月31日，《资本论》第一卷问世，9月15日、9月30日，《资本论》第二、三卷也分别出版。[②]在《资本论》发表的71年之后，在国民党反动派的反复“围剿”下，在已被日寇蹂躏成孤岛的上海地下室里，《资本论》三卷全译本终于成功出版了。这厚实的三册，精心设计的封面，中间一条红底，上面印着“资本论”三个镂空的宋体字，正在熠熠发光，这是多么值得自豪的一刻!

① 参见刘大明:《把火种“盗”到中国的人们——〈资本论〉早期的翻译出版和全译本首次在中国出版纪实〔中篇〕》,《新文化史料》1998年第2期。

② 同上。

图34 郭大力、王亚南所译《资本论》全译本

郭大力在《资本论》全译本第一卷跋上写道：“我们的工作，虽曾因“八一三”的炮火而延迟，但是读书生活出版社负责人郑易里、黄洛峰两位先生……终于把一切的困难克服了。”[①]出版社规模虽小，但志气大，若他们不敢于站在风口浪尖上，这些译稿可能已经消失在战火之中了。

《资本论》在上海刊印时，上海、汉口等地区就在主要报刊上登出了“预订”的告示。此时全国人民的抗战热情十分高涨，对真理探求也十分渴望，因此《资本论》“预订”的告示，对广大真理追求者来说是个很大的鼓舞。人们奔走相告，读者开始纷纷到社里或邮局汇款预订，大家的欣慰之感是无法形容的。其

① 参见刘大明：《把火种“盗”到中国的人们——〈资本论〉早期的翻译出版和全译本首次在中国出版纪实〔中篇〕》，《新文化史料》1998年第2期。

中，上海的宋庆龄，汉口的冯玉祥、邵力子等也各预订了一套。《资本论》全译本终于以崭新的面貌走向广大理论追求者与革命者，然而这一“走”，迎来的不是一条康庄大道，而是“荆棘山路”。

图35　《资本论》发售预约

读书生活出版社决定先发往内地2000套，即6000册，分装20个大木箱，[①]由于当时武汉失守已经是较为明显的事，于是黄洛峰让轮船绕道先抵达香港，再经广州发往桂林、重庆。但是天有不测风云，没想到广州竟先于武汉失陷，20个大木箱在运往广州的途中不幸全部沉没在海底，这对当时经济拮据的读书生活出版社来说简直就是晴天霹雳。尽管战局发展难以预料，黄洛峰

① 参见刘大明：《把火种“盗”到中国的人们——〈资本论〉早期的翻译出版和全译本首次在中国出版纪实〔下篇〕》，《新文化史料》1998年第3期。

却一再自责对此事安排欠妥，好在他没有在这次重大的打击中颓废，而是更加坚定地要把《资本论》的发行工作坚持下去，于是他立即致电上海再印2000套，并先将上海剩下的1000套除留一部分满足上海读者需求外，其余先改用“小批量”办法，分若干次发往湛江，再经越南最后转入桂林、重庆。[①]经过如此辗转，此批书籍到达桂林时，已是1940年春，也就是说第一套《资本论》中译本运输了近一年的时间，才和内地的革命者见了面。

《资本论》的出版历尽艰辛，发行也是几经波折，当它出现在读者面前时，读者所给予的反馈，是令译者和出版社欣慰的。《资本论》运到桂林分社后，出版社在正门处的书台上铺上红布，摆上一排崭新的《资本论》精装本，从早到晚，不知吸引了多少读者来翻阅和购买，每日都是如此。同志们比打了胜仗还要开心，甚至唱起了《国际歌》。黄洛峰曾说：“读者的心，是和我们出版发行工作者完全相通的。”[②]

毛泽东在延安时，需要的书刊一向都是由读书生活出版社专人代办的。为了让延安革命者尽快看到《资本论》，黄洛峰先让桂林分社发运一部分到延安，并将《资本论》装在八路军驻桂办事处直赴延安的卡车最保险的位置，以防运输过程中发生什么意外或破损。[③]为了保险起见，黄洛峰又让重庆分社用同样的办

① 刘大明：《把火种“盗”到中国的人们——〈资本论〉早期的翻译出版和全译本首次在中国出版纪实〔中篇〕》，《新文化史料》1998年第2期。

② 同上。

③ 同上。

法发运一部分到延安，期望通过桂、渝两个“直送渠道”[①]，确保《资本论》能够顺利抵达延安，让毛泽东以及延安的广大进步人士能够尽快阅读到无产阶级革命的“圣经”。《资本论》安全运往延安后，很快到达了毛主席手中，毛主席亲笔在《资本论》的第一卷扉页上写了三条批注：“1938”(指上海出版日期)；“ 1867”(指欧洲出版日期)；“在71年之后中国才出版”，在1954年重读《资本论》时，又写了第四条批注：“1867年，距今87年。”这部《资本论》，现保存在中南海毛泽东故居。毛主席虽然没有添加评说，只是写了几个时间，但这几个时间中充满了无数先进人士传播、翻译、发行《资本论》的艰难历程，充满了无数无产阶级对这部“圣经”的盼望，充满了对共产主义到来的无限渴望!

由于之前2000套《资本论》沉入海底的教训，读书生活出版社不敢贸然运送大量的书籍至内陆，之后便一直改用“小批量”办法运送，但单纯靠这种“小批量”辗转运送的《资本论》数量根本满足不了内陆读者的需求，为了让更多的人可以尽快读到《资本论》，黄洛峰和郑易里决定在重庆当地印刷《资本论》，这样在运输途中就不必耗费太多的时间。

1939年春天，郑易里把《资本论》纸型装入一个大皮箱里，冒险登上了去香港的轮船，虽然侥幸通过了香港海口审查，但当他登上海防码头时，担心的麻烦还是发生了，海防法国警方要求他打开皮箱进行检查，一片片有密密麻麻的凹状字形的纸型还是被扣留了。在当时，纸型就是一个出版社的命根子，更何况

① 参见刘大明：《把火种“盗”到中国的人们——〈资本论〉早期的翻译出版和全译本首次在中国出版纪实〔中篇〕》，《新文化史料》1998年第2期。

是凝聚着多少人心血的《资本论》的纸型。正所谓吉人自有天相，就在郑易里急得焦头烂额的时候，他突然发现了在法留学时的好友乔丕成，乔丕成用一口流利的法语向法国警方做出解释后，最终法国警方同意放行，《资本论》纸型成功躲过"劫难"抵达重庆。[①]可是另外一个问题又来了，那就是始终没有找到适宜的纸张来印刷。当时，四川最好的土纸也无法印刷和装订，就这样印刷"内地版"的《资本论》计划最终也没能实现。但为了帮助读者能够了解到更多的《资本论》知识，读书生活出版社在上海、重庆先后出版了几本小册子，例如：《〈资本论〉通讯集》《恩格斯论〈资本论〉》《怎样研究〈资本论〉》《〈资本论〉文学构造》等等。[②]

由于"内地版"《资本论》的计划没能实现，《资本论》全译本第一版很快就销售一空，遗憾的是，在抗战期间，《资本论》始终没有机会再版。

直到1947年，《资本论》全译本首版发行10年之后，经过郭大力、王亚南多年的准备和悉心修订，终于可以再版了，适逢内战，《资本论》再次面临着出版被搁浅的风险。但就在此时，《新华日报》在最显著的位置登出了《资本论》再版本的"预订"广告，正当人们为此欣慰之际，国民党的《中央日报》竟也在最显著的位置登出了《资本论》再版本的"预订"广告，其内容格式和《新华日报》刊登的一模一样，这无疑是政治界、新闻

① 参见刘大明：《把火种"盗"到中国的人们——〈资本论〉早期的翻译出版和全译本首次在中国出版纪实〔下篇〕》，《新文化史料》1998年第3期。

② 同上。

界的爆炸性新闻。[1]国民党的日报竟然会为《资本论》的“预订”做广告？原来这是黄洛峰为打击国民党，以及宣传《资本论》再版本发行的“妙招”，只是没有想到会如此顺利。

《资本论》再版的消息在上海、重庆已经广为人知，但在国民党中央所在地南京，却仍是一片空白，黄洛峰反复思考：若有人去《中央日报》登个《资本论》的广告，无疑是给国民党反动派一个重大的打击。陈汝言原是李公朴的学生，当时也是书籍出版方面的骨干。黄洛峰认定陈汝言可以推心置腹，于是在2月19日与陈汝言会面，两人做了精密的筹划，陈汝言也欣然同意到《中央日报》去登《资本论》再版发行广告。就好像遇到了“好心人”，进展十分顺利。1947年2月20日早上，“资本论”三个大字傲然地出现在了国民党《中央日报》最显眼的位置。这件事确实给国民党造成了很大的打击，一贯“反共”的《救国日报》借题发挥挑起内讧，大骂《中央日报》“为共产党张目”，并提出国民党中宣部部长彭学沛应当“引咎辞职”。[2]蒋介石发现《资本论》预定广告出现在《中央日报》上时，更是大发雷霆，大呼立刻把《中央日报》全部追回，并将有关人员严加查办，但此时陈汝言已经抵达上海，正与黄洛峰等人庆贺斗争的胜利。

1947年，《资本论》再版因广告事件而轰动一时，但那时上海的白色恐怖已越来越严重，读书生活出版社不得不登出“停业”广告。其实“停业”只是意味着他们要在那几间阴暗的办公

① 参见刘大明：《把火种“盗”到中国的人们——〈资本论〉早期的翻译出版和全译本首次在中国出版纪实〔下篇〕》，《新文化史料》1998年第3期。

② 同上。

室里干“地下工作”，在这段时间内，他们在上海刊印了2000套《资本论》。1948年，读书生活出版社将《资本论》的纸型运送到东北解放区，在哈尔滨刊印了3000套，也就是说在新中国成立之前，读书生活出版社总共刊印了3次《资本论》全译本，前后共约8000套24000册。除此之外，读书生活出版社还进行着另一项伟大的“地下工作”，即为《剩余价值学说史》的出版做准备。

可以说，没有郭大力、王亚南等人不惧政治风险进行翻译工作，就没有当时的《资本论》全译本；没有黄洛峰、艾思奇、郑易里等人冒险承担出版工作，《资本论》全译本只能是随时都会消失在战火中的译稿。我们应当向这些不畏艰难、甘愿奉献、敢于同反动派势力做持久斗争且百折不挠的革命者致敬。

三、“飞入寻常百姓家”

——《资本论》在中国大地的传播

秦朝历来推崇“军功制”，以军功定爵位，受封赏，秦始皇时期就有“以法为教，以吏为师”的说法，因此法家思想被极力推崇，儒家思想被任意践踏，也便有了后来“焚书坑儒”的记载。汉朝建立后，废除了秦朝的禁书政策，战国时期各学派思想逐渐恢复，尤以儒家、道家两派为盛。后来，根据董仲舒的提议，汉代开始“罢黜百家，独尊儒术”，儒家文化进入鼎盛时期。不能说秦朝时期的儒家、道家思想就是错的，只是统治者所代表的阶级利益不同，追求的事物不一样，因而所推崇的思想也就大不相同。在无产阶级力量壮大之前，资产阶级怎会站在无产阶级的立场上，为无产阶级的利益大声疾呼？只有无产阶级真正翻身做主人了，马克思主义思想才能真正被当作指导思想，备受推崇。

（一）没有最好，只有更好

1949年新中国诞生，《资本论》在中国的传播进入到一个崭新的阶段。在这一时期，不但《资本论》原著（翻译本）得到一次又一次的修订，与《资本论》相关的文学作品也日益增多。

《资本论》及其手稿在新中国的修订及出版。新中国成立后，郭大力、王亚南的《资本论》全译本首版在上海三联书店重印1万套，也就是说这个版本先后共刊印了4次，加上沉入海底的2000套，总共刊印了近1.8万套。后来，郭大力对首版译本做了全面的修订，并于1953年由人民出版社出版，从1953年至1963年，这个版本第一、二卷前后总共刊印了9次，第三卷7次。[①]1963年至1966年，郭大力、王亚南再次对《资本论》进行了“吹毛求疵”的修订，并于1968年再次出版。

1975年，中共中央马恩列斯著作编译局重新翻译了《资本论》，并由人民出版社出版，这个译本是直接根据《马克思恩格斯全集》德文版翻译的，[②]与郭大力、王亚南的译本各有千秋，都有独立存在的价值，该版本先后被印刷过多次，具体数量不得

① 参见胡培兆，林圃：《〈资本论〉在中国的传播》，山东人民出版社1985年版，第180页。

② 参见胡培兆，林圃：《〈资本论〉在中国的传播》，山东人民出版社1985年版，第182页。

而知，但可以肯定的一点就是《资本论》中译本在全世界的发行量是最大的。

《剩余价值学说》的重译与出版。恩格斯曾将《剩余价值学说》列为《资本论》的第四卷，这是考茨基遵照恩格斯的遗嘱汇编而成的。郭大力以考茨基的版本为依据完成了《剩余价值学说》的翻译，并于1949年6月由三联书店出版，到1951年3月，就已经印刷了4次，发行2.1万册。

1975年，中共中央马恩列斯著作编译局根据《马克思恩格斯全集》德文第二版第二十六卷重新翻译了《剩余价值学说》，并将书名改为《剩余价值理论》。[①]由于与郭大力所依据的版本不同，因而两种中译本存在很多差异。至于哪一本更符合马克思恩格斯的原意，也不得而知，但两种译本都十分有价值。

《资本论》三部手稿的翻译与出版。《资本论》的完成并非是一气呵成的，为了《资本论》能够有血有肉地与世人见面，马克思先后写了三部手稿，分别是《1844年经济学哲学手稿》《政治经济学批判大纲（1857—1858年草稿）》《卡·马克思经济学手稿（1861—1863年）》，他们分别代表着马克思研究资本主义经济学形态、批判地继承资产阶级古典经济学、写作《资本论》这三个重要过程。因此只有系统地研究这三个手稿，才能更加准确地传播马克思主义，并将马克思主义理论更加科学地应用到中国的实践中。

《1844年经济学哲学手稿》最早是由刘丕坤翻译成中文的，

① 参见胡培兆，林圃：《〈资本论〉在中国的传播》，山东人民出版社1985年版，第182页。

1979年由中共中央马恩列斯著作编译局重新翻译并出版，并编入《马克思恩格斯全集》第四十二卷；《政治经济学批判大纲（1857—1858年草稿）》最早由刘潇然译成中文，并于1975年至1978年由人民出版社分为五个分册出版，1979年由中共中央马恩列斯著作编译局重新翻译并出版，并编入《马克思恩格斯全集》第四十六卷；《卡·马克思经济学手稿（1861—1863年）》一部分于1978年由自然科学史研究所翻译、编译局校订后，以《机器、自然力和科学的应用》为书名出版。1979年，由中共中央马恩列斯著作编译局重新翻译并出版，并编入《马克思恩格斯全集》中文版第四十七、四十八卷。①

从1899年蔡尔康首次在中国提到《资本论》，到《资本论》及其经济学手稿全部译完并出版，前后共经历了80年。中国人民用80年的时间渡过了“八十一难”，最终取得全部“真经”。

（二）走进“象牙塔”

蒲公英之所以能够开得漫山遍野，是因为风吹到哪里，它的种子就飘到哪里，山腰上、山涧中、河畔间、水库旁，显然有很大一部分是风的功劳。新中国成立后，之前著名的《资本论》研究学者大多都集中在党校和大学里，于是《资本论》也被这些学者带进了党校和各个大学的课堂上，为新中国培育出了新一代的《资本论》传播者，如今的中青年《资本论》传播者基本都是由党校和大学培育出来的。在这里，我们从党校、财经类院校及

① 参见胡培兆，林圃:《〈资本论〉在中国的传播》，山东人民出版社1985年版，第185页。

综合性大学经济系、高等师范类院校这几个系统来分别介绍他们对《资本论》传播所做的贡献。

图36　郭大力

1. 中央及地方党校对《资本论》传播的贡献

中共中央党校是党的最高学府，因此格外重视《资本论》的研究与应用，当然，这也与郭大力、王学文等学者的努力分不开。

新中国成立后，郭大力任中共中央党校政治经济学教研室主任。即使身患重病，郭大力也一直在坚持给研究班讲解《资本论》。郭大力的讲稿很有特色，正如他自己所说：“我在讲的时候，曾经有两个方面的企图：一方面为《资本论》中所包含的重要理论，描出一个大概的轮廓；另一方面是对其中比较难懂的一些章节，进行简略的解释。”[①]这种讲课方式，既能够让学者很快了解《资本论》的大体内容，又不会被其中个别的晦涩章节所困惑。郭大力仅用十七八万字就将二百多万字的《资本论》讲解得如此清晰，足见郭大力对《资本论》的研究是多么的透彻。

后来，中央党校的同志将郭大力给研究班讲课的记录稿整理为《关于马克思的〈资本论〉》，于1956年由中共中央党校出

① 郭大力：《关于马克思的〈资本论〉》，生活·读书·新知三联书店出版社1978年版，第2页。

版社出版，但当时只是作为中央党校的内部资料印发的。[①]直至1978年，《关于马克思的〈资本论〉》被生活·读书·新知三联书店正式公开出版，首次就印发了8万册，至今都不失为一本简明扼要的优秀教材。从1928年起，郭大力就一心扑在对《资本论》的研究、传播事业中，直至1976年逝世，他还在坚持《剩余价值学说》的修订。在这半个世纪中，他和王亚南不仅翻译了约350万字的《资本论》和《剩余价值学说》，而且他们还翻译了约250万字与《资本论》密切相关的古典经济学名著。且不说在当时会有多大的政治风险，就是在科技如此发达的今日，这也可以堪称为“伟大的工程”。

说起中央党校，就不得不提及另外一位知名的《资本论》传播者王学文。他早年留学日本，1930年与鲁迅等发起成立中国自由运动大同盟，参与组织中国社会科学家联盟和中国社会科学研究会，任研究会党团书记。后任中共中央文化工作委员会书记、延安中央党校教务主任、中共中央马列学院（中央党校前身）副院长、中央军委总政治部敌工部部长、华北财经学院院长。新中国成立后，历任中共中央马列学院政治经济学教研室主任、中国科学院哲学社会科学部委员。1948年，王学文接受董必武的委托，按照《资本论》的基本原理，开始编写中国自己的政治经济学教程。[②]1949年被调到中央马列学院任政治经济学教研室主任，一边讲授政治经济学，一边编写政治经济学教程。

① 参见胡培兆，林圃：《〈资本论〉在中国的传播》，山东人民出版社1985年版，第190页。

② 参见胡培兆，林圃：《〈资本论〉在中国的传播》，山东人民出版社1985年版，第189—190页。

1950年，教程的绪论部分先在《人民日报》连载，之后又在新华书店印行，受到广大学者的喜爱。后来由于遭到陈伯达的迫害和对苏联“一边倒”的阻挠，这本教材就夭折了，致使整个20世纪50年代就只有苏联有自己的政治经济学教程。[①]1953年，王学文被陈伯达排挤出中央马列学院，但他并没有因此放弃对《资本论》的研究。1956年，他的《政治经济学方法论的几个问题》在湖南人民出版社出版，被称为中国第一部研究《资本论》辩证法的著作。在“文化大革命”期间，王学文等大多数学者均被剥夺了研究马克思经济学说的权利，但在“四人帮”被粉碎之后，王学文以八十多岁高龄，仍撰写了大量的文章。如《学习与运用马克思主义政治经济学的重要性》《马克思主义政治经济学的实践性》1978年发表在《光明日报》上，《认识、掌握和运用社会经济运动规律的重要性》1979年发表在《红旗》杂志上，等等。[②]1981年，王学文、许涤新等人发起创立了《资本论》研究会，当时王学文年事已高，并未参会，但仍被推举为名誉会长，许涤新为会

图37　王学文

① 参见胡培兆，林圃：《〈资本论〉在中国的传播》，山东人民出版社1985年版，第190页。

② 参见胡培兆，林圃：《〈资本论〉在中国的传播》，山东人民出版社1985年版，第191页。

长。《资本论》研究会对于《资本论》在新时期的传播，特别是在实际中的应用具有重大的作用。

2017年9月，“纪念《资本论》一卷出版150周年”研讨会在全国多所高校及中央党校举行，加之习近平总书记多次强调“读经典”，近几年中国再次掀起了“重温《资本论》”的热潮。

图38 “纪念《资本论》一卷出版150周年”研讨会

2. 高等财经类院校及综合性大学经济系对《资本论》传播的新贡献

新中国成立后，厦门大学、中国人民大学、复旦大学、北京大学、吉林大学、河南大学等综合性大学的经济系以及西南财经大学等高等财经类院校都对《资本论》在新中国的传播做出过突出贡献。在这里，仅就贡献尤为突出的厦门大学、中国人民大学、河南大学、西南财经大学的贡献做简要介绍。

厦门大学能够成为《资本论》教学与研究的主要阵地，与王亚南、胡培兆等人是密不可分的。前面讲过，在旧中国风雨如晦的年代里，王亚南和郭大力就开始研究、翻译、传播《资本论》，并先后译出了与《资本论》密切相关的大量古典经济学名著，以及《资本论》全译本。

新中国成立后，王亚南依旧全身心地研究《资本论》，他的主要贡献首先表现为在厦门大学校内及全国各地宣讲《资本论》；其次主要表现在四部《资本论》研究成果：《政治经济学论文选集》（福建人民出版社1957年版）、《〈资本论〉讲座》（上海人民出版社1963年版）、《〈资本论〉研究》（上海人民出版社1973年版）、《关于学习〈资本论〉的几个问题》（福建人民出版社1980年版）[①]；再次，王亚南先后带了数批研究生，培养出了大量优秀的《资本论》传播者，他们如今在全国各地传承着传播《资本论》的精神；最后，王亚南创办了中国经济研究所和《中国经济问题》刊物，刊物除了发表研究《资本论》的成果之外，还开设了《〈资本论〉通俗讲座》《〈资本论〉辞典》《〈资本论〉的研究》等不同的研究专题，[②]从而使《中国经济问题》甚至整个厦门大学成为传播《资本论》的主要阵地。

① 参见胡培兆，林圃：《〈资本论〉在中国的传播》，山东人民出版社1985年版，第195页。

② 同上。

图39　王亚南

王亚南在传播《资本论》方面所做的贡献是得到所有人认可的。在他逝世后，学术界有许多人都曾写文章来纪念这位伟大的马克思主义传播者，例如：漆琪生的《王亚南同志对〈资本论〉在中国传播的贡献》（1979年载于《中国经济问题》），周锦尉的《在探索整理的道路上——王亚南和他的助手们对〈资本论〉的研究》（1979年载于《文汇报》），胡培兆与周元良合写的《王亚南传略》《王亚南在我国传播马克思主义政治经济学的贡献》（1980年分别载于《晋阳学刊》《群众论丛》），陈克俭与甘民重合写的《王亚南经济思想初探》（1981年载于《厦门大学学报》），胡培兆与周元良合写的《半封建半殖民地经济形态研究大师王亚南》（1983年载于《中国当代著名经济学家》一书），等等，[①]都记载了王亚南一生为传播《资本论》所做的贡献。在王亚南的带领下，厦门大学经济学院的其他学者也为《资本论》的传播做出了突出的贡献，他们继续沿着王亚南的足迹前进，在新时期研究出了更为丰硕的《资本论》理论与实践成果。

胡培兆（1937—2019），浙江省永康市人。厦门大学经济研

① 胡培兆，林圃：《〈资本论〉在中国的传播》，山东人民出版社1985年版，第196页。

究所教授，国家级有突出贡献的专家，担任教育部“邓小平理论研究中心”理事、教育部专家咨询委员会委员、国务院学位委员会经济学科评议组成员、福建省学位委员会委员等职；1985年获首届“孙冶方经济科学奖”；1986年获“国家级有突出贡献的中青年专家”称号；1990年获“福建省首批优秀专家”称号。胡培兆教授是非常具有发展和创新意识的马克思主义经济学家，他在坚持马克思经济学基本原理的同时，也能针对现实不断提出一些新见解。如1979年提出“社会主义经济是建立在公有制基础上的有计划的商品经济”，1986年彻底否定“有计划发展规律”，1988年提出重新认识“剥削”等。[①] 其中，2006年出版的专著《经济学本质论——三论三别》(一论政治经济学本质——告别“政治经济学”学科名，二论马克思经济学说今昔——告别对马克思经济学说非历史观点的理解，三论社会主义现实——告别对科学社会主义非现实性的应用)，提出了许多“首开记录的”观点和计策。[②]

第一，回答了“马克思主义是什么”的问题。胡培兆教授认为：马克思主义就是无产阶级的立场、辩证唯物主义和历史唯物主义的观点、历史的辩证的方法。无产阶级的立场，就是以无产阶级和广大劳动人民的利益为最高利益，不搞少数人的利益；辩证唯物主义和历史唯物主义的观点，就是客观地、实事求是地看待自然和社会的存在和发展，不搞唯心主义和主观主义；历史

① 参见常永胜：《马克思经济学的学术境遇与发展空间——兼谈胡培兆教授的〈经济学本质论——三论三别〉》，《嘉应学院学报》2009年第4期。

② 参见胡培兆：《经济学本质论——三论三别》，经济科学出版社2006年版。

图40　胡培兆

的辩证的方法，就是在发展、变化、联系中看问题的方法，不搞形而上学。这样的立场、观点和方法，就是马克思主义。

第二，首次将马克思主义划分为古典马克思主义和当代马克思主义。胡培兆教授将20世纪以来在社会主义革命和建设实践中有重大发展的马克思主义定义为当代马克思主义。这是因为：首先，符合马克思主义与时俱进的本质；其次，有利于更加明确当代马克思主义的指导地位，“如果只笼统地提马克思主义，在理解时容易发生历史与现实的错误，不是教条、误解，就是歪曲”；最后，符合思想文化发展规律和现实需求。胡培兆教授认为：马克思经济学的主要贡献是以人为本的思想、以劳动为本的经济学和以生产力为中心的学说体系，这是永远正确的！古典马克思主义的学说，只有发展才能坚持。古典马克思主义的许多基本原理，如唯物史观、人与人和人与自然的两个物质变换、劳动是价值的唯一实体等原理，现在仍然是真理。而有些理论如劳动价值理论、资本理论、绝对贫困化理论等就不能不加发展地照搬应用。①

第三，提出“有效供给论”和供求关系的两个绝对规律。

① 参见胡培兆：《经济学本质论——三论三别》，经济科学出版社2006年版。

需求分有效需求和无效需求，供给也分有效供给和无效供给，无效需求和无效供给都会造成市场萧条。需求管理实际是变相的供给管理，凯恩斯也是靠鼓励投资和扩大就业等措施来拉动需求的。市场供需不平衡是绝对规律，经济周期不可避免；市场供需基本平衡也是绝对规律，没有这个规律，市场经济不会持续到今天。

第四，首先提出和创造了一个经济范畴：居民收入购买负荷率。所谓居民收入购买负荷率，就是购买某种单位商品所支付的价格占月收入的比例，与购买力成反比。从微观层面来看，假定某居民可支配的月收入（Y）为1000元，购买1斤大米支付价格（C）为6.5元，则该居民购买1斤大米的购买负荷率（A）为0.65%。计算公式是：A=C/Y*100%。一般来讲，收入较高的人的购买负荷率要比低收入者低。因此，不同收入的人特别是收入比较低的人，在进行购买活动时，会更加注重商品的价格。从国家层面来看，愈是发达的国家，居民收入购买负荷率愈低，购买力就愈高；反之，居民收入购买负荷率愈高，购买力就愈低，这与恩格尔系数有较大的相似之处。但胡培兆教授认为："收入的购买负荷率比较，优于恩格尔系数比较，更能反映国与国居民生活水平的差异，可以考虑让恩格尔系数退出经济学舞台，代之以收入购买负荷率。"①

第五，重新定义社会主义条件下的剥削。2004年胡培兆教授提出：价值的生产和实现离不开使用价值的生产，没有使用价值的生产，价值的生产就无从谈起。可是，使用价值生产比价值生

① 胡培兆：《经济学本质论——三论三别》，经济科学出版社2006年版。

产要复杂得多，价值生产只有一个要素就够了，劳动是“价值的源泉”；而使用价值的生产，光有劳动一个要素是远远不够的，还需要有其他要素如资本、土地和自然条件等等。价值固然是劳动创造的，但因为价值的创造离不开使用价值的创造，因此价值就不能全归提供劳动力的劳动者所有，还必须与参加使用价值创造的资本、土地等要素同享，容许它们参与价值分配，这是从马克思的二重劳动价值理论必然演绎出的内涵与逻辑。各因素“按贡献”各得其所，取得的相应收入，就不能再说是剥削。那剥削应该是什么呢？胡培兆教授认为：“社会主义条件下，资本、土地等非劳动要素以侵害职工合法劳动权益取得额外收入的行为就是剥削，以此取得的额外收入为剥削收入。”[①]“但劳动要能创造价值必须借助其他生产要素的帮助，因为价值创造和价值分配各有理据，应当分开，所以劳动创造的价值应和其他参与要素共享。”[②]

《经济学本质论——三论三别》出版后，胡培兆教授继续研究马克思主义经济学的理论问题与中国现实问题，又提出了一系列富有新意的理论观点和实际对策。学术界一般都认为，对马克思主义必须先坚持再发展，而胡培兆教授则坚持自己于1987年出版的《只有发展才能坚持马克思主义》中提出的“马克思主义只有发展才能坚持”。因为只有这样，才能既避免历史虚无主义又克服怀旧的教条主义。后来又在把马克思主义划分为古典和当代的基础上，进而“将列宁主义和毛泽东思想称为新古典马克思主义。所谓新，就是说他们同属古典范畴，但有发展。从邓小平

① 胡培兆：《经济学本质论——三论三别》，经济科学出版社2006年版。

② 同上。

理论开始称为当代马克思主义，这样就有古典马克思主义、新古典马克思主义和当代马克思主义的划分”。[①]在中国现实问题研究及其对策方面，胡培兆教授标新立异地提出：“人口理论既要论生，也要问死；现在应考虑由一胎化转到两胎化；人死也要讲平等，不搞特殊化；殡葬要纳入福利事业，不搞产业化。”[②]当年王亚南之所以能够提出中国的封建社会分为领主制的封建社会和地主制的封建社会、近代中国是半殖民地半封建社会，就是因为他受马克思经济理论的启发紧紧抓住了土地与农民这一关键的分析路径。胡培兆教授同样强调“双重视角的必要性”，更是大胆地提出：“从19世纪的历史看，《资本论》的全部原理和结论都是正确的。但从今天世界的现实看，《资本论》中的有些原理和结论已经过时了。以历史学说来套解今天的现实，或以今天的现实来否定历史学说，都是片面的。在马克思时代应重在它的原理和结论应用，在今天应重在它的能获得科学原理和结论的立场、观点和方法的应用，以取得新的发展。”尽管其中有些理论引起了业界较大的争议，但是总体来看，胡培兆教授对马克思主义的坚持与发展，都旗帜鲜明地提出了开创性的理论，这对在新时代发展中国特色社会主义有重要的启发意义，也将引领厦门大学研究出更多的马克思主义成果。

中国人民大学在《资本论》的传播史上发挥着特殊和突出的作用，这与《资本论》的老一辈传播者是密切相关的。在这里

① 胡培兆：《古典的与当代的马克思主义》，《中国经济问题》2007年第1期，第3—8页。

② 胡培兆：《中国的人口问题》，《中国经济问题》2008年第5期，第3—15页。

需要特别介绍一下我国知名教授宋涛与卫兴华。

宋涛（1914—2011），安徽利辛人，1939年参加新四军，后入陕北公学、华北联合大学学习。新中国成立后，历任中国人民大学教授、政治经济学系主任，中国经济学团体联合会第一届执行主席，中国《资本论》研究会第一届副会长，北京市经济学总会第一届副会长、第二届会长，被誉为中国马克思主义政治经济学的奠基人，是中国经济学界的宗师和泰斗。宋涛教授反对《资本论》过时论，明确提出马克思列宁主义经济学说仍然是认识和解决现时经济问题的理论基础。他赞同建立社会主义市场经济体制，利用市场的各种经济信号反应比较灵敏这一优点配置资源，但同时也阐明了市场经济的弊病和消极方面，所以政府必须加强和改善对经济的宏观调控。他还提出，必须保持公有制的主体地位，搞活国有企业，才能真正体现社会主义制度的优越性。

图41　宋涛

宋涛教授一生有多部政治经济学著作，如《政治经济学》上、中、下三册（人民出版社1985年版）、《〈资本论〉辞典》（山东人民出版社1988年版）、《中国大百科全书（经济学卷）》（中国大百科全书出版社1988年版）、《〈资本论〉与当代中国经济》（江西人民出版社1991年版）、《马克思主义经济理论全书》（吉林人民出版社1992年版）、《市场经济体制与问题探索》（西南财经大学出版社1991年版）、《社会主义经济理论探索》（北京工业大学出版社1994年版）、《政治经济学教程（第四版）》（中国人民大学出版社1995年版），其主编的《政治经济学教程》是现在应用最广的教材之一。

卫兴华（1925—2019），1952年从中国人民大学研究生毕业后便留校任教，1984年被国务院学位委员会批准为政治经济学博士研究生导师，曾任中国《资本论》研究会副会长、全国综合性大学《资本论》研究会会长。卫兴华教授曾说："对我一生影响最大的有两个人：一个是引他走上革命道路的中学校长赵宗复，一个是不曾见面也不可能见面的伟大导师马克思。"[①]"正是在马克思学说的指引下，旧中国才走上了正确的革命道路，并在社会主义建设中取得辉煌的成就。所以我们不能丢、不能忘马克思主义理论。"[②]长期以来，卫兴华教授将"不唯书，不唯上，不唯风，只唯实"作为他研究学术的基本原则，对于那些不但不能正确理解马克思主义理论，反而提出《资本论》已经过时的人，不管是谁，卫兴华教授都义正词严地指出："《资本论》提供的不是现成的教条，而是进一步研究的出发点和供这种研究使用的方法，不可'教条主义'地去'对号入座'，认为记住一些《资本论》中的字句，就可以去指导实践，这并非是理论联系实践，

① 吴志菲，卫兴华：《〈资本论〉给了我研究"资本"》，《财经界》2014年第5期。

② 同上。

图42　卫兴华

而是严重背离实践。”[①]

在卫兴华教授的研究生涯中，他一直坚持从事《资本论》的教学与研究，他与胡钧、吴树青编写的《〈资本论〉第二卷简要本》（中国社会科学出版社1981年版），被誉为我国第一部辅导《资本论》第二卷的通俗读物。另外，“理论是真理的喉舌，而不是权势的奴仆”[②]是他对理论工作的一贯态度，卫兴华教授敢于批判理论界歪曲《资本论》的各种言论，在理论界树起一面讲真话的旗帜，更培养了一批又一批的《资本论》理论传播者。除此之外，中国人民大学还有许多《资本论》优秀传播者及研究成果，例如：沈志求等人编写的《〈资本论〉典故注释》在中国人民大学出版社出版，这是我国第一部较齐备和较准确的《资本论》典故注释；政治经济学系编写的《〈资本论〉学习参考资料》于1963年出版，是《资本论》教学的重要参考资料。

中国人民大学对《资本论》传播的突出贡献还表现在刊物的创办上。政治经济学系先后创办的《教学与研究》与《经济理论与经济管理》，上面刊载了大量优秀的《资本论》研究成果，

① 吴志菲，卫兴华：《〈资本论〉给了我研究“资本”》，《财经界》2014年第6期。

② 同上。

加之在中国《资本论》研究会副会长宋涛教授的大力支持下，使得中国人民大学成为传播《资本论》的重要阵地。

河南大学是新时期传播《资本论》的另一个典型，在周守正（1914—2006）的指导下，取得了大量引人注目的研究成果。周守正一生致力于马克思经济学的教学与研究，在全国创立了第一个《资本论》研究室。1978年，周守正开始牵头培养政治经济学硕士研究生，使河南大学成为我国最早一批政治经济学专业硕士学位点之一。多年来，《资本论》的基础理论与创新研究成为该校最具优势与特色的研究方向。20世纪80年代以来，河南大学主办和承办了“中国《资本论》研究会学术研讨会”“全国综合性大学《资本论》研究会学术研讨会”“全国首届繁荣与发展理论经济学论坛”“全国首届马克思主义经济学发展与创新论坛”等一系列学术会议，为传播《资本论》做出了巨大的贡献。

图43　周守正

20世纪60年代，我国的高等财经类大学并不多，但它们却为《资本论》的传播做出了很大的贡献，如西南财经大学。

刘诗白（1925—　）是重庆万州人，西南财经大学教授、博士生导师。西

图44　刘诗白

南财经大学主要是在刘诗白教授的带领下将《资本论》研究搞得有声有色的。刘诗白教授对《资本论》在新时期的传播贡献主要体现在两个方面：一是多年来，他长期从事《资本论》的教学，除了给在校的学生授课之外，还给四川省委中心学习组、理论骨干班等讲授《资本论》；二是撰写了大量的《资本论》论著，如《试论经济改革与社会主义全民所有制的完善》（《经济研究》1979年第2期）、《论发展社会主义商品经济与利用市场》（1979年2月发表），以及1992年在中国《资本论》学术年会上提交的《社会主义市场经济之我见》等。刘诗白教授说："《资本论》具有强大的生命力，教师要理直气壮地宣讲《资本论》基本原理，要大胆地、刻苦地攻读《资本论》，要完整、准确地掌握它的立场、观点和方法，要理论联系实际，要把学习《资本论》放在重要的位置上。"[①]当西方经济学家对《资本论》发起挑战和攻击时，当一些人开始怀疑《资本论》已经过时时，刘诗白教授坚定地说："《资本论》是无产阶级革命和建设的思

① 摘自《刘诗白同志谈全国〈资本论〉学术讨论会情况》。

想武器，虽然《资本论》是一百多年前发表的，但是它对于我们今天的社会主义建设仍然具有重要意义。”[①]刘诗白教授历来主张经济学是“致用之学”，将研究重点放在如何运用《资本论》基本原理来解决中国社会主义经济问题上，以更好地服务于社会主义经济建设。在刘诗白教授的带领下，西南财经大学越来越重视《资本论》现实应用的研究，为《资本论》在新时期的传播做出了重要的贡献。

3. 高等师范类院校在新中国传播《资本论》独树一帜

高等师范类院校也是传播《资本论》的重要学术阵地，其研究成果不断得到了学术界的普遍认同，例如福建师范大学。

在粉碎“四人帮”之后，福建师范大学在研究、传播《资本论》方面迅速崛起，当然这与福建师范大学的老校长陈征（1928— ）是密切相关的。陈征教授深知《资本论》对中国社会主义改造与建设的重要性，但是这部被公认的百科全书理论深奥，对于初学者来讲，是很难理解的。因此，陈征教授花了20余年的时间，写了近144万字的《〈资本论〉解说》，对《资本论》三卷做了深入的分析和解说。[②]恩格斯曾说：“如果出一套用通俗的语言解说《资本论》内容的小册子，那倒是件很好的事情。”[③]他这个愿望首先在中国由陈征教授全面实现了，这同时也是我国第一部系统地解释《资本论》全三卷的著作。[④]《〈资本

① 摘自《刘诗白同志谈全国〈资本论〉学术讨论会情况》。

② 林健：《陈征教授与〈资本论〉研究》，《福建学刊》1988年第2期。

③《马克思恩格斯全集》（第36卷），人民出版社1995年版，第495页。

④ 见《光明日报》1984年8月17日第二版“知识分子光荣榜”。

图45　陈征

论〉解说》自问世后，已被重新修订过三次，刊印数高达14万余册，被许多高校、党校、军事院校等作为教学教材，受到学术界的广泛好评，可以说《〈资本论〉解说》培养了中国一代经济学人，也被认为是福建师范大学经济学科建设发展的奠基之作。

另外，陈征教授认为："研究《资本论》有'读懂'和'读通'这两个境界。"[①]为了达到读懂、读通的目的，陈征教授主编了两套丛书：一套是《资本论》研究丛书，另一套是《资本论》研究资料丛书。[②]在《资本论》研究丛书中，《〈资本论〉解说》能够让读者读懂《资本论》的基本原理，但还不能达到读通的境界。为了能够让读者读通《资本论》，陈征教授围绕《资本论》出版后一百多年来学术界主要争论的一些问题，以及这些问题对中国社会主义建设的指导意义，经过几年的探索，《〈资本论〉在社会主义市场经济中的运用和发展》一书于1998年福建教育出版社出版，这是从历史发展过程的角度来研究《资本论》的第一部著作，对于读通《资本论》有重大的启发意义。

党的十四大确立社会主义市场经济体制的目标模式后，陈

① 参见陈征：《我与〈资本论〉》，《当代经济研究》2015年第1期。

② 同上。

征教授陆续发表了《〈资本论〉和中国特色社会主义经济研究》一书以及《〈资本论〉与市场经济》《〈资本论〉与社会主义市场经济》等论文，这些研究成果坚决否定了关于《资本论》的两种看法：一是“过时论”，认为《资本论》仅仅是一部揭示剩余价值秘密的著作，不适合于以经济建设为中心的我国社会主义初级阶段；二是“对号入座论”，认为社会主义建设中的各种经济问题都可以在《资本论》中找到现成的答案，排斥理论创新。[①]陈征教授认为：不能把《资本论》当作僵死不变的教条，《资本论》是对资本主义自由市场经济经验的总结，其中的一般原理和规律对建立社会主义市场经济仍有重大的理论和现实意义，我们要做的就是不断地总结新经验，以迎接形形色色的理论挑战。[②]

除了上述学术成就之外，通过对《资本论》的深刻研究，陈征教授还有另外两项重要的成就：一是基于劳动价值论的运用，他创造性地提出“现代科学劳动”范畴，创建了现代科学劳动新理论体系；二是基于《资本论》中的资本主义农业地租理论，紧密结合我国改革开放和社会主义市场经济发展的实际，着力对我国社会主义城市地租进行深入研究，用八年的时间创建了社会主义城市地租理论体系，出版了《社会主义城市地租》，这是我国研究社会主义城市地租的第一部学术专著，是马克思主义地租理论在社会主义经济中的应用和发展。

2017年9月，耄耋之年的陈征教授仍然坚持出席“纪念《资

① 参见陈征：《我与〈资本论〉》，《当代经济研究》2015年第1期。

② 同上。

本论》第一卷出版150周年”研讨会，会上以其铿锵之词讲述了《资本论》对中国现代化建设的意义。正是在陈征教授的引领之下，福建师范大学成为迄今为止一直坚持开设《资本论》解读课程的高校之一，被誉为《资本论》研究及传播的主要阵地。

（三）进“考场”

春秋时期，楚国有一位著名的音乐家——俞伯牙，他从小音乐天赋极高，曾拜当时很有名气的琴师成连为老师，学成后成了一代杰出的琴师，但是真正能够听懂他曲子的人却不多。有一次俞伯牙乘船沿江游览，船行到一座高山旁时，突然下起了大雨，于是将船停在山边躲雨，面对如此景象，他琴兴大发，弹奏了一

图46　俞伯牙雕像

曲。这时俞伯牙看到树林边有一貌似柴夫的人正在听自己弹曲，便将他邀到船上，相识后得知此人名叫钟子期，俞伯牙便弹奏了一首《高山》，钟子期叹道："多么巍峨的高山啊！"俞伯牙接着又弹奏了一首《流水》，钟子期又叹道："多么浩荡的江水啊！"俞伯牙既佩服又激动，说："这个世界上恐怕只有你才懂得我的心声，你真是我的知音啊！"于是两人拜为生死之交。可当俞伯牙周游完去拜访钟子期时，钟子期已经病逝，俞伯牙来到钟子期墓前重新弹奏《高山》《流水》之后，便将自己最珍贵的琴砸碎在钟子期墓前，从此再也没有弹过琴。俞伯牙与钟子期的故事让很多人感动，慨叹知音难求，但是为何俞伯牙的琴声只有钟子期能够听得懂，而不能被大众所接受呢？很显然，并非俞伯牙的琴声不够好，而是太深奥，与人们的生活习性脱节，不能适应大众的需要。

《资本论》的基本原理之所以能够在中国万古长青，除了它走进了党校和各个高校被广泛传播之外，还因为它融入了中国特色社会主义的建设过程中。在新的历史时期，把《资本论》的基本原理同中国的具体情况结合起来并指导社会主义改造与建设的人有很多，在这里仅

图47　孙冶方

对孙冶方、薛暮桥、许涤新三位贡献尤为突出者做简要介绍。

孙冶方（1908—1983）是我国著名的马克思主义传播者，是坚持用《资本论》基本原理来研究我国社会主义经济问题的重要贡献者。他的一生充满了坎坷，新中国成立后为了应用、发展《资本论》的真理，曾被康生、陈伯达扣上“修正主义分子”的黑帽子若干年，在“文化大革命”中，更是被关进监狱达七年之久。[①]但他用一生演绎了“一不改志，二不改行，三不改观点”的伟大精神。孙冶方在传播《资本论》方面的主要贡献体现在《社会主义经济的若干理论问题》（前集和续集）、《社会主义经济论》两部代表作中，在这两部著作中，他提出了许多有见地的观点。

“讲经济就是要以最小的耗费取得最大的效果”[②]是孙冶方提出的第一条主要观点，正如马克思曾经说的“真正的财富在于用尽量少的价值创造出尽量多的使用价值，换句话说，就是在尽量少的劳动时间里创造出尽量丰富的物质财富”[③]。提高经济效益是中国社会主义现代化建设的核心，这条观点深入人心，被普遍接受。

“千规律，万规律，价值规律第一条，要将计划和统计放在

① 参见胡培兆，林圃：《〈资本论〉在中国的传播》，山东人民出版社1985年版，第204—205页。

② 孙冶方：《社会主义经济的若干理论问题（续集）》，人民出版社1982年版，第202页。

③ 马克思：《政治经济学批判大纲（草稿）》（第3分册），中国人民大学出版社2016年版，第281页。

价值规律的基础上”是孙冶方的第二条主要观点，他也正是为了捍卫马克思的这条“价值决定”理论而被扣上“中国经济学界最大的修正主义分子”黑帽子的。虽然在当时被“光荣地孤立”[①]，但是“坐冷板凳”的他从来没有因此而改变自己的观点。在我国当时的经济学界，有自己独立思想体系的经济学家并不多，孙冶方为了捍卫《资本论》中的真理，能够提出并坚持自己的独到见解，着实令人敬仰。即便在弥留之际，孙冶方还念念不忘党的十二大所制定的社会主义现代化建设的纲领，在床榻上提出自己的观点，否定基数越大、速度越低是一条规律，认为我国社会总产值翻两番是完全有可能的。[②]

孙冶方为《资本论》的应用、发展贡献了自己六十年的光阴，为了能够搞好中国社会主义经济建设，他睥睨“风”来雨边倒的作风，无论何时何地都坚持在学术上独立思考、求同存异，提出经得住检验的观点。马克思讲“在科学上没有平坦的大道，只有不畏劳苦沿着陡峭山路攀登的人，才有希望达到光辉的顶点”，用这句话来形容孙冶方学以致用的治学精神尤为恰当。

薛暮桥（1904—2005）是新中国第一代社会主义经济学家和高级经济官员之一，被誉为“市场经济拓荒者”。他没有正规地接受过大学经济系的教育，也没有撰写过专门的《资本论》论著，但是他却是实实在在的《资本论》传播和理论的践行者。曾

① 参见胡培兆，林圃：《〈资本论〉在中国的传播》，山东人民出版社1985年版，第208页。

② 参见胡培兆，林圃：《〈资本论〉在中国的传播》，山东人民出版社1985年版，第211页。

图48　薛暮桥

有一位美国记者问薛暮桥是哪所大学毕业的时候，他笑着说："我是铁窗大学毕业的。"[①]确实，他最开始接触到《资本论》时，还身在国民党反动派的监狱中，也是从那以后，他才开始研究《资本论》。新中国成立后，他致力于将《资本论》的理论应用到实际中去，并撰写了《中国社会主义经济问题研究》《中国国民经济的社会主义改造》《当代我国经济若干问题》等五部著作，他的这五部书尤其是《中国社会主义经济问题研究》得到了人们的高度评价。

薛暮桥始终按照理论与实践相结合的马克思主义道路行走，他说："理论是从实践中产生的，实践永远没有完结的时候，理论也不会有完全成熟的时候。反过来，理论又应该对实践起指导作用，它必须走在实践的前面，接受实践的检验而不断改正自己的错误。"[②]当时，我国技术落后，在农民占总人口绝大多数的条件下，他提出社会主义建设同样要走"农村包围城市"的

① 胡培兆，林圃：《〈资本论〉在中国的传播》，山东人民出版社1985年版，第212页。

② 参见薛暮桥：《中国社会主义经济问题研究》，人民出版社1981年版，第272页。

道路，被誉为“中国式的经济专家”。读者也给予薛暮桥的著作高度评价：这些书能够理论结合实际，是从总结实践经验中来探索我国社会主义经济的发展规律，是研究工作的一条新路子。[①]另外，薛暮桥通过总结经验，认为中国不进行经济改革是没有出路的，因此极力推动经济体制改革，并提出了大量的改革建议。

薛暮桥还是中国经济改革的设计者之一，也是唯一一位参加了中国两次经济体制建设的经济学家。薛暮桥之所以被誉为伟大的《资本论》传播者，他的贡献不在于如何宣传《资本论》原著，而是将《资本论》的基本原理与中国实际结合起来，以此来指导中国的经济建设。中国社会主义经济建设的历史发展轨迹中，留下了这位探路者深深的脚印。

在中国的《资本论》传播史上，有两条传世美谈：一是郭大力与王亚南合译《资本论》，并把毕生心血献给中国的《资本论》传播事业；二是孙冶方与薛暮桥在新中国成立前共同致力于应用《资本论》的基本原理分析中国的经济形式，新中国成立后共同致力于寻找中国式的社会主义经济发展道路，把毕生心血献给中国的《资本论》应用事业。[②]

许涤新（1906—1988）是除了孙冶方、薛暮桥之外，致力于用《资本论》中的基本理论做砖瓦来建设社会主义大厦的另一位突出贡献者。在新中国成立之前，他就翻译和编写过几部有

① 参见薛暮桥：《中国社会主义经济问题研究》，人民出版社1981年版，第272页。

② 参见胡培兆，林圃：《〈资本论〉在中国的传播》，山东人民出版社1985年版，第211页。

图49 许涤新

关《资本论》的作品，是《资本论》的积极传播者；新中国成立后，他根据社会主义改造和建设的形势，撰写了大量内容广泛的书籍，记录了新中国成立以来经济学界和社会主义实践过程的曲折经历。许涤新曾用“没有尝试，没有失败，也就没有成功”[①]来形容当时的社会主义改造与建设。

新中国成立以后，许涤新对《资本论》在中国的应用与发展做出的贡献主要有三方面：一是作为国家工商总局的负责人，与其他经济学家一起，按照《资本论》中的基本原理，为社会主义工商业改造出谋划策，其中《中国过渡时期国民经济的分析》（1949—1957）便记录了他将《资本论》应用于社会主义改造取得的成果；二是他先后编写了《广义政治经济学》三卷、《政治经济学辞典》，后者的中册就是专门解释《资本论》的辞典，对于理解《资本论》大有裨益；三是把剩余劳动或剩余劳动产品问题作为社会主义生产过程中的中心问题来对待[②]。其中《中国社

① 许涤新：《中国过渡时期国民经济的分析》，科学出版社1957年版，第3页。

② 许涤新：《中国过渡时期国民经济的分析》，科学出版社1957年版，第6页。

会主义经济的几个问题——访美讲稿》《八十年代中国经济问题》这两部书均记载了他将《资本论》应用于社会主义现代化建设所取得的成果。

正是因为在新中国成立后对《资本论》的应用做出的突出贡献，他被推选为中国《资本论》研究会的第一任会长。他曾在《资本论》学术研讨会上提出《资本论》的“三应用”：“把《资本论》的重点应用于对中国社会主义现代化建设的研究，应用于对当代资本主义经济新发展的研究，应用于对当代资产阶级经济学说的研究”[①]。这至今都是《资本论》传播者所肩负的三大使命，也是《资本论》在中国永葆青春的保鲜剂。

新中国成立之前的马克思主义革命者们为了《资本论》的介绍、翻译、发行，不顾生活艰辛、政治风险、发行艰难，义无反顾地坚持着自己的革命信念，为新中国成立后《资本论》的传播者将《资本论》基本原理与中国社会主义建设相结合奠定了基础；新中国成立之后，在一批又一批的马克思主义者的努力下，《资本论》逐渐在中央及地方党校、全国高校、社会科学研究机构和经济部门落地生根，结出果实。对《资本论》的学习和研究就像一场没有终点的接力赛，只有老、中、青一代传一代，一棒接一棒，《资本论》才能走进千家万户，“飞入寻常百姓家”。

① 参见胡培兆，林圃：《〈资本论〉在中国的传播》，山东人民出版社1985年版，第216页。

应用篇

《资本论》在现当代“落地生根”

第三章

纸上得来终觉浅　绝知此事要躬行

——改革开放前《资本论》在中国的探索应用

战国时期，赵国有位名将赵奢，擅长兵法，为赵国屡建奇功。赵奢有个儿子赵括从小学习兵法，赵奢有时也甘拜下风，但赵奢曾经评论说："打仗是非常危险的事情，而赵括把它说得太容易了，假使将来赵国不任命他为将军，那也就算了，如果一定要拜他为将军，那导致赵军大败的人必定是赵括无疑。"后来赵括果然代替廉颇做了大将军，长平一战被秦将白起打败，四十万赵军全部被消灭，赵括自己也被乱箭射死。此后，赵括便成了"纸上谈兵"的主人公。躬行实践是检验真理的标准，无论我们做了多少理论探索与研究，都需要在实践中对探索阶段的理论进行检验。《资本论》经过千山万水、曲折颠簸传入中国，影响了一批人，也指导我国在新民主主义革命和改革开放前的社会主义探索中取得了一个又一个成果。

一、初登新舞台的"异军"

——中共诞生前后对实践《资本论》的认识变化

俄国十月革命使社会主义取得了从理论到实践的前所未有的成功，并产生了巨大的世界影响。伴随这股东风，马克思《资本论》中的社会主义思想也从西方被带到东方，在中国当时旧的知识分子中间广泛传播。之后，五四运动、新文化运动诞生出的新知识分子，以及在此基础上产生的无产阶级政党——中国共产党，都先后对《资本论》中所包含的新思想和新理论做了最初的观念认知，并逐渐重视将《资本论》的理念"为我所用"，解决中国实际问题。中国的无产阶级基于对封建主义和资本主义剥削的深刻认识和批判，开始作为一支独立的政治力量登上历史舞台，受《资本论》新思想的引领成为一支初登舞台的"异军"。东方古老的社会发展由此在实践层面上开始了前所未有的龟裂与变化。

（一）"新生儿"的呼喊

19世纪中叶至20世纪初期的中国，人们正面临着国家历史上最为艰难和耻辱的半殖民地半封建的奴役和压迫。重大关头，一部分勇于变革、敢于接受新思想的知识分子和有识之士开始了向西方资本主义国家探索性学习的过程。马克思的《资本论》从在德国问世到被译介和传播至世界各个角落、各个领域的过程，正是这部"工人阶级的圣经"逐渐被中国这个落后的东方古国真正接触并学习的过程。五四运动前后，新知识分子们逐渐认识到《资本论》在中国广袤大地上的实践意义。这种认知变化催生出他们从旧知识分子到新知识分子身份性质的转变。同时，他们借助于《资本论》，对中国所承受的剥削和压迫进行厉声批判，对其所向往的崭新世界嘹亮呼喊。

这里提到的“嘹亮呼喊”，侧重于五四运动中新知识分子们对于如何将《资本论》的原理和中国当时社会状况与民生困境结合起来的现实回应，也可以看作是马克思主义与《资本论》在中国首次在实践层面产生的初步影响。本质上说，《资本论》在中国的传播过程就是马克思主义同我国实际相结合的过程，或者说是以《资本论》中的基本原理和方法为指南，引导中国革命从一个胜利走向另一个胜利的过程。启动这一阶段的主体并不是任何旧式知识分子，也不是后来的共产党人，而主要是那些五四运动时期产生的新知识分子或称之为先进知识分子们。这个群体既有优于旧式群体观念上的显著优势，又有比早期的中国共产党小组规模更庞大、涉及面更广泛、时间更提前的基础条件。在当时中国社会普遍存在社会生产极端落后、文化教育普遍较差的历史背景下，他们不仅有机会接触到西方的先进生产力与工业革命，而且有条件得到西方先进教育的系统培养，更为重要的是对自己国家落后现实的长期深入观察和客观感受，使他们深刻认识到解决中国现实问题的迫切需要。正因为如此，他们也就更能读懂、理解和运用《资本论》中的思想，并尝试以此推动中国社会发展的伟大变革。

与在19世纪末20世纪初这一转折过程中最开始接触马克思

学说时相比，五四运动的新知识分子们慢慢认识到，学习和传播《资本论》，最重要的是必须同中国的实际问题实现逐步“合流”。《资本论》真正进入中国来，首先要解决“学与用”的问题，在变革时期学习和运用马克思《资本论》，贵在边读边用，边学边转化。为此，中国的先进知识分子们广泛地从各个方面与视角学习、研究、传播《资本论》，力图使之能够最大限度地契合中国实际、解救中国危难境遇。李大钊公开发表的各种学术文章、蔡元培提出的“劳工神圣”口号、周恩来的论文通讯、蔡和森在学生中进行的大量宣传，还有邓中夏的研究会、毛泽东的少年会等都是这种努力的表现。这些对《资本论》思想的阐释，以及联系中国实际对《资本论》进行的思考与行动，汇聚成一种强烈而壮阔的“呼喊声”，响彻在陈旧中国的各个角落与无数进步人士的内心深处。

在特定历史条件的推动下，受西方工业革命进步和五四知识分子群体鼓舞的影响，中国工人阶级第一次登上政治舞台，日后发展为伟大的中国共产党，成为系统接受和广泛运用马克思主义指导中国革命的生力军。五四运动无疑为这种转变提供了积极的社会基础，对《资本论》的学习和理解使他们中的一些先进分子率先树立起了无产阶级革命的世界观，这一点尤为重要，正如李大钊所言：“马克思是社会主义经济学的鼻祖。现在正是社会主义经济学改造世界的新纪元。”[①]马克思早在《国际工人协会成立宣言》中就讲道：“工人的一个成功因素就是他们的人数；但是只有当工人通过组织而联合起来并获得知识的指导时，人数才

① 《李大钊选集》，人民出版社1959年版，第176页。

能起举足轻重的作用。”[①]马克思的《资本论》无疑正发挥了这种使工人及时地获得知识与信念的作用。《资本论》中所蕴含的革命思想被当时先进知识分子群体所接受和理解，并由此传播到密切关联的工人阶级当中，使工人阶级得到脱胎换骨的转变，从而坚定了其革命的信念与勇气，增强了必须革命和革命必胜的决心。

回顾这一时期新生力量对于《资本论》的传播和学习，虽然成员的阶级领域、理论延伸的范围、传播运用的方式方法呈现多样化，但在思想理论的核心要义、研究过程的坚定追求上具有一致性。

李大钊于1920年3月在北京大学秘密组织马克思学说研究会，一开始为避免引起反动当局注意，将学会名称取为“马尔格士学说研究会”，到1921年11月17日才在《北京大学日刊》宣布，成立北京大学马克思学说研究会，以研究《资本论》为主要任务并逐步开始各种公开活动。1920年蔡和森与向警予在法国成婚，两位志同道合的年轻人捧着一本翻开的《资本论》拍下同心照，这在那段特殊时期成为革命爱情的一则伟大宣言。1920年1月周恩来带领天津高校学生五六千人请愿被捕，于狱中多次宣讲马克思主义，当年的《检厅日录》中曾记载其先后六次宣讲马克思的唯物史观、阶级竞争史、经济论中的余工余值说（剩余价值理论）、资产集中说等，在当时恶劣的政治环境和颓废的社会环境中，如此系统地对马克思的学说进行公开宣讲，这种视死如归的革命勇气和坚定信仰更加证明真理的力量是无穷的！李大钊被敌人押上断头台仍面不改色；蔡和森四肢被敌人钉在墙上却

① 《马克思恩格斯文集》(第3卷)，人民出版社2009年版，第13页。

拒不低头；周恩来被捕入狱依旧展现出鞠躬尽瘁、死而后已的气概，以及永不言弃的决心与傲骨。这种催人奋进的力量，正是来自他们内心对真理价值的追求，源自他们从《资本论》等马克思主义著作中所汲取到的精神食粮和革命力量。

经典总是有着触不可及的惊人智力与伟力。《论语》虽不曾谈对学生施教的详细指导建议，但丝毫不影响它成为教学之道的至圣典籍；《孙子兵法》并未罗列具体战争的排兵布阵之理，却能成为广大将领战场取胜的指南之书。《资本论》虽没有专门涉及中国现时现存之革命，但中国革命及由此开辟的中国道路同样不仅属于其中，而且进一步开拓了《资本论》所构想的世界历史新方向。《资本论》出版的那个年代，中国已经作为“睡狮”被时代与世界所抛弃，处在了一个世界由西方国家主导、自身被列强环绕的苦苦求索的艰难时世。这个古老东方大国在不得不屈从于西方坚船利炮及其资本逻辑之时，却又从欺凌者世界那里奇迹般地发现了拯救自己的真理力量，并立下志向以此推翻残暴的列强与旧势力，创造一个美丽新世界。

19世纪60年代，当西方从自由竞争资本主义转向垄断资本主义即帝国主义时，中国就已经被迫“裹挟”其中，可以说中国是在帝国主义形成时期被强拉硬拽进资本主义世界体系的，因而中国对西方列强的反抗一开始就具有反帝国主义的性质，这也确定了现代中国革命的基本性质。尽管《资本论》有关资本主义的论述主要集中于对资本主义自由竞争阶段的分析，但这丝毫不会妨碍和降低其科学性和革命性的地位。《资本论》对商品内在矛盾、劳动二重性及其矛盾、货币起源、货币向资本转化的系统分析，一步步由表及里，把社会财富中的细胞——商品所包含着的资本主义矛盾清晰地揭露出来，把掩藏在商品这一物的外壳下的工人阶级与资产阶级、劳动和资本之间的关系完全揭露出来。俄国十月革命的胜利、中华民族的独立和解放，无一例外地与资本主义基本矛盾的发展和演变本质地关联在一起。而最早进行上述联系进而使之成为思想性认识的，正是这里提及的中国近代史的“新生儿”，他们共同发声，愤怒与求生的希冀汇成了改写历史的呼喊。

（二）驶出一条“红船”

陈旧中国的改变迫切需要一支冲锋在前的拳头力量，好比破冰必须依靠一艘坚船。对于在“三座大山”压迫环境下进行的革命事业来说，无产阶级政党的诞生是所有一切准备就绪并真正爆发的开始。前有先进知识分子们对于新生的强烈呼喊，并在此基础上塑造了他们坚定的信仰和理想，使工人阶级认识到现实问题的矛盾和自己的历史使命，紧接着中国共产党依靠一条“红船”劈开坚冰破浪前行，成为冲锋在最前沿并永远保持这种冲锋姿势的勇士。正是依托这条“红船”，他们驶进了中国的历史长河，并以一种愈加昂扬向上、无所畏惧的姿态取得了从旧到新的历史性、突破性的伟大胜利。

如前所述，在中国新文化运动中首先觉醒的那批无产阶级知识分子，他们在发现和找到《资本论》所蕴含的科学真理之后，成为了坚定的马克思主义者，并且以此为指导思想着手创建了伟大的中国共产党。这些后来成为中国共产党创始人的优秀知识分子经历不尽相同，主要包括：曾到日本留学寻求救国之路的李大钊、陈独秀、李达、周恩来等，曾到欧洲留洋报效国家的蔡和森、周恩来等，出国未成转而钻研本土真经的毛泽东（从新民学会时开始就在钻研《资本论》）等。他们作为一批人，甚至一代人的优秀代表，首先是详尽了解了《资本论》与马克思主义为何物，进而透过伟大革命思想与中国革命斗争相联系的认识，指导了中国最早的无产阶级斗争，成就凤鸟初啼。

历史的进程证明了这个转变过程的正确性。正是因为五四精神所唤起的中华民族的新的觉醒，马克思主义真理才有可能被寻求光明、探索未来的先驱们所率先接受，马克思主义著作的译介、传播和运用、发展才具备了必要的历史环境和不可缺少的思想土壤。那个时期的李大钊、陈独秀、蔡和森、瞿秋白、李达、恽代英、邓中夏等杰出的革命先驱承担了这一筚路蓝缕的开创性工作，他们在极其艰苦的条件下以各种方式译介和宣传马克思主义理论。到了1920年8月，这是一个重要的转折点。上海“马克思主义研究会”发起人之一、共产主义小组成员陈望道所译《共产党宣言》正式出版发行，成为《共产党宣言》在中国的第一个全译本，像一道曙光投射到黑暗的中国大地，在革命队伍和进步人士中引起强烈反响，不久便诞生了伟大的马克思主义政党——中国共产党。

图50　南湖红船

作为在复杂历史背景下诞生的无产阶级政党，中国共产党自身对于理论与现实的认识和学习是至关重要和最为急迫的。受五四运动和知识分子思想的影响，为了保持自身成为一池活水，中国共产党这条“红船”对于理论方面的要求之高是毋庸置疑的。而中国共产党本身作为推进革命事业和斗争实践的核心领导力量，理论应用和解决实际问题相结合的能力更是其他组织所不能及的。党的创始人、领导人以及大批高级干部即使在最初极其险恶的环境和火热的斗争中，也孜孜不倦地学习《资本论》，并用它来武装自己和全党的头脑，指导革命斗争实践行动，可以说是《资本论》在中国不同于其他任何国家的最大特点。也正是因为这个特点，中国革命事业不断推进和逐渐牢固的扎实基础就此搭建成功。

在马克思主义科学的世界观和方法论的影响下，1921 年 7 月，中国共产党在上海宣告成立，并依据马克思主义的一般原理，提出了无产阶级武装夺取政权，建立无产阶级专政，消灭资本家私有制等纲领。这个纲领中，中国共产党虽不能把马克思主义同中国具体实际相结合，但它表明无产阶级世界观在中国共产党人中已经确立。《资本论》在这一时期的影响，很重要的一个方面正是体现在中国共产党人运用唯物史观和阶级分析方法对中国社会生产力和生产关系状况的正确分析上。其中最杰出的代表人物是毛泽东，他在1925年撰写的《中国社会各阶级的分析》、1927年写作的《湖南农民运动考察报告》等一系列著作和文章中，运用马克思主义唯物史观和阶级分析方法，从生产力和生产关系相结合的角度，科学分析了中国经济结构和各阶级的地位以及与之相适应的革命态度，指出革命领导力量以及可以团结的力量等。毛泽东对马克思经济学分析方法的成功运用，不仅为正确分析中国复杂的社会生产关系提供了理论武器，而且为进一步明确中国革命的性质、任务、动力等提供了理论指导。毛泽东的分析使中国共产党逐步明确了中国革命要分资产阶级民主革命和社会主义革命两步走，创造性地提出半殖民地半封建社会下无产阶级革命理论，开辟了把马克思主义与中国实际相结合的革命道路，为新民主主义理论的创立奠定了理论基础，同时标志着中国共产党内毛泽东思想萌芽的产生。中国共产党的这条“红船”已然起航。

（三）绽放的“理论花”

大革命失败后，《资本论》的影响主要体现在中国共产党人对中国农村社会性质、经济状况、革命任务及“农村包围城市”革命道路理论的形成方面。大革命的失败，促使以毛泽东为代表的中国共产党人对中国的革命道路进行了重新探索，特别是1935年遵义会议结束了错误的“左”倾路线的干扰后，开始独立运用马克思主义解决中国的实际问题。根据中国国情，共产党人开始把革命从“以城市为中心”转移到“去农村开辟革命根据地”。美国记者斯诺在初次见过毛泽东后写道：“你觉得这个人身上不论有什么异乎寻常的地方，都是产生于他对中国人民大众，特别是农民——这些占中国人口绝大多数的贫穷饥饿、受剥削、不识字，但又宽厚大度、勇敢无畏、如今还敢于造反的人们——的迫切要求做了综合和表达，达到了不可思议的程度。”[①]

现实问题得到解决，群众联系得以巩固，而党员干部如何提升自身及群众的认识和理论水平成为当务之急。理论是书本和纸上的东西，先得看得见才能摸得着。在中国共产党领导的革命斗争事业当中，由于党员群众甚至领导干部们的知识水平十分有限，对于马克思主义理论的学习和理解进展异常缓慢。为了解决这种对马克思主义的认识不足且对现实解释和帮助不大的问题，在延安时期，党中央和中央党校对领导干部进行统一和分批学习《资本论》。

在延安时期，党中央专门成立了两个研究小组：一个是哲学小组，由毛泽东亲自领导学习；一个是《资本论》小组，由张闻天领导学习。党的高级干部学习政治经济学时，大纲就是按照《资本论》拟定的，《资本论》的副标题就是《政治经济学批判》。学习马克思的经济理论，就得从《资本论》学起并从中汲取养分。如果说《资本论》是马克思主义的百科全书，那它首先是一本政治经济学著作，《资本论》在当时被正式列为党员领导

① 埃德加·斯诺：《红星照耀中国》，人民文学出版社2016年版，第62页。

干部的必读书也就不足为奇了。可以预见，没有《资本论》，就没有中国共产党的诞生，就没有中国革命的胜利。《资本论》虽然不是很容易懂，但是在残酷的战争环境和半殖民地半封建的国情下，通过对它的学习和联系实际，对党的事业和以后的发展确实起了十分重要的历史作用。

正是在广大党员干部中发动了对《资本论》的全面和深入学习，这一时期中国共产党人对《资本论》不仅在基本理论上有了更为深刻、全面的把握，而且在方法论的理解和运用上也有了新的突破。他们更强调理论联系实际的学风，批判教条主义和经验主义。其中，毛泽东在他的著名的方法论文章《矛盾论》《实践论》《反对党八股》中都谈到了《资本论》的方法论意义。在《矛盾论》中，毛泽东引用列宁的话，赞扬马克思在《资本论》中分析事物发展过程的自始至终的矛盾运动的科学方法，指出："这是研究任何事物发展过程所必须应用的方法。"[①]正是基于《资本论》这一分析方法，毛泽东提出了关于主要矛盾和次要矛盾、矛盾的主要方面和次要方面相互关系的创新见解。在《整顿党的作风》一文中，毛泽东又一次讲到马克思创作《资本论》的科学方法，他说："马克思不但参加了革命的实际运动，而且进行了革命的理论创造。他从资本主义最单纯的因素——商品开始，周密地研究了资本主义社会的经济结构。……只有马克思科学地研究了它，他从商品的实际发展中做了巨大的研究工作，从普遍的存在中找出完全科学的理论来。"[②]1939年刘少奇在延安

① 《毛泽东选集》(第1卷)，人民出版社1991年版，第307页。

② 《毛泽东选集》(第3卷)，人民出版社1991年版，第817页。

马列学院演讲《论共产党员的修养》时，同样强调了用《资本论》武装全党的重要性。

《资本论》在国统区是禁书，但在延安和其他解放区却被视为革命珍宝和理论指南。党中央通过党校、马列学院、《资本论》研究小组等组织中共党员学习和研究《资本论》，涌现出了张闻天、王学文等在《资本论》研究方面有很高造诣的革命者。中央党校及其经济学部则与《资本论》有着更为深厚的历史渊源。《资本论》第一卷于1867年出版后，并不是很快就传播到了世界各地，英译本直到二十年后才问世，而中国的知识分子则是20世纪初才开始系统全面地接触到《资本论》，这一状况是由郭大力先生1938年翻译出版了《资本论》全译本才得到根本改变的。前面已讲过郭大力先生翻译《资本论》的这段历程，我们可以深切地感受到郭大力先生对《资本论》在中国传播所做的巨大贡献，中央党校经济学部则因为郭大力先生而与这部著作有了极为深厚的渊源。

中国共产党对《资本论》从初步认识到理论绽放，经过了一定的过程，但时间尚早。1954年，毛泽东为了适应大规模经济建设的需要重新阅读《资本论》，并兼读《政治经济学批判》《列宁有关政治经济学论文十三篇》等经典作品。在《资本论》第一卷的版权页上，毛泽东写道："1938-1867=71，在71年之后中国才出版"的字样，说明毛泽东很重视该书的出版时间。在目录页上边，毛泽东又写道："1867年，距今87年。"[①]虽然这些简

① 杨继波：《毛泽东批注：革命导师的马列情结》，《中国档案报》，2016年7月29日。

单的批注不能说明他的思想，但至少可以证明毛泽东在20世纪五六十年代还在阅读《资本论》，并加以深入地探究和思考。在此之后，毛泽东又曾反复阅读过《资本论》，为便于阅读，人民出版社还专门刊印了大字本的《资本论》。20世纪60年代，毛泽东在读大字本《资本论》第二版的跋时，在“马克思把社会的运动看成是一个自然史的过程，支配它的规律，不仅不以人的意志、意识和意图为转移，而且宁可反过来说是决定人的意志、意识和意图的……”这一段以及论述《资本论》的写作方法等处都用红铅笔画有着重线。在“法文版的序和跋”“致读者”“第三版的序”等处也都有红、黑铅笔所画的着重线。这些批画告诉我们，对这部被称为“工人阶级的圣经”的《资本论》，毛泽东多次读过其重要章节。到了20世纪70年代，毛泽东在中南海书房里还放有大字本的《资本论》，有的还是翻开放着的，足以说明毛泽东晚年仍然在研读《资本论》，同时也足见《资本论》的博大精深！从党和国家的领袖、先驱到普通党员干部，马克思主义与《资本论》的理论之花已经在其间粲然盛开。

二、地主家开荒出“新田”

——中国共产党治理下的土地政策及土地所有权问题

中国有着两千多年的封建王朝历史以及与此伴生的土地制度历史，土地与民众的关系也往往深刻反映在其统治阶级即地主阶级的田地里。《资本论》在关于农民与土地、土地与国家的关系上给出了解释，当我们阅读《资本论》与《论土地国有化》时就能察觉到，它不仅启发了中国民主革命，也给未来相当长时间里的土地制度改革注入了一池活水。中国土地问题与中共土地政策的关联很有趣：在国家发展的不同阶段，随着问题复杂、认识深化，土地制度一直在发生着调整。土地最初由地主阶级占有，1931年土地革命路线强调土地归农民所有，抗日战争时期减租减息，解放战争时期耕者有其田，新中国成立后的土地改革、农村合作化收归国有，家庭联产承包责任制和土地公有的集体所有制度交相呼应。土地归谁有、又归谁用，封建土地制度虽已消亡，但新的土地政策总在实时变动当中。

（一）“地主”面前的“富农”

中国是一个农业历史悠久的国家，就社会成员数量上的分布而言，主体当然是农民。马克思直言：“农业劳动是其他一切劳动得以独立存在的自然基础和前提。”[①]这与中国具体国情是一致的，农民问题是中国民主革命的中心问题，而农民问题的中心又是农业中的土地问题。要使大部分农民能够主动参与并积极走上革命道路，拥护中国共产党的领导，中共中央只有清晰界定不同阶级阶层的划分依据，并以此来制定正确的土地经济政策和土地制度安排，领导农民推翻旧有的封建地主土地所有制，才能真正做到“耕者有其田”。其实，这在中国农村当时阶级阶层相当复杂的情况下是不容易取得共识的。

对中国社会各阶级形成最清楚认识的，应当属毛泽东于

① 《马克思恩格斯全集》(第33卷)，人民出版社2004年版，第27页。

1925年12月在《革命》半月刊上发表的《中国社会各阶级的分析》一文，他对中国社会各阶级尤其是对地主阶级和农民阶级的分析，为日后毛泽东农村土地经济思想的提出、形成和发展奠定了坚实的理论基础。1927年2月16日，毛泽东针对陈独秀关于农民土地问题的错误认识，在给中央的报告中指出，农民问题是一个贫农问题，而贫农问题有两个，即资本问题和土地问题。这两个都已不是宣传的问题而是立即实行的问题。

1927年大革命遭遇失败后，中国半殖民地半封建的社会性质没有变，引起中国革命的社会基本矛盾仍然存在。在农村，地主土地所有制没有被触动，土地依然高度集中，封建剥削愈加严重。在革命根据地开展的土地革命和经济建设当中，以毛泽东为首的中国共产党人主张把马克思主义同中国革命实际相结合，在同“左”倾错误倾向做斗争的过程中，不仅制定了一条正确的土地革命路线，而且制定了适合中国历史情况的一些土地政策，路线与政策构成了这一时期较为完整的农民土地问题处理办法。虽然不可避免地由于共产国际、苏联的影响和自身的局限，带有较浓厚的“左”倾色彩，但他们通过对中国农村问题，尤其是富农问题的探索，为中国共产党最终制定正确的土地政策、富农政策，从而形成有中国特色的富农问题理论，做出了不可磨灭的贡献。

图51　八七会议旧址

当年8月7日召开的八七会议，与会成员集中讨论了关于阶层变化的相关认识，有人提出："没收大地主及中地主的土地"，"对小地主则减租"。对此，毛泽东提出了不同看法，他认为小地主问题是土地问题的中心问题，当下面临的困难正是不没收小地主土地。如此，在许多没有大地主的地方，农协则要停止工作，所以要在根本上取消地主制。毛泽东在会后的当月18日于湖南召开改组后的第一次湖南省委会议，又一次讨论了土地问题，他结合湖南的实际情况，重提"没收一切地主的土地"的主张。他认为：没收土地必有没收的对象，中国大地主少，小地主多，若只没收大地主的土地，则没有多少被没收者。被没收的土地既少，贫农要求的土地又多，单只没收大地主的土地，就不能满足农民的要求和需要，要能全部抓住农民，必须没收一切地主的土地交给农民。

关于地主和富农是否分配土地的问题，土地革命的任务是要消灭封建性和半封建性剥削的土地制度，是为了消灭地主阶级，而不是要从肉体上消灭地主本人。1927年8月，毛泽东在湖南省委讨论如何解决土地问题时，就提出没收地主土地后，对地主要有一个相对妥善的安排。在土地革命前期和中期，实际上也是这样做的，各革命根据地在没收地主土地以后，也分给地主一份土地，给以生活出路。在土地革命的前期和中期对富农采取“抽多补少”“抽肥补瘦”的政策。1941年，毛泽东关于农村调查的文章中讲到，这使贫农、中农、富农都能够生活下去，这样的政策是对的，既满足广大贫雇农的需要，也提高了中农的积极性。但王明的“左”倾机会主义却采取富农分坏田的政策，当时毛泽东对王明的过“左”政策是反对的，他在《长冈乡调查》中专门讲到这个问题：“过去把富农田地、山林、房屋、耕牛、农具一概没收了，只分了些坏田、破屋给他们，没有分山。现富农耕牛、农具需向人租。现在富农家况比雇农差。”[①]“应该指出：长冈乡对富农的政策是错误的。”[②]

对以地主、富农、贫农的差别为代表的不同阶层的认知，需要一个不断深化认识的过程，这个过程在阶级阶层认识划分上是具有说服力的。中国共产党的“左”的富农政策一而再、再而三地出现，经过近十年的探索，最终形成了正确的富农政策，即取消富农的封建剥削部分，保留富农的资本主义剥削部分。抗日战争时期对富农实施减租减息并奖励其农业资本主义生产的政策；解放战争时期，根据形势的变化不断调整富农政策，最终形

① 《毛泽东文集》(第1卷)，人民出版社1993年版，第289页。

② 同上。

成“依靠贫农、团结中农，有步骤、有分别地消灭封建剥削制度，发展农业生产”的土地改革总路线，强调土地改革的对象是地主与旧式富农，不能侵犯地主富农经营的工商业。社会主义改造时期，采取的是限制富农剥削到逐步消灭富农经济的政策，“避免了政治上的急剧动荡、经济上破坏的不良后果”。中国共产党对富农的态度同样是几起几落：从开始的没收一切土地到中共六大提出只没收封建地主的土地（而不没收富农的土地），随后又转向反富农；从1935年12月瓦窑堡会议前夕的只取消富农封建剥削部分到1947年初转向保存富农经济，最后在富农经济刚刚有所发展之时又实行限制直至消灭富农经济的政策。可见中共富农政策的演变是分阶段性的，并受到苏联富农政策曲折发展的影响。这种认知与政策上的变化离不开对实际国情的了解和学习，当然也缺少不了对马克思主义经济学观点的学习和理解。

（二）大家一起分“蛋糕”

中国人常把“翻身”一词用作对自身状况得到根本改善的一种形象比喻。对于中国的农民群体来讲，两千多年的封建帝制和封建土地制度压迫已久，实现“耕者有其田”是其梦寐以求的翻身的夙愿与热望。解放战争期间，以1946年“五四指示”为起始的土地改革运动，猛烈冲击着困扰了农民几千年的落后土地制度和思想观念。特别是在拥有一亿多人口的解放区，基本消灭了封建土地制度，改变了农村旧有的生产关系。这一翻天覆地的变化使亿万农民在经济上获得了解放，并由此迸发出巨大的革命热情。分得土地“蛋糕”的农民群众积极踊跃参军参战、拥军支前，为夺取全国性的胜利提供了源源不断的人力物力支持。

图52　土地改革

真实再现土地改革历史场景的文学艺术作品一度引起创作热潮，《暴风骤雨》就是其一。“1946年7月下旬一大清早，东北松江省境内，哈尔滨东南的一条公路上，牛倌看见一挂四马拉的四轱辘大车，从珠河县动身，到元茂屯去。”这段来自作家周立波小说《暴风骤雨》中的描述，看似平淡无奇，勾勒出的却是一幅发生在此时此地长达数年、轰轰烈烈的土地改革运动的。如小说中所描述的，这是“元茂屯翻天覆地的事情的开始”。此间“元茂屯”的原型位于长白山支脉张广才岭的一个山坳中，真名叫作元宝屯。周立波依据自己参与土改的经历创作，使这个不起眼的小山村荣获了“中国土改第一村”的称号。

动荡社会中千疮百孔的旧面容一经触碰就会瞬间支离破碎，这与当时普通大众的心态极其相似，土改工作队热切的理想信念与工作激情在元宝屯老人刘永清的眼里却是另外一副模样。夏日刚过，呼啸的北风就冒出头来，村头起尘扬烟的土路上来了一支衣着土黄色军装的队伍，一个20岁出头的小伙子后面跟着一名小卫兵，屁股后面还挂着一把盒子枪。土路边乘凉的乡亲们都很害怕，以为是“粮子”又来了。说到那会儿的“粮子”，除了有东北军、日军、伪满的皇协军外，还有从蒙古过来的伪蒙军和东一帮西一伙的胡子、土匪。只要是拖枪带刀者，老百姓都管他们叫“粮子”，一见着就吓得赶紧躲藏，由各家当家的挑着担子，一头放一床破被盖，另一头放家里最后可怜的一点粮食，一家老小全体出动匆匆忙忙到元宝山上的山林里躲避。

这次当然与以往不同，元宝屯的人们后来才了解到，那位打头的小伙子是元宝屯土改工作队的第一任队长，名叫萧洪达，即后来《暴风骤雨》里主角萧队长的原型人物。土改工作队之所以选择了元宝屯，是因为这里既是东北抗日联军赵尚志部队活动的地区，离铁路线较远，与延寿县交界，群山环抱，交通不便，又是方圆四五十里地界中最大的屯子，天然地形成了当地政治、经济、文化的中心。另外，“元宝”的村名源自于这座山坳的地貌形状，元宝的地形条件对军事活动同样发挥着有利作用。刘永清老人当时的年龄还比较小，只不过十几岁的样子，对他来说，历史的大势是看不太清楚的，元宝屯的老百姓们也都看不清楚。但是摆在他们眼前的切切实实的变化是：随着工作队扎下根来，萧队长带着一帮“粮子”，不是来抢粮，而是要让老百姓吃饱肚子，过好日子。对于许许多多像元宝屯这样处在饥饿中的东北农村和无数在苦难命运中挣扎的农民来讲，这无疑是一桩开天辟地的大事。脚下有了土地，手里有了粮食，农民的日子才会有奔头。

像元宝屯这样的土地改革工作在全国武装战争和人民解放的过程中都曾先后出现过，虽然在不同时期、不同阶段对于地主土地的处置和农民土地进行分配的具体表现形式不同，但都收到了十分突出的实际效果。中国共产党在全国的执政基础和群众基础得到了大力巩固。大体来说，改革开放前，中国共产党领导的土地改革主要包括三次。第一次是抗日战争时期，实行“地主减租减息、农民交租交息”的土地政策。第二次是人民解放战争时期，中国共产党召开全国土地会议，决定在解放区进行土地改革，制定了《中国土地法大纲》。《大纲》规定：没收地主土地，废除封建剥削的土地制度，实行耕者有其田的土地制度，按农村人口平均分配土地。在土地改革中，中国共产党贯彻“依靠贫农、团结中农，有步骤地、有分别地消灭封建性剥削”的土地制度，发展农业生产的土地改革总路线。第三次是新中国成立后巩固政权的斗争时期，中央人民政府颁布了《中华人民共和国土地改革法》，废除封建土地所有制，实行农民阶级的土地所有制。为减少阻力，孤立、分化地主阶级，以利于稳定民族资产阶级，早日恢复发展农村经济，实行了经济上保存富农经济、政治上中立富农的政策。

图53 《中国土地法大纲》宣传照

在《资本论》中，马克思突出强调了土地的重要地位，“土地对大多数人来说”是“劳动和资本不可缺少的活动场所”。[①]对于当时的中国，土地改革运动本身既是经济意义上的重大的社会变革运动，也自然地作为土地战场上的根本性的革命斗争运动。经过多次土地再分配，地主、富农手中所掌握的资源被剥夺，贫农、雇农和自耕农等本来的弱势群体得到了经济地位和社会地位的全面提升。从社会层面来说，重塑了乡村基层社会结构；从政治意义上来说，夯实了中国共产党执政的阶级和群众基础。当然，历史地看，发生在中国解放区的土地改革不仅是土地占有制度和乡村经济结构的变革，更是中国共产党动员广大农民参加和支持革命的重要途径：一方面要以各种方式从地主手中获得足够

① 马克思:《资本论》(第3卷)，人民出版社2004年版，第909页。

的土地分配给无地、少地的农民；另一方面又必须反对所谓的“和平土改”，强调农民的广泛参与和“面对面的斗争”。只有这样，贫苦农民分得的“蛋糕”才更大更好。

（三）归你还是归我

农村问题是中国革命与建设的关键问题，农村土地问题则是中国农村的核心问题。针对农村土地的改革运动，是贯穿中国共产党革命和建设时期的一项重要运动。土地改革运动是中国革命运动的重要一环，土地所有权的改革是消灭封建剥削的重中之重。中国共产党于1927年至1937年间开展废除封建基础的土地改革，强制没收地主的土地，分配给无地和少地的农民。抗战开始后的1937年9月，中国共产党宣布为了团结一切人民力量抵抗日本帝国主义的战争，停止强制没收地主土地的政策，因此相应地修改了此前的土地改革办法，代之以较为缓和的减租减息办法。国内解放战争开始后，中国共产党于1947年召开全国土地会议，制定了新的土地法大纲，又再度有计划地实行废除封建性剥削的土地改革。“耕者有其田”的思想一直闪耀在中国的土地改革当中。关于土地是农民私有还是国家公有的问题，马克思从不同角度给出过细致分析，历史和理性地来看都十分全面。

14世纪开始，欧洲出现了采取暴力和血腥立法来剥夺农村居民土地的运动。在中世纪初期的法国，原是替封建主管理和征收租税的管家，逐渐演变成了实业家。他们用勒索、欺骗等办法剥夺农民的土地等财产，很快就摇身一变成了资本家。而当地的封建地主在圈地的借口下，不仅侵占荒地，而且往往也侵占个人以一定租金向公社租来耕种的土地或共同耕种的土地。最使人印象深刻的，也是对农民土地的最后一次大规模的剥夺过程，即是所谓的Clearing of Estates（清扫领地），实际上就是把人从领地上清扫出去。在爱尔兰，地主同时把好几个村庄清扫掉；在苏格兰高地，一下子被清扫的土地面积相当于德意志几个公国，甚至还有被侵吞的土地所有权的特殊形式，这个过程一举完成，巨大规模可见一斑。对此，马克思严厉斥责，称之为“对神圣所有权进行最无耻的凌辱”。从马克思的批判中可以看出，农民拥有土地所有权是自然的、神圣的。

在关于东方国家的土地问题上，马克思曾讲，亚细亚社会没有产生过真正意义上的私有制。虽然他不曾提到中国的某些具体问题，但他在1853年写作的《大不列颠在印度统治的未来结果》与《大不列颠在印度统治》两篇文章中，尝试以印度社会为典型和切入点对东方社会的结构进行系统剖析。马克思认为，东方是一个土地公有、农村公社与政治专制三位一体的社会结构。我们在其中可以发现他的至少三个极其重要的论述。

首先，马克思把土地公有制当作东方社会形成强烈专制主义的重要原因。他认为东方社会之所以在政治关系上表现为专制制度，一个重要原因就是东方社会的土地公有制或国有制从根本上不同于西方社会。在这样的社会形态里面，国家除了作为土地的所有者，同时又作为主权者而同生产者相对立，如此地租和赋税合二为一，国家顺势成为“最高的地主”，农村公社只是以“世袭的占有者”的形象存在，土地通过公社定期分配给各个家庭使用，这就很大程度上决定了其政治形式只能是以王权为中心的专制主义。

其次，马克思认为土地公有制是东方社会发展停滞的一个重要原因。由于不存在土地私有制，土地属于国家这个“最高的统一体”，所以国家作为“最高的地主”借以掠夺剩余产品的产品地租形式，也就致使东方社会发展的停滞。他指出产品地租形式对东方社会发展“停滞性”所起的作用：“产品地租所达到的程度可以严重威胁劳动条件的再生产，生产资料本身的再生产使生产的扩大或多或少成为不可能，并且迫使直接生产者只能得到最低限度的维持生存的生活资料。”[①]总之，在马克思看来，自给自足的自然经济及其产品地租形式“完全适合于为静止的社会状况提供基础，如像我们在亚洲看到的那样”[②]。

最后，马克思提到了土地公有制与农村公社的紧密结合。马克思在1857年的《资本主义社会以前的各种社会形态》一文中对亚细亚社会的土地公有制进行了更加详细的阐述。他认为亚洲的土地公有制是建立在农村公社这个社会基础之上的。这种特点使人不成为一个独立的存在，而只是作为附属物而存在，正是作为公社的附属物而存在。“共同体是实体，而个人则不过是实体的附属物，或者是实体的纯粹天然的组成部分。”[③]这样看，只有“公社”是独立的，唯有它是一个“实体”，是超越于人的最高存在。既然“人”都是公社的附属物，无法成为独立的实体，那么土地自然就是公社的所有。

① 马克思：《资本论》(第3卷)，人民出版社1975年版，第897页。

② 同上。

③ 马克思：《资本论》(第3卷)，人民出版社1975年版，第893页。

单纯从以上马克思的分析来看，似乎土地公有制与中国旧式的政治格局融为一体，公有制恰恰是制约社会和人的发展的限制条件。但我们也可以清晰地看到，此处提及的中国是古老的旧中国，在固有的时代限制之下，自给自足的小农经济受到各方约束，土地状态接近于既非公有也非私有。而到了革命时期的中国，土地所有权问题遭遇了深刻转变，“耕者有其田”使旧式的落后的封建地主所有制转向农民所有，目的是将封建半封建的土地所有制改变为农民的土地所有制，解放被封建生产关系束缚的农业生产力，为中国的迅速工业化做准备。至1953年，除新疆、西藏等部分少数民族地区，中国大部分地区的土地改革基本完成，3亿多无地或少地的农民无偿分得约7亿亩土地及生产资料，并每年免除地租3000万吨粮食。土地改革运动在中国彻底结束了封建土地制度，并使新的政权获得了农民的高度信任。

但是，革命作为社会转变的过渡时期，居于其上的土地性质也有过渡性。对于社会主义国家而言，土地的生产资料性质必然是国有化的。对于剧烈发展的社会，马克思说：“我们所需要的，是每日不断增长的生产，而当一小撮人按照他们的任性要求和私人利益来调节生产，或者无知地消耗地力的时候，生产的需要是不能得到满足的。”[①]“一方面居民的需要不断增长，另一方面农产品价格不断上涨，这些都不容争辩地证明，土地国有化已成为一种社会必然性。”[②]在中国，基于土地观念、土地管理、土地利用的相对落后和生产力快速发展的实际需要，表现在生产关

① 《马克思恩格斯全集》(第18卷)，人民出版社1964年版，第65页。

② 同上。

系领域的农民土地私有化与合作化几乎同时进行。随着国家政权建立和政治稳定，鉴于现代化发展的迫切与国家性质的规定，我国土地的公有制与国有化成为唯一出路。农民实现了在土地收归集体条件下的家庭承包，社会主义新型农业发展证明了这种模式的正确性。马克思在《论土地国有化》中也印证了中国土地的改革进程，从民主革命角度提出要废除封建土地所有制，争取土地民主制，支持农民夺取土地的斗争；从社会主义角度反对小生产理论，主张国有化，发展社会主义大农业。生产资料公有制是社会主义根本经济特征，是我国经济制度的基础，是国家引导、推动社会和经济发展的基本力量，是实现最广大人民群众根本利益和共同富裕的重要保证。坚持公有制为主体，国有经济控制国民经济命脉，对发挥社会主义制度的优越性，增强我国的经济实力、国防实力和民族凝聚力，提高我国国际地位具有关键性作用。

透过我国封建历史土地制度流变的湍急长河，我们得出了这样的经验教训：土地私有制会造成大量土地兼并，使农民失去自己赖以生存的田地，失去基本生活条件，导致贫富差距悬殊，社会矛盾尖锐。虽然在特殊的历史时期土地私有制在提高效率上发挥过切实作用，但只是一时救急之用，关于土地最终“是你的还是我的”已经成为一个不用讨论的问题，土地的公有制度在我国现行土地政策中是唯一选择，也是终极归宿。土地实行公有制后，农民有了永久的土地使用权，概括地讲就是土地实行集体所有，实际家庭联产经营，使土地在集体所有的前提下，实现所有权与经营权的分离，达到合理的制度设计。

三、河里被摸的“石头”
——中国共产党关于合作化的探索与尝试

中国有一句俚语：一根筷子易折断，十根筷子硬如铁。说的是很久以前，有位勤劳聪明的老猎人，家里有三个儿子。这三个儿子常常会为了一点儿小事吵嘴、打架，除了自己，他们谁也看不起。当两个儿子打架时，另一个儿子不仅不劝架，还在旁边看热闹。老猎人决定想一个办法教育他们。于是他喊儿子们过来，首先让他们三人每人折断一根筷子，兄弟三人轻轻松松搞定了。老猎人又叫他们折断一捆筷子，兄弟三人用尽全身力气，却怎么折也折不断。通过老猎人的用心良苦，三兄弟从中悟出了关于合作、团结的朴素道理。马克思和恩格斯对于合作社运动的高度重视，则是以他们对资本主义制度的深入考察和分析为基础的。他们认为，资本主义制度是建立在以机器大工业为标志的生产力的基础之上，而机器大工业所要求的是联合劳动。所以，由联合劳动来取代分散的个人的独立劳动是历史必然。而且，由于合作社的制度安排所带来的是与资本主义的经济关系截然不同的新型关系，因此，马克思将合作社运动视为“改造以阶级对抗为基础的现代社会的各种力量之一”[①]，这个运动的巨大价值在于它能实践证明：现在这种使劳动附属于资本的制造贫困的残暴制度，可以被自由平等的生产者联合的造福人民的共和制度所代替。

① 《马克思恩格斯全集》(第16卷)，人民出版社2003年版，第219页。

（一）根据地的“大合唱”

对于中国共产党而言，土地革命、武装斗争和根据地建设是工农武装割据中不可分割的组成部分。根据地建设对于革命战争的最大意义，就在于提供了强有力的经济支撑，这是“波浪式向前发展”的军事路线得以实施的前提与基础、依托和保障。在毛泽东看来，“只有开展经济战线方面的工作，发展红色区域的经济，才能使战争得到相当的物质基础，才能顺利地开展我们军事上的进攻，给敌人‘围剿’以有力的打击，才能使我们有力量去扩大红军”。为了解决当时经济领域普遍存在的“成本一效率”问题，闽西苏区党组织和政府统筹根据地农、工、商各项经济工作，领导工农群众创建发展了各种类型的合作社组织，将“发展合作社和流通商品”作为“最迫切的中心任务”。合作社组织逐渐成为苏区军民抵御国民党经济封锁、发展苏区红色经济的有力武器。《红色中华》有一篇报道指出：“随着革命战争的猛烈扩大，以及苏维埃政权的巩固与发展，合作社运动的重要性也日益增加，这种小生产者集体经济的发展，正是保证我们民主革命将来转变到社会主义革命的有力杠杆。”

早在《湖南农民运动考察报告》当中，毛泽东就把“合作社运动”列为中国革命的十四件大事之一，指出：“合作社，特别是消费、贩卖、信用三种合作社，确是农民所需要的。”[①]马克思和恩格斯也曾论及合作社，认为它是资本主义向共产主义过渡的经济形态。对当时的中央苏区而言，合作社绝不仅仅是停留在概念层面上的，而是在战争环境下苏区经济发展陷入困境时的必

① 《毛泽东选集》(第1卷)，人民出版社1991年版，第40页。

然产物。它是具体的，而不是抽象的。我们可以看到，1930年当闽西各级苏维埃政权建立之后，发展经济成为巩固和扩大根据地的重要任务之一。然而，闽西地区原本的经济基础就十分薄弱，农业以旧式农具和人工灌溉农业为主，工业尚停留在手工业阶段，现实的合作需要催生出了各种类型的合作社组织。

闽西上杭县才溪乡成立了“劳动合作社、消费合作社、粮食合作社，组织了全乡群众的经济生活，经济上的组织性达到了很高的程度，成为全苏区第一个光荣的模范”[①]。合作社选举工作得到群众的积极支持和拥护，“选民达到百分之八十。病的、放哨的、在合作社工作出外办货的、女子坐月子的，共约百分之二十没有到”。所以，毛泽东认为“上下才溪的选举是一般成功了的。他们的选举宣传、他们的组织候选名单与发动群众对候选名单的批评、他们的联系选举于别项工作、他们的组织工人与女子当选，都充分执行了中央政府的选举训令，成为苏区选举运动的模范”。同时广大妇女出现在政坛上，这是才溪选举苏维埃代表的一个突出特点。1932年“上才溪五十三个代表中，女的十六个，占百分之三十。下才溪七十三个代表中，女的二十一个，也是百分之三十。补选以后，至今年十月选举时，上才溪五十三个代表中，女的三十三个，差不多占了百分之六十。下才溪七十三个代表中，女的四十三个，也是百分之六十”[②]。

为了调剂劳动力，成立了劳动合作社与耕田队，其任务是帮助红军家属与群众互助。“劳动合作社统筹全局，乡的劳动合

① 《毛泽东文集》(第1卷)，人民出版社1993年版，第340页。

② 《毛泽东文集》(第1卷)，人民出版社1993年版，第325页。

作社委员会五人，主任筹划一乡。四村每村一个委员，筹划一村。要请工的，必经村委员，不能私请，否则混乱了劳动力的调剂。工钱，‘雇’‘佣’双方自理，不经委员。”[①]为了保证物资供应，搞活苏区内外物资流通，苏区发动群众创办各种类型的消费合作社。由于消费合作社实行自愿入股，入社门槛低，同时坚持廉洁、民主办社原则，广受大家欢迎。为了使农民不受奸商压价剥削，防止谷贱伤农，各苏区创办了粮食合作社，原名为粮食调剂局。为了解决革命前闽西广大劳动人民深受高利贷和商业资本盘剥之苦的问题，苏区成立了信用合作社以应对金融方面的困难。同时，为了更好地实现初心与达成目标，苏区完善了相关《简章》和《标准章程》制度化建设，大大规范了合作社的发展。

苏区各类合作社组织成为根据地经济发展的有力杠杆，1933年毛泽东到才溪调查期间指出：才溪的“劳动合作社（别地称劳动互助社）、消费合作社、粮食合作社组织了全乡群众的经济生活。经济上的组织性达到了很高的程度，成为全苏区第一个光荣的模范”。闽西各级苏维埃政府指导创办的消费合作社、粮食合作社担负起恢复商品贸易网、保障苏区军需民用物资的重要任务。作为社员，可以通过社员优先权利改善自己的生活，如优先且廉价购买合作社商品，优先向信用合作社借贷，改变失业现状获取生活来源，这些利益使工农群众对合作社产生信任，感受到工农群众团结起来的力量和作用，也认识到中国共产党领导的重要优势。同时，在发展合作社经济中，成长了一批优秀的经济工

① 《毛泽东文集》（第1卷），人民出版社1993年版，第331页。

作者，如在闽西曾热心于合作社经济的邓子恢，于1932年调任临时中央政府人民财政委员部委员兼财政部部长，上岗后他根据闽西经济工作经验指导全苏区发展合作社经济，在《红色中华》发表了《发展粮食合作社来巩固苏区经济》等文章，对整个苏区的合作社经济发展起了重要的推广和指导作用。这何尝不是马克思主义合作社思想在解放区和根据地的一次“大合唱”呢？

（二）改造我们的生活

中国的剪刀素有“北有‘王麻子’，南有‘张小泉’”之说，杭州“张小泉”剪刀经历300多年的风风雨雨流传至今。“张小泉”剪刀与其说是一种传统技艺和企业品牌，不如说是一种民族文化的象征。72道传统手工锻造技艺，300多年炉火不熄。2009年“申遗”成功后，两位古稀老人频频露面，作为特约嘉宾出席各种文化活动，并向外宾展示中国传统的手工技艺。

1963年，徐祖兴锻制的民用剪刀被选为国礼，刘少奇主席在出访印尼等五国时赠送给外国元首。1965年以来，徐祖兴锻制的民用剪连续五次获得全国剪刀质量评比第一名。但是“美人终将迟暮”，徐祖兴很长时间只能做象征意义的表演，甚至连表演也力不从心。后来厂里说要让他带个徒弟把技术保留下来，也一直没动静。徐祖兴讲道：“我想现在的年轻人很难有毅力学这个，古语说，世上三般苦：打铁、撑船、磨豆腐，父母万不会让儿女从事这三样苦职业的。”徐祖兴年少走上做剪刀之路完全属于迫不得已。他是萧山人，6岁时与父母、姐姐一起到杭州谋生。由于生活清苦，为了补贴家用，13岁时他被介绍到一家剪刀作坊当学徒，备尝艰辛。他是认同那句古训的，没有将自身技艺教给儿子，他儿子笑说“做剪刀太苦了”，自己对这项古老技艺也没有太多兴趣。

75岁的施金水也出身于贫苦家庭，兄弟五人，还有两个妹妹。为了能吃上饭，15岁的施金水到杭州的一家剪刀小作坊做工。施金水的身体尚算硬朗，他的家就住在“张小泉”剪刀厂的附近，厂里有什么活动他都能骑车过去。他的小儿子现在在剪刀厂上班，当初为了让儿子进厂顶自己的班，他在1983年提前退休。然而，这并不是所谓的“子承父业”。在现代化的生产状况下，他的小儿子只负责工业生产中的一个环节。

按照“张小泉”的剪刀工艺，手工锻制一把剪刀要经过72道工序，而在工业生产中，则从72道减为24道，甚至只有9道工序。弃简从繁，没有人去做这样的选择。据杭州“张小泉”剪刀集团的统计，能够用纯手工制作“张小泉”剪刀的老师傅尚有46位在世，现在只有徐祖兴和施金水两位老人的身体能够支撑着制作剪刀，其他老人则已力不从心了。

徐祖兴说：“很多老人都已去世了，当初建厂的时候我还是年轻小伙子，现在也老了。”施金水表示了自己的担忧，这项历经344年的传统手艺即将面临失传的危险。早在半个世纪前，张小泉的作坊前还是一派欣欣向荣的景象，剪刀作坊在西湖边已经屹立了近300年，几十家小作坊热火朝天地生产。简简单单“一台炉灶一把锤子，一只风箱一把钳，一柄锉刀一条凳，一块磨石一只盘”，这是纯手工制作一把剪刀的必备工具。从一根铁到一把剪刀，共有72道工序，全部靠手工凭体力完成。剪刀师傅有句俗话："后面扑扑叫，前面结糊焦"，形容剪刀师傅冬天做活的辛苦：背后的衣服被西北风吹得扑扑响，非常寒冷，前胸在炉膛烘烤和锻打的共同作用下，就像饭锅底烧焦结成的锅巴。徐祖兴回忆说：每天凌晨3点左右，他和两个师兄弟就已经起床，先把做剪刀的工具收拾好，然后一直做到晚上8点多，晚上就在门板铺上睡觉。师傅只管饭，学徒是没有一分工钱的，这样的生活持续了整整5年。他年满18岁出师，按照旧社会的规矩，学徒出师的第一份工作必须是师傅介绍的。按照祖辈的传统，徐祖兴将来也会开作坊、收徒弟。正是靠这样的薪火相继，"张小泉"剪刀在西子湖畔生根发芽。

图54　某地群众庆祝手工业全部合作化的伟大胜利

此时，历史的时针指向1953年，工商业改造在全国展开。在政府部门的组织下，原先的小作坊全部统一在一起，成立起了一个"制剪生产合作社"，有职工423人——这一年被认为是

“张小泉”剪刀厂的诞辰。虽然成立了合作社，但原先作坊里的工人并没有感觉到太多的异样，伴随着他们的依然是灼热的炉火和“叮叮当当”敲打声，这与300年前张小泉的手工作坊并没有什么差别。徐祖兴凭借一手娴熟的制剪技术，成为熟练工，拿到了几十块钱一个月的高工资。施金水当时也是工厂里的骨干，一般人要苦学三年才能独立做一把剪刀，而施金水只用了一年时间，并且在厂里负责质检。很快，这个新成立的合作社迎来了一个发展的高潮。1956年，毛主席在《加快手工业的社会主义改造》中特别指出：“……提醒你们，手工业中许多好东西，不要搞掉了。王麻子、张小泉的刀剪一万年也不要搞掉。我们民族好的东西、搞掉了的，一定都要来一个恢复，而且要搞得更好一些。”[①]这个指示在“张小泉”剪刀的发展史上产生了里程碑式的重大意义，制剪社正式恢复了“张小泉”称号。国家拨款40万元，加上筹备会自筹的20万元，新企业在1956年10月破土动工。

1957年是“张小泉”剪刀手工锻制的最鼎盛时期，企业有70余炉灶，上百名钳手。到了1958年，地方国营杭州“张小泉”剪刀厂正式被政府授牌成立，当时企业的员工已达816名。但谁也没有料到，之后的技术革新会出现得如此之快：1959年，弹簧锤开始在剪刀制作中得到应用，这被称为中国剪刀史上一次历史性革命，中国剪刀延续了3000多年历史的手工锻制被机械取代。施金水说，机器生产减少了工序，劳动强度降低，工

① 中共中央文献研究室:《建国以来重要文献选编》(第8册)，中央文献出版社1994年版，第172页。

作效率得以提高。徐祖兴说，按照原来人工的生产速度，5个人的小作坊一天只能做100把的半成品剪刀，而且质量参差不齐。工业化的情况下则可以进行大规模生产，而且质量统一牢靠。以1985年一份剪刀市场的销售报告为例：全国十多亿人口，两亿多个家庭，一个家庭5年买一把剪刀，全年就需要有5000万把，靠手工怎么能满足市场的需求？

没有任何理由排斥新技术的应用，从1962年开始，“张小泉”剪刀厂里开始了机械化生产的第一步——引进了弹簧锤。原本沉重的人工锤打被工业机器所取代，此后宕磨机、砂轮机、鼓风机等被陆续应用，在随后的发展中，电镀等工艺都由机器完成，张小泉生产和技术水平产生了极大的飞跃。从这时候开始，徐祖兴和施金水再也没有像以前那样辛苦做剪刀了。到20世纪80年代，“张小泉”剪刀90%以上的工序实现了机械化和自动化，小作坊时代一去不复返，做一把剪刀最少只需9道工序。徐祖兴和施金水不再是传统剪刀作坊里的大师傅，而是工业生产中的一个环节。1967年，徐祖兴任工业剪刀车间的主任；1981年，被调到供应科工作；1984年成为门市部负责人，直到1991年退休。施金水也一直担任企业的管理人员，直到退休。

在马克思经济理论的指导下，党中央提出了过渡时期总路线。从新民主主义向社会主义的过渡时期，中国共产党提出了“一化三改”的总路线。毛泽东把“一化”与“三改”的关系比喻为主体与两翼的关系：社会主义工业化作为主体，农业、手工业和资本主义工商业的社会主义改造就是主体的两翼，它们彼此之间相互联系、相互促进、相互制约，体现了发展生产力和改变生产关系的有机统一。过渡时期总路线的提出，是中国共产党人对马列主义过渡理论的创造性的发展，从直接意义上的“本本主义”式的学习到科学合理的适应性调适，从照搬前人的理论到改造我们的世界，三大改造就是这个过程中对马克思主义的一个高级诠释。

图55　人民欢庆社会主义改造的伟大胜利

第四章

路漫漫其修远兮　吾将上下而求索
——《资本论》在改革开放时期的成功应用

随着《资本论》历经艰辛进入灾难深重的旧中国，到逐渐落地入土、生根发芽，在新中国的大地上慢慢开枝散叶、抽穗结果，我们对于其中包含的基本原理的学习与体会也在逐步深入。这是一个几代人自觉问道《资本论》和不懈探索《资本论》思想的种子如何适应中国广袤的土地、开出理论之花和结出实践之果的过程。尤其是党的十一届三中全会以来，改革开放开启了中国对社会主义本质等问题进一步探索和对发展路径进行选择的新征程。不仅许多实践问题需要寻求理论上的支撑，很多理论方面形成的传统认识也需要在新的形势下重新思考。改革开放的思想解放运动不仅赋予了《资本论》新生命，也揭开了如何在改革时期运用《资本论》的新篇章。这是改革开放时代号角奏鸣下带来的春天之音。新事物、新思想、新观点如雨后春笋般不断涌现。其中有关社会主义本质、市场经济规律、宏观调控和科学发展观等理论和实践问题的认识不断深化，体现了《资本论》和马克思主义与时俱进的高贵品格。

一、新歌唱响了"春天的故事"

——改革开放的城乡巨变

自20世纪70年代末80年代初始，中国的大江南北刮起了一股强劲的春风。随后一首关于它的赞歌响彻神州，歌中唱道："一九七九年，那是一个春天，有一位老人在中国的南海边画了一个圈。神话般地崛起座座城，奇迹般聚起座座金山。""一九九二年，又是一个春天，有一位老人在中国的南海边写下诗篇。天地间荡起滚滚春潮，征途上扬起浩浩风帆。"那段时间，这首名叫《春天的故事》的歌唱响在中国城市和乡村的每个角落，从安徽凤阳的田间到深圳蛇口的工地，人们好像又一次感受到了革命年代的那种生气。这股温暖而又不失力量的飓风，使祖国富强、百姓富裕的梦想在遭遇社会主义建设的探索挫折之后重新燃起了前所未有的希望。这是新中国改革的序曲，是春之赞歌和希望之歌！

（一）小岗村的"红手印"

1978年的中国，经济生活中最为重大的事件并没有发生在大城市，而是诞生于一个十分偏僻落后的小乡村。在即将开始的关于经济社会的漫长改革中，这并不足为奇，因为日后更多改变中国发展命运的事件都是没有“预谋”的，其中又有很多恰恰是在十分偏僻的地方、由一些很平凡的小人物所意外“引爆”的。

1978年11月24日晚，安徽省凤阳县小岗生产队的一间破草屋里，18个衣衫陈旧、为如何填饱肚子犯愁的农民，借助一盏昏暗的煤油灯，面对一张契约，一个个神情紧张地按下了血红的指印，并人人发誓：宁愿坐牢杀头，也要分田到户搞包干。这份视死如归的“大包干契约”现存于中国革命博物馆，以鸣响中国农村改革“第一枪”的身份向世人展示。

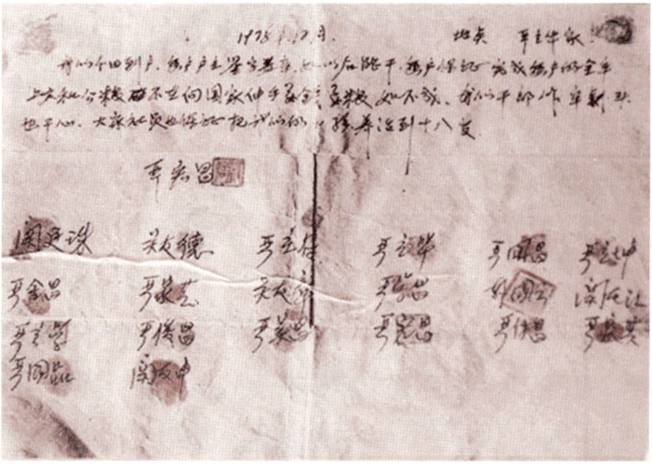
1978.12月　地点　严立华家
我们分田到户，每户户主签字盖章，如以后能干，每户保证完成每户的全年上交和公粮，不在向国家伸手要钱要粮，如不成，我们干部作牢杀头也甘心，大家社员也保证把我们的小孩养活到十八岁

图56　小岗村的“大包干契约”

在此之前，已经实行了近20年的人民公社制度把全国农民牢牢地拴在了土地上，集体公社“大锅饭”带来的种种弊端显露无遗，农业生产效率低下，以致农民食不果腹，生存成了首要的大问题！故事发生的小岗村是那时远近闻名的“三靠村”——

"吃粮靠返销、用钱靠救济、生产靠贷款"，每年秋收后几乎家家成为外出讨饭专业户。尤其是1978年的安徽，从春季开始就出现了大范围的旱情，全省夏粮严重减产。小岗村的农民是在走投无路的情况下，被逼无奈才选择了"包产到户"这条路。但谁也没有想到，"大包干"的做法竟十分灵验，小岗村在第二年就实现了大丰收，不仅吃饱了肚子，第一次向国家交了公粮，而且还上了贷款。在时任安徽省委书记万里同志的大力主持下，小岗村"大包干"的经验一夜之间在全省获得推广。从此以后，以"家庭联产承包责任制"命名的中国农村改革之火迅速蔓延全国，使贫困的中国农村发生了翻天覆地的变化。

当时的中国，"割资本主义的尾巴"、消灭"包产到户"、实现人民公社集体生产之风仍然盛行。尽管如此，在政治风险和生存困难面前，穷极了、饿极了的小岗人也毅然选择了挑战前者。于是，时任小岗生产队队长的严俊昌和副队长严宏昌、会计严立学召集全队在家的18户户主聚集在严立华家的破草屋里，秘密商讨分田单干的事，尽管这在当时是要冒坐牢的风险。那份今天看上去已经泛黄的纸，分明就是一张中国农民的生死契约！"我们分田到户，每户户主签字盖章，如以后能干，每户保证完成全年上交（缴）的公粮，不在（再）向国家伸手要钱要粮。如不成，我们干部作（坐）牢杀头也干（甘）心，大家社员也保证把我们的孩子养活到18岁。"由于当时煤油灯光线十分昏暗，加上社员们的心情非常紧张，写下来的句子既不连贯，也没有标点符号，甚至还有不少错别字。

穷则思变，变则通达。小岗人敢闯、敢试、敢为天下先，冒着极大的政治风险秘密干起来的“大包干”，分地到手的他们扔掉讨饭棍，重新拿起了犁耙和锄头……种地成为自己真正可以完全做主的事情。令村民们没有想到的是，只用了一年的时间，饥饿就远离他们而去。更令他们没有想到的是，这份印有他们鲜红手印的契约会成为中国农村改革的第一份宣言书。

这是一个围绕农村土地所有权和使用权的问题，是涉及农村土地权利的问题，这个问题成了决定我国改革方向的一大难题。其实全面考察马克思的《资本论》我们就可以发现，马克思对土地所有权进行过两方面含义的解释：一是土地作为一种天然禀赋所具有的所有权；二是通过对土地进行资本或劳动投入形成的固定资本与肥力而产生的一种所有权。马克思在《公社和以公社为基础的所有制解体的原因》中说：“实际的占有，从一开始就不是发生在对这些条件的想象的关系中，而是发生在对这些条件的能动的、现实的关系中，也就是实际上把这些条件变为自己的主体活动的条件。”[①]透过这种分析与研究，我们可以发现马克思的土地经济学，就是按经济规律要求处理好土地管理和使用中的各种经济关系，尤其是所有权、所有制与使用占有之间的关系，以利于社会主义建设。

马克思在谈到人类社会生产分配的形式与原则问题时，曾提出将按劳分配作为社会主义社会的分配形式，并认为“一种形式的一定量劳动同另一种形式的同量劳动相交换”“生产者的权利是同他们提供的劳动成正比例的；平等就在于以同一尺度——

① 《马克思恩格斯全集》(第46卷)(上)，人民出版社1979年版，第493页。

劳动——来计量”。[①]但是至于不同国家执行什么样的标准或采用什么样的模式，应该由各个国家生产力发展的阶段和水平决定，由此形成的分配关系构成生产关系的重要方面。分配关系实现形式上的差异性、所有制关系实现形式方面的差异性，以及劳动实现的形式和特点使得社会主义生产关系的发展并不存在一套固定模式。正因为如此，我们的任务就是要根据我国生产力发展的要求，在每一个阶段上创造出与之相适应和便于继续前进的生产关系的具体形式。

在对待农村生产力与生产关系的问题上，也应遵循这一原则。中华人民共和国成立初期，通过土地革命将土地分配给农民，实行农民的土地私有制，是适应当时农村生产力发展要求的选择。20世纪50年代中期，在互助组的基础上，实现土地等生产资料的初级合作，以及之后采取高级合作社和人民公社的合作组织形式，逐渐形成了土地集体公有的生产关系。尽管存在诸如速度方面“急于求成”的因素，但并非是完全忽视当时农村生产力的发展实际做出的选择，也具有历史的合理性。70年代末，通过将土地所有权留在集体、承包经营权交给农户的分权化改革，以及目前农村土地“三权分置”的探索和在此基础上进行的土地流转，都是党和国家在农村生产力发展的不同阶段对农村生产关系具体形式探索和尝试的结果。

众所周知，我国是世界上人口最多的国家，农民占全部人口的80%左右。党的十一届三中全会以来，我国农村确立了以家庭联产承包为主的生产责任制，“包干到户”成为大部分农民的

① 《马克思恩格斯全集》(第19卷)，人民出版社1964年版，第21页。

选择，这种责任制形式以土地集体所有的公有制形式为基础，实现了土地所有权和使用权两权分离，创造了集体统一经营和农户承包土地进行分散经营的双层经营形式，赋予了农民生产经营的自主权，有利于调动和发挥农户的自主性和积极性，从而提高劳动生产率，促进农业增产增收。这是“包干到户”的意义所在。这种由我国农民自己创造、自下而上推动的土地制度创新，是我国农村基本经济制度的一场深刻革命，它所释放出的生产效率使其在理论上不断得到证明，引起了国内外经济学家的极大兴趣。这种责任制是我国农民“发明”的坚持走社会主义道路的农村经济发展的具体形式，改革开放40年的实践已经证明了这种制度所具有的强大生命力。当初开始“包干到户”和实行分户经营的时候，有很多人产生了困惑、迷惘或对这一做法存在很大误解，有的甚至认为它会改变农村土地的社会主义性质。因此，只有从理论上正本清源，才能坚定人们的信念，不断完善和巩固各种形式的生产责任制，推动农业生产进一步发展。

作为我国社会主义农业集体经济的一种实现形式，包产到户或包干到户有三个特点。一是用联产承包的形式，把统一经营和分户经营巧妙地结合起来，这种改革并不妨碍土地生产资料的公有制属性。二是在土地等基本生产资料集体所有制的基础上，承包农户自行决定生产要素的投入结构和规模，提高了农户决策的灵活性，决策方式的转变所释放出的活力，夯实了集体所有制的物质基础。三是在农业劳动生产率、土地利用率和农产品商品率不断提高和把各方面工作做好的基础上，有利于把国家、集体和个人三方面的利益密切结合起来，更好地体现了按劳分配的原则。实践证明：包干到户符合生产关系要适应生产力水平的客观规律，是对马克思理论的发展、丰富和创造性运用。

（二）有位老人“画了一个圈”

我国改革开放的春风从内陆吹到海边，裹挟着春的气息来到这里的城市，使深圳等几个城市的面貌发生了天翻地覆的变化。1984年1月24日上午10时，改革开放的总设计师邓小平乘专列来到广州，初见当地领导就讲：“经济特区是我的提议，中央的决定。5年了，到底怎么样，我要来看看。”中午12时专列抵达深圳，下午他又细致听取了时任深圳市委书记、市长梁湘同志关于特区建设和发展情况的汇报，之后给深圳题字：“深圳的发展和经验证明，我们建立经济特区的政策是正确的。”从1979年蛇口建设、1980年建立经济特区，深圳这个“红圈”的发展不仅填补了我国在经济政策和经济制度上的空白，更是对解放思想和马克思主义经济理论经典的中国式回答。

改革开放尤其是设立经济特区是中国特色社会主义和中国共产党国家建设的重要创举。建设经济特区符合马克思主义对外开放和资本属性等重要理论。马克思认为，任何一个国家是整个世界的组成部分，任何国家和地区都不可能脱离世界而单独存在。尤其是工业时代，“机器的发明完成了工场劳动同农业劳动的分离。从前结合在一个家庭里的织布工人和纺纱工人被机器分开了。由于有了机器，现在纺纱工人可以住在英国，而织布工人却住在东印度。在机器发明以前，一个国家的工业主要是用本地原料来加工……由于机器和蒸汽的应用，分工的规模已使脱离了本国基地的大工业完全依赖于世界市场、国际交换和国际分工”[①]。而“许多人在同一生产过程中，或在不同的但互相联系的生产过程中，有计划地一起协同劳动，这种劳动形式叫作协作”[②]。现代商品经济和对外贸易把世界联结成一个整体，从生产和流通领域各国互相依赖，互相制约，协作从简到繁，一旦这些全部实现国际化，客观上要求各国必须经济开放，以便充分利用国际市场，学习别国长处，利用国外资本和技术，发展本国经济。

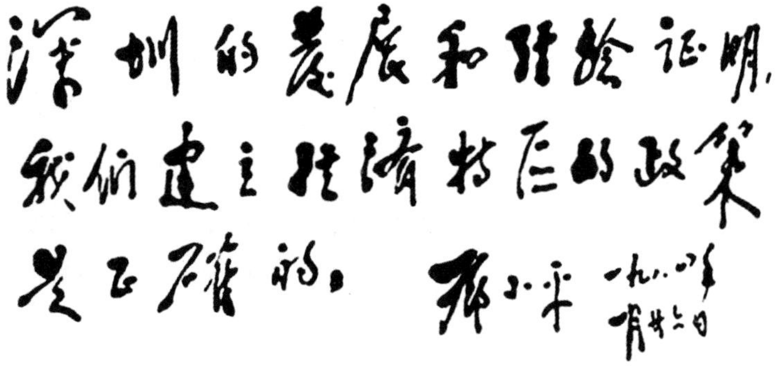

图57　邓小平视察深圳经济特区题词

在我国，无论是最初的深圳经济特区，还是五大综合性经济特区、沿海经济开放区与综合配套改革试验区，抑或是出口加工区、保税区、保税港区，都是我国实现对外开放的窗口，都是依靠国际市场发展本土市场，通过与国外市场实现交易以学习如

① 《马克思恩格斯选集》(第1卷)，人民出版社2012年版，第166页。
② 马克思：《资本论》(第1卷)，人民出版社2004年版，第378页。

何运行市场机制，进而实现加快我国经济转轨进程的目标。与世界进行交易的共同基础就是实行灵活的市场经济，这是进一步实现深层次对外开放的前提。我国是一个商品经济不发达、资本又比较稀缺的发展中国家，正如马克思所指出的，“如果一个国家由于资本主义生产方式总的说来不发展，因而工资和土地价格低廉，资本的利息却很高，而另一个国家的工资和土地价格名义上很高，资本的利息却很低，那么，资本家在前一个国家就会使用较多的劳动和土地，在后一国家就会相对地使用较多的资本。”[①] 尽管马克思的以上论述主要针对典型的资本主义形态，但却不失一般意义。不同社会制度和不同经济发展水平的国家，都可从中获得启示，即充分利用和发挥各自的比较优势，促进国际技术、经济等方面的合作与交流。我国建立经济特区以推动对外开放的大胆实践正是对马克思这一精辟论述的经典注解。

对于马克思主义的经典作家来说，如何建设和发展社会主义的实践是一个前无古人的创造和探索，关于可操作性的具体安排他们并未给出现成的答案。马克思只是在对资本主义矛盾的逐步揭示中，设想了未来社会主义取代资本主义的历史必然性以及社会主义的大致形态和共产主义的发展阶段，列宁虽然领导了苏维埃社会主义革命，建立了世界上第一个社会主义国家，但并未参与和见证社会主义的建设。社会主义作为一种崭新的制度存在许多无法准确预见的理论与实践难题，注定社会主义的发展是一个异常艰辛的“摸着石头过河”的漫长过程。

在社会主义建设的开始阶段，我国实行了苏联模式的高度

① 马克思:《资本论》(第3卷)，人民出版社2004年版，第990页。

集中的计划经济体制，这种体制尽管僵化，但在经济短缺的新中国成立之初，较好地实现了资源和要素的平衡分配。新中国成立以后，劳动人民的平等人权有了明显的改善，各种残酷压迫和盘剥劳动者的旧制度被废除了，广大劳苦民众的基本生活有了保障，焕发出了极高的劳动热情，社会主义改造和现代化探索取得了前所未有的成就。但是渐渐地，中国和其他社会主义国家的建设实践证明，计划经济体制对于发展经济来说，也有相当大的局限性，其中一个最大的问题就是它用计划束缚住了劳动者从事劳动的积极性、创造性和选择性。我国的改革开放，就是不断总结历史经验、不断纠错，在社会主义的条件下发展和运用马克思主义，在社会主义社会引入市场机制以不断推进人民的全面富裕的过程。

按照中国改革开放总设计师邓小平的相关论述，经济特区赖以建立的理论基础体现在“发展”“开放”“改革”以及“特”四个关键词上。其中，“发展经济”是经济特区最核心的目标和中心任务；“对外开放”是经济特区所具有的区别于内地的特殊的“发展经济”的先决条件。我国经济特区的重要特点是以“开放促发展”，通过发展“外向经济”，“增强对外联系”来促进经济特区的发展。而“体制改革”是适应建立“开放的市场环境或体制”的需要，是对旧体制进行的变革。“特”则是赋予特区“先行先试”的特权，是为在全国范围推行“发展”“开放”“改革”提供实践经验的“特殊”历史功能以及所享有的“特殊”政策，所以呈现出“以开放促改革、以改革谋发展、以特区引全国”的经济转型和改革开放的路径与策略。

二、是否要做“守夜人”

——对价值规律与市场经济的探索

改革开放以来，关于计划经济与市场经济的争论和交锋一时难以定音，两者的矛盾愈演愈烈，有人质疑实行市场经济就会走向资本主义道路，有人盲目信赖计划经济的决定性作用，这些争论尤其表现在关于商品价格的制定上。物价究竟仍像以前一样由国家说了算，还是由市场的价值规律说了算，这其中经历过一个长期的改革和调整过程。最后体现在制度层面上，社会主义市场经济制度得以最终确立。

（一）价格谁说了算

随着改革的深入，强制性的国家指令给经济管理带来的失误越来越明显。尤其是在价格领域，该不该由国家强制力去管，要怎样管才能科学地制定出合理的价格，一时成为理论研究和现实生活中人们极为关注的重点。这就对我国研究马克思主义的价格理论，结合本国经济现状和价格情况，实现自身价格改革提出了挑战。

作为马克思主义政治经济学的代表作，《资本论》系统、完整地提出了商品的价值和价格理论。马克思的价值理论是马克思政治经济学的理论基础，也是指导我们进行价格改革的理论依据。

总的来说，我国的价格改革从最初的国家计划到成型的市场机制，整个过程大致可以分为三个阶段：

1979年至1984年为第一阶段，此阶段主要实行的价格改革思路为“调放结合，以调为主”。以国家有计划地调整不合理比价，理顺扭曲的价格为主，价格改革寓于价格调整中。如1979年3月较大幅度提高了主要农副产品的收购价格，同时还对主要农副产品实行了超购加价。在主要农副产品收购价提高后，国家对主要农副产品的销售价格区分不同的情况做了适当安排。

1985年至1993年10月为第二阶段，主要实行的价格改革思路为“调放结合，以放为主”。在有计划地调整某些商品价格的同时，分步骤、分程度地下放了一部分商品定价权，让这一部分产品的价格由市场调节。价格出现了合同收购部分执行国家定价，合同之外的收购实行国家指导价或者市场价的价格“双轨制”现象。价格放开、随行就市不断出现。

1993年11月召开的党的第十四次全国代表大会为第三阶段的标志，主要表现为价格体制的改革。中共十四大决定把建立社会主义市场经济体制作为改革目标，与此相适应，把市场形成价格的价格机制作为价格体制改革的目标。为了配合价格改革，同时进行了工资、企业相关体制和价格管理体制改革。在工资方面，取消了原来对职工的各种价格补贴，把补贴部分全部计入工资。国家把绝大部分商品的定价权还给了企业，企业根据市场供求状况，自由决定产品的价格。至此，市场形成价格的价格机制基本形成。[①]

---

① 参见张家禄：《〈资本论〉与社会主义市场经济》，经济管理出版社1999年版，第123—125页。

追溯价格改革的历程，我国在20世纪90年代全面建立市场经济体制以前，在生产资料和商品价格、外汇、利率、就业以及所有制等很多问题上都采取过“双轨制”的过渡办法，而其中最具“程式化事实”特点的就是80年代的价格“双轨制”。价格双轨制是指同种商品国家统一定价和市场调节价并存的价格管理制度，是同时实行计划调节和市场调节两种运行机制而形成的调和物。虽然价格双轨制从开始实施直到今天尚存争议，不过，大部分争论集中在谁是首倡者、延续时间是否过长等问题上，而对于它对建立市场价格体系的作用方面几乎没有异议。

我们知道，我国在建立计划经济体制后，形成的是政府定价的计划价格体系。例如，1978年农副产品收购总额、社会商品零售总额和生产资料销售总额中，政府定价部分所占的比重分别达到92%、97%和100%。由于计划经济下价格长期不能根据实际情况调整，存在很多弊端，党的十一届三中全会后我国开始把工作重心转移到经济建设上来。在农村实行家庭联产承包责任制，逐步放开了农贸市场；在城市为鼓励企业增加生产，逐步扩大了国营工业企业的经营自主权，允许企业在完成计划的基础上按“议价”自销计划外产品。同时为调动各方面积极性，在1979年至1984年期间大幅度“理顺价格”，提高长期偏低的农产品价格，调整了部分不合理的工业产品价格。1985年至1988年期间，除了实行价格双轨制，还逐步放开副食品和生活用品市场价格，这是对计划价格体系的重大改革。不但对商品价格进行大幅度调整，对价格管理体制也进行了改革，增加市场调节部分的比重。到1988年，在社会零售商品总额中政府定价占50%左右，约40%的农产品销售已由市场调节。

但价格调整于1988年出现了问题。基于国家建设的急迫性，中央在1988年决定实施价格“并轨”，放开价格管制，取消价格双轨制，实行著名的“价格闯关”，目的是在短期内迅速理顺紊乱的价格体系，从而让经济运行趋于正常。由于体制内外落差很大，价格一并轨，势必会导致物价在一定时期内的上涨，所以，这是一个凶险的“关”，而必须以“闯”的方式才可能顺利通过。实际结果不出所料，经济短期内出现了过热，对此，1989年政府工作报告中提出“治理整顿”，到1991年，我国对经济进行了整顿，实行财政和信贷双紧政策，压缩财政支出，压缩基建投资，控制居民收入过快增长，使实际国民生产总值年增长率降到1989年的4.1%和1990年的3.8%，经济过热得到抑制（1991年

图58 “价格闯关”带来的囤积居奇与抢购风波

由于恢复性增长，增长率又提高到9.2%）。虽然当时“治理整顿”一开始并没有设定价格并轨的目标，并且“价格闯关”最终失败，但却因为那几年的经济紧缩使价格并轨的目标当作一个副产品出乎意料地实现了。到1991年年底，占社会零售商品总额70%左右的商品价格已经放开。到1993年，市场调节价在社会商品零售总额中已占到93.8%。80%以上的农副产品，生产资料价格都由市场调节。

综上所述，我国的价格改革经历了以调为主、以放为主和建立市场形成价格机制三个阶段。马克思说：“竞争首先在一个部门内实现的，是使商品的不同的个别价值形成一个相同的市场价值和市场价格。但只有不同部门的资本的竞争，才能形成那种使不同部门之间的利润率平均化的生产价格。这后一过程同前一过程相比，要求资本主义生产方式有更高的发展。”①价格由价值或生产价格决定，具有客观性。我们在深化价格改革过程中，一定要坚持以生产价格来确定市场价格，让市场价格以生产价格为中心上下波动，这是社会主义市场经济发展的客观要求。我们可以运用《资本论》中关于商品流通和货币流通的理论指导我国防止通货膨胀的发生，运用《资本论》中关于成本价格、利润和利润率的理论来指导我国企业降低成本、增加盈利和提高利润率，运用《资本论》中关于生产价格的基本理论指导我国的价格改革。

① 参见马克思：《资本论》（第3卷），人民出版社2004年版，第201页。

（二）"银票"代替粮票

记得某部关于改革开放的电视剧中，曾有这样一个镜头，邓小平同志到安徽视察，吃到农民种的花生时说："原来我在江西的时候，我那个女儿毛毛，她从陕北来给我们带来了花生，当时买这个花生还很困难，好像还要凭什么票，我想以后像花生这样的东西，一定要老百姓什么时候买都有，买多少有多少。"计划经济时期的票据和市场经济时期的钞票成为国家两种经济体制的明显区别，也是一种国家管理方式的区别性标志。

社会主义的根本任务就是发展社会生产力，"在发展生产力的基础上体现出优于资本主义，为实现共产主义创造物质基础"。鉴于以往在发展生产力方面一直没有"制定出为发展生产力创造良好条件的政策"，生产力发展相对缓慢，人民生活水平未得到明显的改善。邓小平同志指出："多年的经验表明，要发展生产力，靠过去的经济体制不能解决问题。所以，我们吸收资本主义中一些有用的方法来发展生产力。现在看得很清楚，实行对外开放政策，搞计划经济和市场经济相结合，进行一系列的体制改革，这个路子是对的。"为了加速发展生产力，一方面发挥社会主义固有的特点，譬如可以集中力量办大事，另一方面采用资本主义的一些方法（只是当作方法来用），这是邓小平同志提出的经济体制改革的基本思路。

采用资本主义的哪些方法呢？发展经济的资本主义方法有很多方面，中心是什么呢？资产阶级利用什么方法实现了"资本主义的生产力比过去一切时代所创造的生产力的总和还要多还要大"呢？其实，《资本论》在理论上充分说明了这一点，这就是资本主义很好地利用了市场经济这个方法。市场经济的特征就是价值规律成为生产和消费的调节者，并起着促进技术进步的作用。但小商品生产这种生产方式，不可能充分发挥市场经济中的价值规律作用。只有到了资本主义生产方式建立，“社会财富表现为庞大的商品堆积”的时候，即商品生产和商品交换成为占统治地位的生产方式，生产的目的不仅是为取得其价值，而且是追求剩余价值时，市场经济的规律才得以充分发挥它的内在潜力。马克思在《资本论》中指出，“这种为了价值和剩余价值而进行的生产……包含着一种不断发生作用的趋势，就是要把生产商品所必需的劳动时间，即把商品的价值，缩减到当时的社会平均水平以下。力求将成本价格缩减到它的最低限度的努力，成了提高劳动社会生产力的最有力的杠杆……”[①]资本主义正是发挥市场经济这种作用，推动经济效益不断提高，资本主义的发展证明了这是一种很好的方法。而针对社会主义市场经济，有经济学者强调要充分尊重价值规律，“千规律万规律，价值规律第一条”成为中国发展中的一句经典名言。

现在的问题是资本主义利用市场经济发展了自己，社会主义是否也能够利用这种方法发展自己呢？发展市场经济会不会导致走向资本主义呢？这里有一系列问题需要解决，只有理论得到论证，才能取得全党和全国人民的支持。这许多理论问题中最重要的就是市场经济与资本主义生产方式之间的关系，即市场经济是否是资本主义的专利产品，市场经济是否等于资本主义。邓小平同志的“黑猫白猫论”，在一定意义上回答并讲清楚了这个

① 马克思:《资本论》(第3卷)，人民出版社2004年版，第997页。

问题。

同时，《资本论》提供了在社会主义制度下可以发展市场经济的理论支撑。第一，关于商品经济的一般特征和作用的理论。《资本论》中阐述了商品关系的一般特征，它存在的条件是社会分工和商品属于不同的所有者；价值实体和价值量、商品价值量与劳动生产率成反比的分析；价值形式的发展引起商品到货币的转化；商品经济的内在矛盾和价值作为资源配置的一种特殊历史形式的考察；等等。这些都是利用商品货币关系发展市场经济所必须具备的理论准备。第二，商品经济不等于资本主义。《资本论》研究的对象和目的是揭示资本主义经济的运动规律，但在第一章，考察的是一般商品，即抽去了资本主义关系的商品关系，这就表明不能把商品经济与资本主义等同。而资产阶级经济学（包括古典的和庸俗的学派）则有意或无意地混淆二者区别，目的在于把资本主义关系说成是一般商品关系，掩盖了资本主义这种特殊剥削经济关系的实质。《资本论》通过货币到资本的转化，揭示了商品货币关系与资本主义关系的本质区别，阐明了资本主义是通过剥夺小私有商品生产者，把他们变为雇佣工人的一种阶级剥削关系。劳动力成为商品，标志着资本主义生产资料所有制关系的确立。只有把一般商品经济与资本主义经济区别开来，才有可能确立社会主义经济可以利用市场经济的理论基础。

邓小平同志认为，建立社会主义市场经济体制的改革目标，必须扫除“市场经济等同于资本主义”这一理论障碍。他一再阐述市场经济是一种方法。“说市场经济只存在于资本主义社会，只有资本主义的市场经济，这肯定是不正确的。社会主义为什么不可以搞市场经济，这个不能说是资本主义。我们是计划经济为主，也结合市场经济，但这是社会主义的市场经济。虽然方法上基本和资本主义社会的相似，但也有不同，是全民所有制之间的关系，当然也有同集体所有制之间的关系，也有同外国资本主义的关系，但归根结底是社会主义，是社会主义社会的。”①直到1992年，邓小平仍然强调这一点：“计划多一点还是市场多一点，不是社会主义与资本主义的本质区别。计划经济不等于社会主义，资本主义也有计划；市场经济不等于资本主义，社会主义也有市场。计划和市场都是经济手段。”②从邓小平同志主张发展社会主义市场经济的强有力论述中可以清楚地看出，《资本论》中包含着关于“市场经济不等于资本主义”的基本思想，这是他关于中国改革方向的充分理论依据。正是在《资本论》理论的指导下，我国确立了建立社会主义市场经济体制的改革方向。

三、腰里鼓起来的“钱包”

——工业企业发展与宏观调控

中国汽车工业从20世纪50年代艰难起步，经历80年代的合资热潮，到20世纪末的自主设计，每一步前进都可谓举步维艰、如履薄冰。自主设计的阵阵春风吹不散“抄袭”笼罩下的阴霾；“合资”企业年年压金线，却换不来民族工业的金衣裳；新汤老药的合资自主或将又是一个“水中月”？当然，也不必用如

① 《邓小平文选》(第2卷)，人民出版社1994年版，第236页。

② 《邓小平文选》(第3卷)，人民出版社1994年版，第373页。

此悲观的眼光来看待这个问题，红旗、奔腾、长城、比亚迪、奇瑞等国产品牌日新月异，正试图突破黎明前的黑暗，拥抱明日温暖的曙光。

（一）家里的工业“老大哥”

现在人们常谈论一种困惑：“中国第一车”究竟是哪个？是慈禧太后的御用汽车，还是上海的Oldsmobile牌汽车？关于这个话题的争论从未停止，也一定程度上加速了我国工业企业的自主化进程。不过，无论如何，1901年确实是中国汽车史上不得不说的一年，因为，这一年中国历史上第一次出现了汽车的身影。而中国本土的汽车制造则最早出现于民国时期。当时在张学良的支持下，沈阳的民生工厂开启了国产汽车的研制工作。虽然设备和技术条件都十分简陋，但他们终于在1931年成功试制了中国第一辆国产载货汽车——民生牌汽车。此后在中国历史上，东北三省成了中国汽车制造业的重要代表力量，沈阳、长春这些东北城市先后见证了中国汽车制造业的发展。

中华人民共和国成立后，毛泽东感慨地说，当前中国的工业制造能造桌子椅子，能造茶碗茶壶，能种粮食，能磨成面粉，还能造纸。但是，一辆汽车、一架飞机、一辆坦克、一辆拖拉机都不能制造。面对这种形势，从诞生以来就被称为制造业“皇冠”的汽车制造业就站在了历史前台。一个国家实体经济的发展状况如何，往往只要看看这个国家的汽车制造水平就能略知一二了。新中国成立后，中国的汽车制造第一次走上了正轨，由于这个时候我们对汽车的主要功能需求体现在军事用途和工农业运输上，因此在这一阶段，中国的汽车工业主要以制造卡车为主。其中，第一汽车制造厂以苏联吉斯150卡车为蓝本制造的“解放”牌汽车，成功开启了中国汽车规模化量产的先河。沈阳金杯车辆制造有限公司也于1959年生产了我国第一辆2.5吨“巨龙”牌载货汽车。在之后近30年的时间里，这些大货车构成了许多国人对汽车的共同记忆。

改革开放后，随着外资企业不断进入，中国长期单一化的汽车制造体系被打破。1984年，新中国的第一个合资车企——“北京吉普”成立。之后，世界汽车工业的先进技术和产品涌入中国，中国的汽车制造开始进入一个新阶段。从2000年至2010年，中国汽车产业经历了高速的扩张和发展，汽车数量呈几何式增长。在这一时期，合资企业开始大规模诞生。“用市场换技术”成为那个时期中国汽车制造的主题词。

图59　北京吉普汽车有限公司于1984年1月15日正式开业

但是，随着西方金融资本力量的逐渐壮大和全球资本输出的体量增长，同时面临金融危机的巨大潜在风险，工业实体经济、虚拟经济与金融等问题的争论越来越激烈。马克思将虚拟经济与资本联系起来，提出了虚拟资本概念，包括股票、债券、不动产抵押单等。他指出："所有这些证券实际上都只是代表已积累的对于未来生产的索取权或权利证书，它们的货币价值或资本价值，或者像国债那样不代表任何资本，或者完全不决定于它们所代表的现实资本的价值。"①"人们把虚拟资本的形成叫作资本化。人们把每一个有规则的会反复取得的收入按平均利息率来计算，把它算作是按这个利息率贷出的一个资本会提供的收益，这样就把这个收入资本化了；……因此，和资本的现实增殖过程的一切联系就彻底消灭干净了。资本是一个自行增殖的自动机的概念就牢固地树立起来了。"②虚拟经济是相对于实体经济而言的，虽然马克思在《资本论》中并没有论述虚拟经济问题，但他对虚拟资本的论述可以成为正确理解虚拟经济的钥匙。

虚拟经济产生于实体经济，其发展必须以实体经济为基础，实体经济的存在和规模决定了虚拟经济的存在和规模。正因为美国金融产业超越了实体经济，脱离了实体经济发展的需要，成为独立运行和自我循环的体系，才最终酿成了2007年年底那场国际金融危机。历史的教训也告诉我们，缺乏实体经济支撑或超越实体经济需要的金融发展，从长期来看是难以为继的，金融发展应始终与实体经济发展的程度及需要相互协调。孤注一掷地

① 马克思：《资本论》(第3卷)，人民出版社2004年版，第531页。

② 马克思：《资本论》(第3卷)，人民出版社2004年版，第528—529页。

金融深化只会导致不可避免的金融危机，在经济和金融日益全球化的条件下，我们一定要慎重选择，一定要在强大国力的基础上改革推进才可能事半功倍，真正实现实体经济先行，虚拟经济与金融服务于工业“老大哥”。

（二）自家的孩子与人家的孩子

中国的改革开放面临飞速发展的经济形势，亟须找到真正适合自己的经济管理方法与治理方式。这个方面体现最为直接和系统的，就是如何分辨西方金融危机中的国家干预与中国宏观调控的区别。

马克思从分析宏观调控的根本原因入手，揭示了为什么经济发展需要政府宏观调控，即国家宏观调控的重要性。他指出："一切规模较大的直接社会劳动或共同劳动，都或多或少地需要指挥……一个单独的提琴手是自己指挥自己，一个乐队就需要一个乐队指挥。"①不言而喻，这个“指挥”只能由国家——政府来担当。恩格斯也提出同样的看法，认为“当人们按照今天的生产力终于被认识了的本性来对待这种生产力的时候，社会的生产无政府状态就让位于按照社会总体和每个成员的需要对生产进行的社会的有计划的调节”②。

马克思在《资本论》中引用托·约·邓宁的话说：“资本害怕没有利润或利润太少，就像自然界害怕真空一样。一旦有适当的利润，资本就胆大起来。如果有10%的利润，它就保证到处被

① 《马克思恩格斯全集》(第23卷)，人民出版社1972年版，第367页。
② 《马克思恩格斯选集》(第3卷)，人民出版社2012年版，第630页。

使用；有20%的利润，它就活跃起来；有50%的利润，它就铤而走险；为了100%的利润，它就敢践踏一切人间法律；有300%的利润，它就敢犯任何罪行，甚至冒绞首的危险。如果动乱和纷争能带来利润，它就会鼓励动乱和纷争。走私和贩卖奴隶就是证明。”[①]因此，他说：“资本来到世间，从头到脚，每个毛孔都滴着血和肮脏的东西。”[②]为了避免这种资本的自由发展的劣势，进行宏观调控就是必然选择。

关于宏观调控，我们可以在《资本论》中详细论述社会资本再生产理论的部分看到。马克思的社会资本再生产理论内容极为丰富，具体来说：

第一，就是社会资本再生产的核心问题是社会总产品的实现问题。社会总产品是社会各个物质生产部门在一定时期内（通常以年度为单位）所生产的全部物质资料的总和。从实物形态看，社会总产品可分为生产资料和生活资料两大部分；从价值形态看，社会总产品（社会总产值）总是可分为c、v、m三部分。既然社会资本运动包括生产消耗和个人生活消费，因此考察社会资本运动，必须以社会总产品为出发点。因为只有社会总产品，才包括用于生产消费的生产资料和用于个人生活消费的消费资料。

第二，社会总产品的实现问题即社会总产品的补偿问题，它包括两个方面：其一为价值补偿，也就是社会总产品各个组成部分的价值如何能够通过商品的出售加以实现，以货币形式收回，用以补偿预付资本并获得剩余价值；其二为实物补偿，也就

① 《马克思恩格斯全集》(第23卷)，人民出版社1972年版，第829页。

② 马克思：《资本论》(第1卷)，人民出版社2004年版，第871页。

是如何买到所需要的生产资料和消费资料。马克思非常清晰和细致地推算了社会资本简单再生产和扩大再生产的实现过程，构建了两大部类产品和价值实现的图式。社会资本简单再生产和扩大再生产的实现公式说明，社会总产品的实现不仅需要第I部类（生产资料部类）和第II部类（生活资料部类）按照一定的关系、比例和步骤进行交换，满足诸如$Iv+m=IIc$或$IIc+m-m/x > Iv+m/x$等基本关系才能顺利进行，否则就会出现剩余和市场无法出清的情形，还需要两个部类的产品在种类上要适合部类内和部类间的交换需求。无论哪种情形，除了市场的力量之外，都需要政府的宏观调控才能保持比例基本平衡。我国曾经实施过的扩大内需战略、致力于调结构和转方式的改革措施，以及正在探索的供给侧结构性改革均是政府实施宏观调控最好的体现，是对《资本论》中上述原理的活学活用。

四、健康起来的“跛行者”

——促进公平、科学与可持续发展

改革开放40年，从改革伊始的只注重经济数字增长到效率兼顾公平，从片面发展到统筹兼顾（统筹城乡发展、区域发展、经济社会发展、人与自然和谐发展、国内发展和对外开放），再到科学发展观的提出，我们的国家逐渐从一个跛脚的状态变得健康起来。随着我们接触世界、认识发展并不断求索，对于社会主义建设规律尤其是平衡与可持续发展的问题，已经有了更新更全面的认识。

（一）效率与公平两条腿

有一个口号被人记了40年："时间就是金钱，效率就是生命。"这句讲时效、重实干的口号，在今天看来不过是平常的一句话，但在1979年的中国，经由深圳蛇口提出，却在全国释放出了一股强劲的思想冲击波。当时虽已实现改革开放，但"左"的思想仍令很多人无所适从，社会上视金钱、效率为禁忌。也恰恰因此，简短有力的"时间就是金钱，效率就是生命"提出后，人们称之为"冲破旧观念的一声春雷""划过长空的第一道闪电"。袁庚曾讲，我为什么提"时间就是金钱，效率就是生命"呢？当时国内没有市场观念、时间观念、效率观念。从计划经济向市场经济转变，首先思想上要变革，不能再用老思想面对新问题。

1978年的蛇口，是隶属广东省宝安县的一个公社。宝安撤县改深圳市，是蛇口工业区成立一个多月后的1979年3月，深圳经济特区的建立则是1980年8月。当时，一条20多米宽的深圳河隔开了两个世界：河北岸的宝安县，一个农民的年收入只有143元；河南岸的香港，农民的年收入达到13000港币。按照当时汇率折算，相差70倍之多。收入差距巨大的背后，是整个经济发展和思想观念的差别。时间观念差、不讲经济效益、办事效率低、平均主义、"铁饭碗""大锅饭"等制约着改革开放之初的蛇口。"时间就是金钱，效率就是生命"，在机声隆隆的工地上出生，在不绝于耳的争议声中长大，写有这句口号的牌子，在历史的风雨中几经竖起拆下，至今屹立不倒。这句响亮的口号迸发出冲破层层束缚的力量，更是深深地镌刻在了波澜壮阔的改革开放进程中。

据亲历者回忆，1979年8月的蛇口工程局、施工队全是国有单位，“吃大锅饭”，而建设港口码头的钱则是从香港贷款来的。“招商局的人很急，但施工队不急，一二十米远的距离，一天就开泥头车拉二三十车。”那时工人收入主要靠工资，奖金仅是辅助，分5、6、7元三个等级。工人对每月几元钱奖金兴趣不大，干劲不高。为了调动工人的积极性，提高工作效率，管理单位实行超产奖励：每部车每天的劳动定额为55车，完成定额后每车奖励2分钱，超出定额部分每超一车奖励4分钱，这样一来每人每天能运八九十车。工人们还主动加班加点，实行达到每天工作12小时的大班制。600米长的顺岸码头中的150米，实行超额超产奖励后，施工速度加快，结果提前一个月竣工并交付使用。

根据蛇口后来统计，实行超产奖励的1979年10月份到次年3月份，工业区多创造产值130万元。但这种提高效率的奖励办法在当时引起了一场争论，有反对者认为这是“滥发奖金”，行之有效的奖励被勒令停止，工作效率随之降低，直接影响了工程进度，蛇口首次出现了完不成月计划的现象。“4分钱”惊动了中南海。在中央领导的支持下，蛇口工业区获准继续实行超产奖励办法。此后招商局先后在蛇口港码头、华益铝厂、华美钢厂等工程项目中实行形式各异的奖励办法，大大激发了工人的积极性，加快了施工进度，缩短了工期。“大锅饭”的分配制度由此走上了改革之路，效率一时成为关注的重点。

图60　蛇口工业区喊出的著名口号

随着效率提高与差距出现，如何处理效率与公平的关系成为我国经济学家和政策实施者最为棘手的问题之一，也成为现实发展中的迫切问题。

将马克思的《资本论》说成是“马克思主义的百科全书”真是一点儿也不为过。马克思在《资本论》中非常熟练地运用了辩证法和矛盾转化的方法，这种方法和智慧为我们理解公平和效率的关系提供了思想和方法来源。从党的十四大到十六大，历次党的报告中都对二者的关系提出了辩证的主张和思想，就是对上述方法的具体运用。如党的十四届三中全会曾提出了个人收入分配要体现效率优先、兼顾公平的原则；十五大重申，效率优先就是把对劳动者的激励和提高效率放到首要的地位等。

所谓效率，归根结底表现为生产力水平的提高，涉及人与自然的关系；所谓公平，归根结底是对一定生产关系的价值肯定，涉及人与人之间的关系。社会发展首先是生产力的发展和经济效益的提高，由此决定生产关系的演变和社会公平的实现。在生产力发展水平较低的条件下，不能超越历史阶段而盲目提高公平程度，否则会阻碍生产力的发展；反过来，当生产力发展到一定水平，生产关系得不到及时的变革或调整，社会分配差距过大，也会阻碍生产力的发展。

“效率”作为人们的活动能力和生产力发展水平的标志，在不同的社会关系中和不同的历史时期所具有的地位和作用总是不一样的。一般来讲，人不仅仅是“经济人”，而且是“道德人”和“社会人”；人们从事社会活动的动力并非全部来自对个人物质利益的追求，人们的积极性和主动性也不完全来自市场调节所产生的收入分配的差距。“公平”也是一个社会历史范畴，不同历史时期和不同阶级、阶层的人们对公平会有不同的认识和理解。在社会主义社会里，劳动人民是生产资料的主人，个人消费品的分配实行“各尽所能，按劳分配”的原则。在社会主义初级阶段，生产力还没有极大发展，商品经济依然存在，所以除“按劳分配”以外，还有其他分配形式与之并存。更为公平的分配原则只有到未来共产主义社会的高级阶段才能实现。到那时，人们将摆脱一切束缚性的物的外衣，真正自由而全面地实现人的价值。

按照马克思历史唯物主义的基本原理，我们应该把效率与公平问题放到一定的历史条件下来考察。一方面，生产力是推动社会进步的根本动力，任何社会特别是社会主义社会不应该靠牺牲“效率”也就是生产力的发展，来谋求所谓的公平。另一方面，生产关系对生产力会产生巨大的反作用，任何社会尤其是社会主义社会不应该靠牺牲“公平”也就是生产关系的协调，来谋求所谓的效率。在各种经济活动中，人们不能违背效率与公平的发展规律，否则会受到它的惩罚；但人们可以认识和掌握这一规律，并用来指导实践。

马克思的辩证法为我们辩证地看待效率与公平的关系提供了法宝。一方面，效率与公平是对立的，二者存在互相排斥，即互相对立、互相限制、互相否定的属性。在市场经济条件下，竞争能实现效率，却不利于推进公平，甚至存在两极分化的风险，挫伤劳动者的积极性，最终造成生产效率下降。低效率又会引起产品的缺乏，使公平失去物质基础。同样，没有公平，效率难以持久，但如果过分强调收入均等，甚至陷入平均主义，同样会挫伤人们的生产积极性，最终会使社会陷入停滞甚至倒退的境地。另一方面，效率与公平又是统一的，二者具有相互依存、相互联系、相互转化的属性。矛盾的双方不能孤立地存在，一方的存在和发展必须以另一方的存在和发展为条件。一切对立的成分都是这样，因一定的条件，一面互相对立，一面又互相连接、互相贯通、互相渗透、互相依赖。效率与公平也是如此，效率的提高能为公平提供更多的物质基础，公平在一定程度上的实现又能为进一步提高效率提供动力。

我们要最大限度地促进效率的增长，就要允许一定程度的“不公平”存在，因为竞争所引起的差异能激发劳动者的积极性，创造更多的物质财富，以保证公平程度的进一步提高；反之，效率也离不开公平，因为没有一定程度的公平，就难以维持稳定的社会秩序，效率也就失去了最基本的保障。当经济发展到一定阶段，就要把公平置于效率的前面，更加重视公平。党的十六大以来，个人收入分配从效率优先兼顾公平开始转向更加注重社会公平，正是马克思主义辩证法和矛盾转化法在这个问题上的具体运用。

（二）工农业的两面相

随着经济社会发展，从我国特殊的国情来看，发展与科学发展成为实现社会主义现代化需要直面论证的重大课题。用什么样的发展观发展经济成为举国关切的问题。越来越多的问题说明，我国经济发展从之前缺乏财力难以兼顾解决长期积压的问题，进入到一个有较为充裕的财力开始能够解决长期积压问题的阶段；我国的粗放型经济增长方式已由能够支撑我国快速发展，进入到无力支撑进一步发展的阶段；我国贫富之间、城乡之间、区域之间、经济社会发展之间的不协调状况，从可以为社会所承受转向社会越来越难以承受的阶段；我国社会矛盾关系则从不突出抓好主要矛盾就无法解决非主要矛盾，进入到不兼顾解决好某些非主要矛盾就难以继续抓好主要矛盾的阶段。鉴于此，科学发展与科学发展观成为时代主题，其中，摆在首要位置的就是传统的工农业两面相、发展长期不平衡的问题。

由马克思对社会分工的历史考察看，畜牧业从农业中分离、手工业从农业中独立乃至成为工场手工业的基础以及商业从农业中进一步分化都说明：人类社会一开始本是一个原始简单的一元结构。在这个一元中由于得益于生产力发展所创造出来的有利于形成工业和农业二元的那些因素，最终使农业与工业、城市与农村的二元结构得以确立。[①]当然，这种彼此对立的关系不利于经济社会发展，加强工农业关系协调是我国实现工业化、迈向现代化，促进国民经济全面协调可持续发展必须妥善处理的重大战略问题。促进工业化、信息化、城镇化、农业现代化同步发展，目的就是解决当前我国农业发展相对缓慢、工农业发展不协调的突出问题。

由于历史的原因，当农业部门基本完成对我国工业化原始积累的使命后，几乎不存在任何喘息的机会，就直接开始了一个不断适应经济体制转轨的艰难过程。而农业在增长速度上赶不上工业（还有服务业），或者说工业相对农业具有更高的增长速度，这是具有一定必然性的，以致在经济增长过程中必然出现工农业增长的不平衡。关于这种不平衡的增长，世界银行在《2009年世界发展报告：重塑世界经济地理》中传递了一个重要信息，即不平衡的经济增长与和谐性发展可以并行不悖，相辅相成，其实现机制就是经济的一体化。城镇化并不意味着消灭农业和农村，而在于消除经济结构的二元对立，在现代性上实现统一。对于二元结构尤其顽固并且发生异化的国家而言，建立科学认识非

① 崔占峰：《二元结构异化与城镇化进程中的“三农”命题：兼论新型城镇化的前提与起点》，《贵州社会科学》2014年第8期，第96页。

常重要。二元结构在任何国家都存在，这是不可避免的，但由于历史的因素，中国二元结构不断被强化并发生了异化。

科学发展观解读了工农业的两个面相，也在一定程度上将工农业结构与城乡发展结构结合起来了。新形势要求新作为，当前产业协调发展的关键就是促进第一、二产业，即工农业的协调发展，形成新的更具科学性的工农关系。工农关系是基于市场对资源配置起决定性作用的工农业互利互惠的协同发展关系。将新型工农关系的构建上升为国家发展战略，从根本上扭转“工强农弱”的发展态势，实现工业反哺农业、城市支持乡村才是科学发展观要求统筹的首要方面。

（三）走得好才能走得远

从农业社会到工业社会的历史进程中，我们丢掉了许多难以挽回的东西，这是令人惋惜的。中国的现代化发展最初是不成熟的，像婴儿一样蹒跚学步，随着经济实力的增长和观念方法的改善，我们对于协调和可持续发展的认识越来越强烈。其实回溯历史长河，马克思、恩格斯两位伟人早就开始重视这个涉及现代化的问题了。

只是从字面上看，“可持续发展”概念在《资本论》中并未出现，但通过细读却可以发现，《资本论》也是一本深入研究资本主义生产方式下人与自然关系的著作，其中蕴含着丰富的可持续发展观念。马克思在书中指出，人类与自然之间的物质变换是人类生存、发展不可或缺的前提，而“资本主义社会及其生产方式既汇聚了历史向前发展的动力，又破坏了人类与土地之间惯常的物质变换，导致人类以衣食住行等方式消耗掉的资源难以重返土地，破坏了原始自然条件下土地近乎于永恒的肥力”[①]。前述的人类与自然物质变换的理念是马克思可持续发展观的中心，在《资本论》数个章节中均有体现。马克思的可持续发展观强调修复、调整人类与自然的物质变换关系，应对资本主义生产方式革命，从而实现人与自然和谐发展的最终目标。

马克思可持续发展观的本质是在合理的生产关系下促进生产力的可持续发展。依据生产力可持续发展的要求，构建一个公平支配自然资源，公平劳动的生产关系，是实现生产力可持续发展的保障。社会主义生产关系是适应生产力可持续发展的生产关系。马克思的可持续发展观开启了现代可持续发展观的先河，而且具有更广阔的视野和更丰富的内涵。马克思把循环利用生产和消费排泄物作为生产力可持续发展的重要内容，提出了生产和消费排泄物循环利用的一系列理论和极具实践性的观点。当下，转变经济发展方式，就是要依靠科技进步和创新，在优化结构、提高效益和降低能耗的基础上，实现速度质量效益相协调、投资消费出口相协调、人口资源环境相协调，真正做到又好又快高质量发展。

马克思认为，人类对自然规律的改变、控制是有限的，人类应当合理利用自然资源和自然规律，促进人与自然和谐共生。马克思和恩格斯关于人、自然、社会的相互关系和协调发展，以

① 马克思:《资本论》(第1卷)，上海三联书店2009年版，第207—208页。

及个人自由而全面的发展的思想，是可持续发展理论的先声，它启迪我们从深层次上理解和把握可持续发展的内蕴，在现代化建设中努力推进社会全面进步，积极促进人的全面发展。马克思的《资本论》是正确认识资本主义社会的金钥匙，也是坚定共产主义理想、社会主义信念的航标，是共产党员增强党性修养的指路明灯，是社会主义建设中的一个取之不尽、用之不竭的思想宝库，更是贯彻落实科学发展观，建设中国特色社会主义的力量源泉。

发展篇

《资本论》在新时代“更上一层楼”

第五章

等闲识得东风面　万紫千红总是春

——《资本论》在新时期的发展应用

党的十八大以来，我国经济、社会全面统筹发展，在各个方面都取得了突出成就。以最近科技方面取得的成就来说，“慧眼”卫星遨游太空、C919大型客机飞上蓝天、量子计算机研制成功、首艘国产航母下水、“海翼号”水下滑翔机完成深海观测、自主研发的深海装备“海龙11000”无人缆控潜水器深水试验成功、“龙源振华叁号”风电施工平台交付使用、“鹊桥号”地月中继卫星发射升空等，中国正在以雄厚的实力向世界证明，“中国制造”正阔步走向“中国智造”。

一、从“骑骆驼”到“架高铁”

——《资本论》在“一带一路”与科技创新中的应用

公元前138年，张骞奉命前往西域（玉门关和阳关以西），在胡人甘父的导引下，寻找并联合曾被匈奴赶跑的大月氏联盟，以合力进攻匈奴。可是当张骞及随从们来到河西走廊一带后，被占据此地的匈奴骑兵发现，张骞及100多名随从全部被俘，被匈奴人严加管制。为了方便监视张骞，匈奴单于逼迫张骞娶匈奴女子为妻。在被扣留十余年后，张骞和他的贴身随从甘父寻机逃走，继续西行。由于没有准备干粮和水，两人一路上历尽艰辛，来到了大宛国（今费尔干纳）。在国王的帮助下，他们找到大月氏，并与之商讨结盟攻打匈奴之事，但此时的大月氏已经在阿姆河上游安居乐业，不愿再战，便回绝了张骞。虽然张骞未能完成与大月氏结盟夹击匈奴的使命，却获得了有关西域各国的大量人文地理知识。归途中又被匈奴人抓住，扣留了一年多。张骞前后一共经过了13年，终于回到长安，并将实情告知了汉武帝。这激发了汉武帝“拓边”的雄心，于是果断发动了抗击匈奴的战争。公元前119年，为了断“匈奴右臂”，张骞再次率领300多人出使西域，走访了乌孙等多个国家，但由于乌孙内乱，也未能实现结盟的目的，尽管如此，却开通了史上著名的“丝绸之路”。

张骞不畏艰险，两次出使西域，打通了亚洲内陆交通要道，开始了与西欧各国的友好往来，开拓了丝绸之路，被誉为

“中国走向世界的第一人”，司马迁曾在《史记》中将张骞出使西域称为“凿空”之行。

（一）地球村添了新“丝路”

从驼铃声声的丝绸之路到今天的列车奔驰走过了千年的历史，“丝绸之路”这个词早已家喻户晓。那么何为“一带一路”呢？“一带一路”是“丝绸之路经济带”和“21世纪海上丝绸之路”的简称，是习近平总书记于2013年9月和10月提出的中国原创式全球合作新模式，旨在积极发展与沿线国家的经济合作伙伴关系，共同打造政治互信、经济融合、文化包容的利益共同体、命运共同体和责任共同体。“一带一路”自倡议以来，已经发展成为世界上规模最大的国际合作平台和最受欢迎的国际公共产品。

2017年10月18日，习近平总书记在党的十九大报告中指出：“要以‘一带一路’建设为重点，坚持引进来和走出去并重，遵循共商共建共享原则，加强创新能力开放合作，形成陆海内外联动、东西双向互济的开放格局。”同时，党的十九大关于《中国共产党章程（修正案）》的决议明确提出，将推进“一带一路”建设等内容写入党章。这都充分展现了中国高度重视“一带一路”建设、坚定推进“一带一路”国际合作的决心和信心。

“一带一路”的实施，带动了所经地区基础设施“井喷式”发展，为了能够借“一带一路”的东风促进本地的发展，长春市Z村的村支书决定集思广益，听取村民的意见，于是召开了村支部大会。

村支书："一带一路"的东风吹到家门口了，看着周围的村子都在想方设法借这股东风带动发展，咱们也不能落后啊，你们都有啥意见，说出来听一下。小张啊，你是大学生，你先来说说吧。

小张："一带一路"建设"五通"中有一个目标是设施联通，其重点就是基础设施的建设。这股东风既然吹到家门口了，我们就应当充分利用这个条件，咱们村的交通设施一定会焕然一新。咱们以及周围的村子主要都是依靠卖水果和粮食作为主要生活来源和致富手段，但是每年到了收获季节，水果和粮食都面临着运输和销售这两大难题，我们又何必再加入到如此激烈的竞争中呢，我们不妨独辟蹊径，借助交通设施的完善发展运输业，既解决了每个村所面临的问题，又避免了过度竞争，何乐而不为呢？

老王：我可不同意小张的观点，咱们村祖祖辈辈都以种植果树为生计，我觉得发展实实在在的水果加工业才是正道，有实物摆在眼前才安心，村民们才能吃上"定心丸"。

老唐：我同意老王的观点，有了实物才能证明我们的劳动创造了价值，若只发展运输业，没有什么实物，不能证明我们的劳动创造了价值，这样心里不踏实啊。

老郑：对对，还是得听长辈的意见，小张这个娃娃有文化，但毕竟刚从"象牙塔"里走出来，不懂实践，还是发展发展水果加工业吧。

…… ……

不同意发展运输业的声音越来越大，对于本村的发展前景，小张开始深入浅出地解释着自己的观点，但是独木难支，观点一次次被否定。

村支书：好了好了，你们说的都有道理，大伙儿先别争，咱还是先听一下马老师的意见吧。

马老师：长期以来，人们否认服务劳动能够创造价值，认为只有凝结在实实在在的产品中的人类劳动才能创造价值，服务劳动因为不能生产出实实在在的商品，所以就不能创造价值。那么，小张提出的交通运输作为服务劳动的一种，不产生实物形态的商品，是否能够创造价值呢？也就是说，人类劳动是否只有凝结或物化在实体中才能形成价值呢？确实，伟大的思想家马克思在分析商品二重性时曾说过，商品的价值是无差别的人类劳动在劳动产品上的凝结，但很多人都片面理解这一问题，这并不意味着劳动只有凝结或物化在实体上，才能形成价值。

小张：对对，马老师的话提醒了我，我记得有本书上讲，马克思曾鲜明地指出："对劳动的物化等等，不应当像亚当·斯密那样按苏格兰方式去理解。"[①]"亚当·斯密的缺点只是多少过于草率地把劳动的物化理解为劳动固定在某种可以捉摸的物品中。"[②]商品所以有价值，一般来说，物所以有价值，仅仅由于它们是人的劳动的表现——不是因为它本身是物，而是因为它们是社会劳动的化身。[③]所以，"从商品的交换价值来看，说商品是劳动的化身，那仅仅是指商品的一个想象的即纯粹社会的存在形

① 《马克思恩格斯全集》(第26卷)，人民出版社1995年版，第163页。
② 《马克思恩格斯全集》(第46卷)，人民出版社1995年版，第375页。
③ 《马克思恩格斯全集》(第26卷)，人民出版社1995年版，第206页。

式，这种存在形式和商品的物体实在性毫无关系。”[1]也就是说，劳动是否创造价值，与它是否凝结或物化在商品上并没有直接关系，它既可以物化在以物品为载体的使用价值中，也可以体现在非实物形态的使用价值中。

村支书：嗯，刚才马老师和小张的话虽然听起来有些拗口，但意思我基本明白了。他们讲的意思可以总结为，只要劳动能够生产出用于交换的使用价值，无论该价值是否凝结在实体中，都说明该劳动创造了价值。村民们放心吧，我们发展运输业，即便看不到实实在在的产品，但是我们的劳动仍然是创造价值的，我们发展运输业应该也是个不错的选择嘛。

老王：哈哈，看来我们不用生产就能获得很多的利润啊，那跟西方的商业资本家有什么区别啊。

马老师：你还是没能好好理解我的观点。资本家之所以被称为资本家，是因为他们用原始资本购买原材料、劳动力、生产工具进行生产，再将产品卖出去，中间通过剥削劳动工人，获得剩余价值，资本一点点积累，最终发展成为大的资本家。在这个过程中，产业资本会依次扮演货币资本、生产资本、商品资本三种角色。在这个不断循环的过程中，产业资本只有在生产阶段才能创造价值，在流通阶段是不能创造价值的。当然，也正是因为产业资本能够独立完成三种职能，才为资本家之间的职能分解奠定了坚实的基础，最后，商业资本家粉墨登场。

老王：商业资本家不是你前面说的资本家吗？

① 《马克思恩格斯全集》(第26卷)，人民出版社1995年版，第163—164页。

马老师：不是。这里的商业资本家才是你们想象中的那样，他们的劳动不创造价值。

老王：他们的劳动不创造价值，那他们是如何赚取利润的呢？我看他们都很有钱呢。

马老师：商业资本家获得的利润是产业资本家让渡出来的自身的剩余价值，也就是说，进行生产的资本家把自己的利润的一部分分给了商业资本家。

老王：那些产业资本家又不傻，他们怎么可能将自己到手的利润分给其他人，难道突然大发慈悲？

马老师：哈哈，就像你说的，他们才不傻。他们之所以这样做，是因为在利益面前，他们选择了“西瓜”，抛弃了“芝麻”。你知道产业资本家们最担心的问题是什么吗？

老王：……应该是怕产品卖不出去吧。

马老师：老王果然聪明，你说得很正确，马克思也曾将该环节称之为“惊险的跳跃”。一方面，若产业资本家亲自从事商品的出售，就需额外配备专门的销售人员，打通销售渠道，由此花费的成本要远远大于自己让渡给商业资本家的剩余价值，并且随着产品数量与种类的逐渐增加，产业资本家自己销售商品也变得不现实；另一方面，商业资本家拥有专业的销售人员与渠道，能够加快商品价值的实现。因此，产业资本家愿意将自身的剩余价值让渡出一部分给商业资本家，这是他们深思熟虑之后的决定，可不是什么大发慈悲。

老王：确实，不仅如此，加快商品价值的实现，还能加快资金的流转，简直是一举多得啊。

马老师：老王不愧有“半个大学生”的称号。商业资本家加快了资金的流转，就能缩短资本处于流通领域的时间，从而增加了社会使用价值的生产，因为当资本处于流通阶段时就不能处在生产阶段中，这就阻碍了资本创造使用价值的实现。而商业资本家则加快了资本在不同“角色”之间的转换和循环，让资本最大限度地发挥作用。

老王：商业资本家的劳动是不创造价值的，可您前面说如果搞运输，咱们的劳动是可以创造价值的，那运输是怎么创造价值的呢？

马老师：对于运输这种劳动，马克思曾特别强调，“商品在空间上的流通，即实际的移动，就是商品的运输。运输业一方面形成一个独立的生产部门，从而形成生产资本的一个特殊的投资领域。另一方面，它又具有如下特征：它表现为生产过程在流通过程内的继续。”[①]“这种效用的交换价值和任何其他商品的交换价值一样，都是由其中消耗的生产要素（劳动力和生产资料）的价值加上运输工人的剩余劳动创造的剩余价值所决定的。”[②]“它本身就处在运输中的商品的一个生产阶段，那么，它的价值就作为追加价值转移到商品本身中去。”[③]“虽然在这里，实在劳动在使用价值上没有留下一点痕迹，可是这个劳动已经实现在这个物质产品的交换价值中。[④]

① 马克思：《资本论》（第2卷），人民出版社2004年版，第170页。

② 《马克思恩格斯全集》（第24卷），人民出版社1995年版，第66页。

③ 《马克思恩格斯全集》（第24卷），人民出版社1995年版，第66页。

④ 《马克思恩格斯全集》（第26卷），人民出版社1995年版，第445页。

小张：马老师刚才讲得有些复杂，简单一点说，就是“交通运输”是生产过程在流通领域内的继续。运输过程中，价值的创造主要包括两方面：一方面，运输劳动将消耗掉的运输工具的价值转移到运输的商品上；另一方面，通过自身的运输劳动给商品增加新的价值。随着运输产业的发展，社会上又出现了一个新的身份——运输资本家，但是与商业资本家不同，运输资本家雇佣的劳动是能够创造价值的，并且还能给运输资本家创造剩余价值。

老王：原来如此。如果单纯地搞运输会不会单调一点，或许我们还可以建一些储藏室等增加收入来源，只是不知道这能不能帮助咱们村创造价值呢?

马老师：当然可以，保管、储藏等劳动尽管是非物化形式的劳动，但同运输劳动一样，也能够创造价值。

小张：社会再生产是生产过程和流通过程的统一，从生产过程开始，经过流通过程，最后到达消费过程，继而开展新一轮的周转，周而复始地进行下去。从价值增值的角度看，流通时间的存在不仅不能使价值增值，反而会对价值增值有一定的限制。商品的价值虽不在流通中产生，却在流通中实现。首先，要生产出剩余价值，就必须先在流通领域购买到生产资料；其次，使用价值生产出来以后，必须要在流通领域才能实现其价值，因此交通运输业既是社会再生产的中间环节，也是“社会再生产的一般条件之一”。

马老师：具体来说，商品的价值和使用价值是对立统一的，商品对生产者来说具有价值，对消费者来说具有使用价值。因此，商品的交换和流通就具有双重经济目的，即商品的价值与使用价值同时实现。社会分工的发展，使得商品的生产与消费往往不在同一个时空内，商品使用价值的实现一般不在商品产地，也不在交易场所，而是在消费过程中。因此，要实现商品的使用价值，必须得完成商品空间位置的转移，而这个转移过程恰恰是通过交通运输实现的。没有交通运输，商品就不能完成从生产领域到消费领域的空间位移，商品的使用价值不能实现，那么商品的价值也就不能实现，最终就会导致整个流通过程的中断。

村支书：嗯，今天的收获还真不小，既收获了知识，又对今后咱们村的发展方向有了大体的规划。发展储藏、运输对我们来讲确实是有百利而无一害，那同志们，咱们以后就撸起袖子加油干吧，将我们村的美好蓝图描绘到底。

马老师：对了，现在各大卫视都有对“一带一路”的专访，更有相关的视频，我们要想借“一带一路”的东风搞发展，还需要对其做进一步的了解。好了，还有半小时又到“一带一路”讲解时间了，我得赶紧回去了。

村支书：马老师说得对，好了，各位都回家吧，有时间就尽量多了解一下“一带一路”的相关内容，我们改天再探讨这个问题，我们要学习的新东西还真不少哩！

…… ……

以“政策沟通、设施联通、贸易畅通、资金融通、民心相通”为主要内容的“五通”建设是“一带一路”建设的重要抓手。其中，设施联通是“一带一路”优先合作方向，其重点是建设基础交通设施，为交通运输提供有力保障。《资本论》中蕴含的运输理论，对于“一带一路”中“五通”建设具有重要的指导意义，能促使其以点带面、从线到片，逐步形成区域大合作，使“一带一路”建设逐渐从理念转化为行动，从愿景转变为现实。

“一带一路”自实施以来，受到社会各界的关注，国内重要的访谈节目几乎都对其做了讲解，《焦点访谈》《远方的家》《开讲啦》，以及CCTV官网有多期都涉及该内容，其中《开讲啦》节目已经走进了德国、匈牙利等多个国家，CCTV官网曾录制纪录片《一带一路》六集，其中第二集“互通之路”便是对设施互联互通的记录。

在一档访谈节目中，关于设施互联互通，嘉宾魏教授给出了这样的讲解：

主持人：设施互联互通是促进沿线国家经济发展、造福广大民众、提升地区福祉的重要支撑，是实现务实合作、互利共赢的重要依托，同时也是交通运输发展的首要条件。那么魏教授，当前的互联互通建设处在什么状态呢？

魏教授：设施互联互通是“一带一路”建设的重要基础和优先合作领域，作为国际合作的新亮点和黏合剂，“一带一路”建设以来，已有100多个国家和国际组织积极响应支持，加强交通、能源、通信等基础设施领域规划建设，推动一大批重大合作项目建设，为交通运输的发展提供了保证。

主持人：好的魏教授，那么您认为在设施互通建设过程中，应该注意哪些方面的因素呢？

魏教授：要实现设施互联互通的构想，就必须借助现代工程技术和现代交通设施建设，突破地理、国界的限制，打通经济交流和贸易发展的道路。当然，要构建全方位、多层次、复合型的设施网络，实现亚欧非大陆及附近海洋互联互通的“一带一路”构想，既要实现“软联通”，也要实现“硬联通”。

主持人：何为“软联通”呢？

魏教授：“软联通”是设施联通的前提，中国已经同很多国家达成了“一带一路”合作协议，包括建设规划、法规体系、质量技术、检验检疫等软件联通。

主持人：请魏教授给我们做一下简单的介绍吧。

魏教授：那我就分别说一下这几方面的内容吧。

在建设规划对接方面，中国与“一带一路”沿线国家通过达成基础设施互联互通的合作协议，来推动“一带一路”建设项目的实施，如中国通过与欧盟委员会签署谅解备忘录来启动中欧互联互通平台合作；中国同老挝、缅甸和泰国共同编制《澜沧江—湄公河国际航运发展规划（2015—2025年）》，来促进航运的发展。建设规划对接是实现设施联通的第一步，在其成功对接之前，其他计划都将寸步难行。

在法规体系对接方面，中国与“一带一路”沿线15个国家签署了包括《上海合作组织成员国政府间国际道路运输便利化协定》《关于沿亚洲公路网国际道路运输政府间协定》在内的16个双多边运输便利化协定，启动《大湄公河次区域便利货物及人员跨境运输协定》便利化措施，通过73个陆上口岸开通了356条国际道路运输线路。与“一带一路”沿线47个国家签署了38个双边和区域海运协定，与62个国家签订了双边政府间航空运输协定，民航直航已通达43个国家。中国政府有关部门还发布了《关于贯彻落实“一带一路”倡议，加快推进国际道路运输便利化的意见》，推动各国互联互通法规和体系对接，增进“软联通”。

在质量技术衔接方面，中国在尊重相关方文化基础上，逐步完成与“一带一路”沿线国家在标准、计量和认证认可体系等方面的衔接。中国政府发布的《标准联通“一带一路”行动计划（2015—2017年）》《共同推动认证认可服务“一带一路”建设的愿景与行动》《“一带一路”计量合作愿景和行动》等文件，推进认证认可和标准体系对接，共同制定国际标准和认证认可规则，努力促进计量标准“一次测试、一张证书、全球互认”，推动认证认可和检验检疫“一个标准、一张证书、区域通行”。

主持人：确实是，若以上这几方面不能达成协议，即便有再好的硬件设施也不可能完成互联互通。

魏教授：就比如说，要组装出一台机器，需要很多的螺栓与螺母配套结合使用以维持机器的稳固性。如果我们使用的螺母直径标准是2厘米，那么就需要与之相适应的螺栓。但是其他国家的螺母直径标准有的是2.2厘米，有的是1.8厘米，这样的话，即使我们的螺栓再怎么标准，都不可能与其他国家的螺母配套使用，因此，“软联通”可谓是“硬联通”的前提。

主持人：那“硬联通”呢？是不是就是实实在在，能看得见、摸得着的设施呢？

魏教授：也可以这样理解。“硬联通”是实现设施联通的基础，主要包括交通设施、能源设施、信息网络等硬件联通方面。四年以来，我国与“一带一路”沿线国家已经在这些项目上取得了辉煌的成就。

在交通设施方面，中老铁路、匈塞铁路、中俄高铁、印尼雅万高铁、巴基斯坦白沙瓦至卡拉奇高速公路、中巴喀喇昆仑公路二期升级改造、比雷埃夫斯港、汉班托塔港、瓜达尔港等标志性项目建设取得进展。埃塞俄比亚的亚的斯亚贝巴—吉布提铁路建成通车，这是非洲第一条跨国电气化铁路。哈萨克斯坦南北大通道TKU公路、白俄罗斯铁路电气化改造，以及中国企业在乌兹别克斯坦、塔吉克斯坦实施的铁路隧道等项目，将有效提升所在国运输能力。中国愿与有关国家一道，继续打造连接亚洲各次区域以及亚非欧之间的交通基础设施网络，提升互联互通水平和区域、次区域物流运输效率。

在能源设施方面，中国积极推动与相关国家的能源互联互通合作，推进油气、电力等能源基础设施建设，与相关国家共同维护跨境油气管网安全运营，促进国家和地区之间的能源资源优化配置。中俄原油管道、中国—中亚天然气管道A/B/C线保持稳定运营，中国—中亚天然气管道D线和中俄天然气管道东线相继开工，中巴经济走廊确定的16项能源领域优先实施项目已有8项启动建设。中国与俄罗斯、老挝、缅甸、越南等周边国家开展跨境电力贸易，中巴经济走廊、大湄公河次区域等区域电力合作取得实质性进展，合作机制不断完善。中国企业积极参与“一带一路”沿线国家电力资源开发和电网建设改造，中兴能源巴基斯坦QA光伏发电项目建成后将成为全球规模最大的单体光伏发电项目，吉尔吉斯斯坦“达特卡—克明”输变电、老挝胡埃兰潘格雷河水电站、巴基斯坦卡洛特水电站等项目都有助于缓解当地电力不足的矛盾。

在信息网络方面，由于很多沿线国家信息化水平较低，发展不平衡，数字鸿沟形势严峻，因此，中国遵照内外统筹、硬软搭配、建用衔接、援商协调的原则与“一带一路”沿线国家共同推进信息网络建设。截至2016年年底，中国通过国际海缆可连接美洲、东北亚、东南亚、南亚、大洋洲、中东、北非和欧洲地区，通过国际陆缆可连接俄罗斯、蒙古国、哈萨克斯坦、吉尔吉斯斯坦、塔吉克斯坦、越南、老挝、缅甸、尼泊尔、印度等国，延伸覆盖中亚、东南亚、北欧地区。中国政府有关部门还与土耳其、波兰、沙特阿拉伯等国机构签署了《关于加强“网上丝绸之路”建设合作促进信息互联互通的谅解备忘录》，推动互联网和信息技术、信息经济等领域合作。

主持人：“一带一路”建设取得的成就令人瞩目，而取得的成就越大，世界各国的联系就越紧密，世界各国就越发能够感受到我们同住“地球村”的亲密性。那么魏教授，尽管取得了如此辉煌的成就，但是不可否认，在建设过程中也存在一些问题，您能介绍一下吗？

魏教授：任何事情的成功背后都有诉不尽的波折，更何况“设施互联互通”这样的世界性大项目，更不可能一蹴而就。当前面临的困难主要体现在以下两个方面：

一是“一带一路”沿线各国设施建设滞后、质量参差不齐。“一带一路”涵盖65个国家和地区，是前所未有的跨区域合作构想，而沿线多数国家为内陆、欠发达经济体，基础设施严重不足、区域联通水平低、制度不对接等都严重制约区域经济和经贸发展。特别是各国、各次区域经济发展目标不同，设施建设规划繁多，技术标准不统一，制度性壁垒错综复杂，成为交通运输的重要阻碍。此外，我国推进基础设施联通的机制建设进展不均衡。与周边国家双边合作进展较快，而在区域和跨区域等多边合作机制建设上进展相对较慢；政府间合作大多以备忘录方式推进，缺乏具有约束力的协议等制度安排；投融资机制尚不完善等。破解这些难题，亟须建立健全合作机制，以提升“一带一路”设施联通合作的深度和实效，这不仅有助于沿线国家整合各方力量和资源，降低未来建设、运营和便利化合作中的政策性风险，更有助于缓解现有次区域设施联通合作机制相对封闭、标准不统一、规则难以整合等现实难题。

二是基础设施建设和联通便捷度不高，既难以满足经济发展需要，又大大影响跨境交通运输规模与效率。为了刺激经济加快复苏，各国将基础设施升级作为撬动经济增长的新动力，确立为复苏发展的优先领域，这对资金供给提出了较高的需求。世界银行研究认为，2016—2030年全球基础设施建设投资需求约49万亿美元，每年预计需要投入3.3万亿美元，这对中国以及“一带一路”沿线各国来说是个巨大的挑战。

主持人：正如马克思所说，“只有不畏劳苦沿着陡峭山路攀登的人，才有希望达到光辉的顶点”。马克思主义思想指引着我国建设的方方面面，那在“一带一路”建设过程中，是否也体现了马克思的相关理论呢？

魏教授：这当然有了。我们为何要让设施实现互联互通，很显然不是用来看的，而是为交通运输的顺畅提供保障，为什么呢？关于运输，马克思明确强调，尽管运输创造不出实体的物，但是这种劳动能够创造价值，尤其是在经济全球化的今天，运输已经发展成为一个独立的产业，对经济的发展有着举足轻重的作用。

主持人：相信这一点，我们在场的每一位都已经切身感受到了，现在的物流公司如雨后春笋，如日中天，快递物流已经成了城市的一道亮丽的风景线。

魏教授：良好的交通基础设施可以促进各种生产要素的自由流动，带动“一带一路”沿线国家及地区的经济发展。因此，我们必须以马克思的交通运输创造价值、社会再生产理论为指导，紧抓“一带一路”发展机遇，推进设施互联互通，搭建中国与“一带一路”沿线各国的桥梁，这不仅契合全球基础设施建设的迫切需要，还有助于搭建有效的沟通合作平台，解决瓶颈问题。

主持人：那我们应该如何破解这些瓶颈问题呢？

魏教授：首先，推进基础设施建设，扎实走好第一步。“一带一路”的公路、铁路基础设施比较薄弱，运输能力较低。在公路方面，存在着口岸公路条件差、等级水平低的问题，在“一带一路”的国内段，口岸公路主要是二级、三级及以下等级的公路，国外段也普遍存在相同的问题。在铁路方面，尽管我国有8个铁路口岸，但是客运和货运一般都集中在满洲里、阿拉山口、二连浩特、绥芬河四个口岸，交通运输极不便利。

因此，要实现互联互通，首先要从公路和铁路两个方面推进。公路运输方面，加快推进国家高速公路与重要边境口岸的建设，打通与中亚、南亚、东南亚的陆上运输通道，逐步形成国际运输通道。铁路运输方面，推进各国签订《国际道路运输便利化协定》，加快中国与中亚国家及其邻国的铁路运输建设，例如中国—吉尔吉斯斯坦—乌兹别克斯坦铁路以及中国—巴基斯坦铁路，强化已有的通道，加快推进国内段线路的电气化改造，大力推动交通运输的发展。

其次，西部地区要积极响应国家政策，推进交通“走出去”。“一带一路”主要是开放我国的中西部地区，形成向西开放的格局，面向的是发展中国家。而我国的中西部地区属于欠发达地区，自身发展能力较差，交通基础设施建设薄弱，尤其是口岸建设落后，这将会阻碍“一带一路”向西开放的进展。因此，西部地区必须紧抓“一带一路”战略的发展机遇，积极争取国家政策的支持，充分利用国家丝路基金、亚洲基础设施投资银行等资金，加快交通基础设施的建设。充分发挥地理区位优势，积极推进交通“走出去”，加快建设我国与中亚、西亚、南亚、欧洲以及非洲的铁路、公路、海运等全方位的综合交通运输网络。

最后，加强国际运输合作，不断完善运输机制。“一带一路”沿线国家及地区的国际运输水平较低。一方面，我国与周边一些国家还没有实现口岸监管互认，经过其他国家的口岸通关时，手续办理过程较为复杂，这都将导致货物滞留，增加货物的运输成本。因此，应当加快制定“一带一路”跨国交通运输规划，与周边国家在监管互认、执法互助、信息互换等方面达成协议。另一方面，我国的运输在国外缺少法律的保障，使得我国与周边国家签订的运输协定不能够很好地落实，且合作水平普遍较低。因此，我国应当完善交通运输机制，充分利用上海合作组织、中国—东盟自由贸易区等合作机制，加强与周边国家在铁路、公路、海运、航空、口岸便利运输等方面的合作，在此基础上，进一步加强与其他国家在经济、文化等各方面的交流，提升与周边国家的运输合作水平，使不同国家间的交通运输趋向便利化。

主持人：嗯，好的，今天听了您的讲解，受益匪浅，期待与您的下次合作，谢谢。

魏教授：不客气，下次再见。

（二）坐坐我们的“复兴号”

明天是小王的结婚日，还在忙碌中的小王突然接到了好朋友小李的来电。

小李：小王呀，真是不好意思，明天上午老板突然安排给我一个小任务，我可能去不了你的婚礼现场了，怎么办？

小王：你大约几点能完成那个任务呢？

小李：十点多吧。

小王：不晚，来得及，现在的高铁那么快，一个小时就能到，我的婚礼十二点才开始，不用着急。

小李：是吗？那太好了，这样既可以完成任务，又可以参加你的婚礼了。

小王：嗯，对！

挂断电话，小王的父亲感慨道：“现在的交通运输太方便了，在之前，若有这种事，我们都得提前两天出发才不会耽误行程。”小王说：“这都是科技发展的结果，我们每个人都是受益者。”

铁路是国家重要的基础设施、国民经济的大动脉和大众化的交通工具，是综合交通运输体系的“骨干”，在推动我国经济社会又好又快发展中发挥着重要作用。目前，我国的高速铁路发展迅速，取得了举世瞩目的成就。从里程上讲，我国高铁在全世界已经遥遥领先；从速度上讲，武广、郑西和沪杭高铁曾有时速350千米，是世界高铁实际运营的最高纪录。同时，380AL创造的时速486.1千米、380BL创造的时速487.3千米是实际运营车辆的最高纪录。我国高铁之所以能够取得如此成就，关键还在于技术的成功突破。

图61　“复兴号”列车

2018年10月23日，港珠澳大桥开通仪式在广东珠海举行。习近平出席仪式并宣布大桥正式开通，港珠澳大桥作为“一国两制”框架下、粤港澳三地首次合作建设的超大型跨海交通工程，跨越伶仃洋，东接香港，西接广东珠海和澳门，将珠海、澳门陆路前往香港的平均出行时间从3小时缩短为45分钟。港珠澳大桥全长约55千米，采用桥岛隧组合方案，是目前世界上最长的跨海大桥，也是世界建设史上技术最复杂、施工难度最大、工程规模最庞大的桥梁。港珠澳大桥被英国《卫报》誉为“新世界七大奇迹”之一，留下了一项项震撼人心的世界纪录：拥有世界最长的沉管海底隧道；使用寿命比目前世界跨海大桥普遍使用寿命多出20年；有世界上最大断面的公路隧道。更有人评价，它是桥梁界的“珠穆朗玛峰”。

图62　港珠澳大桥

科学技术能够推动生产力的发展，马克思早在百年前就已经意识到了这一点，他研究了当时自然科学和技术发展的水平和最新成果，论证了科学技术与劳动生产力之间的关系，进而阐释了劳动生产力与商品价值量之间变动的关系。马克思把社会经济形态的发展看成是“一种自然史的过程”[①]，认为社会历史的发展同自然界一样，有其不以人们意志为转移的客观规律。既然社会发展是有规律的，那么发展起点该从何开始呢？生产力决定生产关系，起点自然应该从生产力开始，马克思明确指出“生产力中也包括科学”，[②]由此出发，马克思进一步把技术的发展看成是社会经济发展的催化剂。

那么，《资本论》中有哪些关于科技的理论呢？我们不妨通过王老师精心准备的这节课，领悟一下其中蕴含的道理。

王老师：科技发展让我们的生活日新月异，马克思生活在那个没有彩色电视、电话、高铁的年代，他的思想还能够指引我们今日的科技发展吗？很多人认为马克思主义思想已经过时，这是不对的。上节课我让你们课后搜集这方面的资料，相信你们已经完成这个任务了。班长，你先做一下总体概括吧。

班长：好的，王老师。《资本论》共三卷，分别研究资本的生产过程、资本的流通过程、资本主义生产的总过程。在这三卷中，出现有关“技术”的字眼共207处，其中第一卷《马克思恩格斯全集》第44卷共出现106处，第二卷《马克思恩格斯全集》第45卷共出现25处，第三卷《马克思恩格斯全集》第46卷共出

① 马克思：《资本论》(第1卷)，人民出版社2004年版，第10页。

② 《马克思恩格斯全集》(第46卷)，人民出版社1995年版，第211页。

现 76 处，[①]它就像一根红线贯穿于《资本论》全书之中。

王老师：班长果然细心，相信下了不少功夫呢。那马克思是怎样阐述科技的呢？你接着给大家说说。

班长：《资本论》中虽有多处涉及科技，但是，马克思并不是直接对“技术”二字进行阐述的，而是通过机器、工具、科学、资本、发明、劳动、技术基础等与技术相关联的各个方面来研究的。马克思常常以机器大生产为例来论述科学技术在生产上的应用。因为到了近代，机器生产不仅体现在科学技术同劳动资料的结合，而且还体现在劳动者劳动技能的提高上面，机器生产已经成为科学技术在生产应用上的典型代表。首先……

王老师：好好，你的作业完成得很出色，你先坐下吧，让其他同学也有一个表达的机会。

同学们都积极踊跃地举起了手，王老师开心地说，那咱们就从第一位同学开始吧，每人都有发言的机会。

学生A：“科学技术是生产力”，这是马克思的一个重要而基本的观点。马克思指出：“劳动生产力是由多种情况决定的，其中包括：工人的平均熟练程度，科学的发展水平和它在工艺上应用的程度，生产过程的社会结合，生产资料的规模和效能，以及自然条件。”[②]这是马克思把科学和技术列入生产力范围的明确论述。另外，在谈到资本的发展时，马克思认为生产力中也包括科学，并指出生产过程成了科学的应用，而科学反过来成了生产过

① 张笑茹：《论〈资本论〉中的技术思想及其现实价值》，《科学经济导刊》2017年第6期。

② 马克思：《资本论》(第1卷)，人民出版社2004年版，第53页。

程的因素。

学生B：马克思从科学技术的存在形态指出科学技术成为生产力，中间要经过一个转化过程。在他看来，科学以知识形态存在时还是一种潜在的生产力，当科学加入到生产过程中时，就变成技术的应用或改进，这种知识形态的生产力才会转化为直接的现实的生产力，人们只有努力促进这一转化，社会生产力才会有巨大的飞跃。

学生C：科学技术还是一种推动历史发展的革命力量。生产力是社会历史发展的最终决定力量，科学技术作为生产力，必然对社会的各个领域产生巨大的影响。正如马克思所说："蒸汽、电力和自动纺机甚至是比巴尔贝斯、拉斯拜尔和布朗基诸位公民更危险万分的革命家。"[①]（由于科技进步造成的失业，给工人带来的痛苦比资本家剥削更严重）马克思逝世后，恩格斯曾在《在马克思墓前的讲话》中说："在马克思看来，科学是一种在历史上起推动作用的、革命的力量。"

王老师：《资本论》中关于科技的内容确实非常多，若一直说这方面的内容，恐怕这节课的时间是不够用的。下面换一个问题，通过搜集相关资料，科学技术在生产中有哪些重大作用呢？

学生D：技术是革新或制造工具必备的重要因素。马克思在论述机器的作用时指出，自然科学与机器相互影响，正是机器把自然科学并入生产过程，进一步克服了手工工具的局限性，当然也同样对机器的制造产生重大影响。他提到，制造机器的材料改

① 《马克思恩格斯全集》(第12卷)，人民出版社1995年版，第3页。

变，使机器更加经久耐用，制造机器的技术上的改进（如用机器来大规模生产机器），使每台机器变得更加便宜；对旧机器进行特殊改造，使现有机器的使用更加有效。马克思接着指出："凡是使机器从而全部固定资本在一定生产期间内的损耗减少的事情，不仅会使单个商品变得便宜（因为每个商品都在它的价格中再现归它负担的损耗部分），而且会使这个期间内相应的资本支出减少"。[①]

学生E：科学技术能够促进资本周转。资本要实现增值，就要不停地、周而复始地循环下去，而技术对资本周转的影响主要在生产时间和流通时间两个方面。在生产时间方面，资本家主要通过技术的进步，如机器技术、协作技术等，使生产相同数量的产品耗用更少的时间，大大提升了资本在生产领域中的周转速度。比如，使用收割机、脱粒机会缩短谷物向商品的转化周期。在流通领域，技术进步最主要的作用是交通运输工具的不断改良减少了运输的时间，进而提高周转速度。例如，造船技术的进步提高了船速，缩短了航运时间，使资本的周转时间也大大缩短。因此，技术的进步大大提高了资本周转的速度。

学生F：技术能够促进不变资本的节约，主要体现在劳动资料和劳动对象的节约两方面。劳动资料的节约包括劳动工具、生产建筑物、交通工具等方面。技术的进步使机器、工具等逐步简化、优化，使大规模的机器生产和劳动社会化成为可能；劳动对象方面的节约主要指原材料方面，"不允许不合理地消费原料和

① 《马克思恩格斯全集》(第25卷)，人民出版社1995年版，第96页。

劳动资料…… 因为浪费了的原料或劳动资料是多耗费的物化劳动量，不能算数，不加入形成价值的产品中”。[1]从这一方面来说，节约原材料的关键除了使用好的原料，还有合理地利用废料，正如马克思所说：“原料的日益昂贵，自然成为废物利用的刺激……所谓的废料，几乎在每一种产业中都起着重要的作用”。[2]对于如何减少废料，马克思指出：“废料的减少，部分地要取决于所使用机器的质量。机器零件加工得越精确，抛光越好，机油、肥皂等物就越节省。这是就辅助材料而言……在生产过程中究竟有多大一部分原料变为废料，这要取决于所使用的机器和工具的质量。”[3]也就是说，劳动对象的节约既包括材料浪费的减少，也包括废料的重新利用。

学生G：科学技术的应用，能够促进生产组织和生产管理方式的变革。“生产资料决定生产组织”，正像有什么样的武器装备，便有什么样的军队编制和作战方式一样，有什么样的生产资料，便有什么样的劳动组织和劳动方式。原始时代的石斧骨耙，只能产生原始人群那样的生产组织和集体劳动方式；农业中只有耒耜这种生产工具的时代，就只能采用掘地为穴的播种方式，由于没有进一步深翻土地的工具，地表的土壤肥力消耗殆尽，就只能另觅新地，那时的农业因而表现为迁徙农业。与封建时代的铁器相对应的，必然是一家一户的生产方式；与资本主义大机器相伴而来的，则是近代的大工厂和广泛细致的分工协作。

①《马克思恩格斯全集》(第23卷)，人民出版社1995年版，第222页。

②《马克思恩格斯全集》(第25卷)，人民出版社1995年版，第117页。

③《马克思恩格斯全集》(第25卷)，人民出版社1995年版，第118—119页。

王老师：嗯，很好，那能不能举个现实生活中的例子呢？

学生H：第一次工业革命中技术的应用，使得单个资本家仅仅凭借自身的物力、财力根本无法满足社会化发展的需求，进而催生了股份公司。与之相适应，生产组织与管理方式均发生了相应的变化，社会发展取得了质的飞跃。正如马克思所说："假如必须等待积累去使某些单个资本增长到能够修建铁路的程度，那么恐怕直到今天世界上还没有铁路。但是，集中通过股份公司转瞬之间就把这件事完成了。"[①]因此，股份公司的出现也是技术长期发展的结果。

学生I：老师，我平时比较喜欢看历史，所以我想从时间的维度来谈谈科技在历史进步中产生的影响。

王老师：哈哈，可以可以，只要你能讲清楚、弄明白就好，但是一定要准确哦。

学生I：放心吧老师，那我要开始我的"演讲"了。

18世纪60年代，蒸汽机的发明带来了"第一次工业革命"，正式为科学技术推动社会生产力跨越式发展拉开了序幕。当时，蒸汽机首先被应用于棉纺织工业，蒸汽技术革命使社会生产力得到巨大发展，使英国工人的劳动生产效率提高了20倍，并且以机器为基础的工厂逐渐代替了手工工场，这大大提升了英国棉纺织工业的竞争力，棉纺织工业因此成为英国经济的核心和"领头羊"，让英国一跃而成为世界上最发达的国家，一改之前"先进的欧洲，落后的英伦三岛"的局面。

① 《马克思恩格斯全集》(第23卷)，人民出版社1995年版，第688页。

19世纪70年代，以电磁学为理论前提，以电力的发明和广泛应用，以及内燃机的应用为标志，迎来了历史上的“第二次技术革命”，例如汽车、飞机、无线电的广泛使用，逐渐实现了生产方式从蒸汽传统到电气传统的改变，创造出比蒸汽机时代更强大的生产力。电力工业系统的建立，带来工业电气化，使得法、德等国家迅速崛起。

20世纪40年代以后，由于原子能、电子计算机和空间技术的发展，出现了意义更为深远的“第三次技术革命”，也就是现代技术革命，以电子技术的异军突起为主要标志，生产方式逐渐走向自动化。特别是20世纪70年代以后，进入新技术革命阶段，微电子信息技术的发展与生物技术的突破，以及材料、激光、遥感、海洋、人工智能、多媒体信息技术等领域的长足发展，极大地促进了世界各国经济的发展，美国、日本、德国尤为明显。

学生J：对于这段时间的科技影响，我要补充一点内容。这段时期内，生产模式还表现为现代科学、技术和生产密切结合，出现了三者一体化的趋势。过去，科学、技术和生产三者的发展往往是分离的，或是科研成果要经过很长的时间才能运用到生产中去，或是技术革命后相当长时间才能得到科学理论的概括。第二次世界大战后，科学上的进步很快就转化为强大的技术力量，转化为直接的生产力，涌现出众多的新工艺、新产品、新部门。据分析，科学技术的成果从发现到发明再到实际应用所经历的平均时间，20世纪初为35年，第二次世界大战前为18年，第二次世界大战后为9年，科学技术的应用越来越迅速，越来越成熟。

好了，I同学，你可以继续你的演讲了，哈哈……

学生I：多谢刚才J同学的补充，我继续介绍后面一段时期。

20世纪80年代以来，发展高科技及其产业已经成为一股世界性潮流。参加到高科技及其产业竞争行列的国家越来越多，不仅发达国家，许多发展中国家也都越来越重视高科技及其产业的发展。因此，高科技的发展水平已经成为一个国家综合国力的主要因素，成为衡量一个国家发达与否的重要标志，建设创新型国家正成为越来越多国家的战略目标。

21世纪，以知识为基础的经济增长将成为经济发展越来越重要的模式。现在，科学技术已经成为现代社会经济特点和趋势的决定性力量，成为国家和民族兴盛的关键。人类社会从“农业社会”逐步发展到“手工业时代”“蒸汽时代”“电力时代”“工业社会”及“信息社会”，每一次变迁都具有重大影响。

党的十八大以来，我国在科技方面取得的成就数不胜数，如“慧眼号”卫星遨游太空、C919大型客机飞上蓝天、量子计算机研制成功、首艘国产航母山东舰完成一系列海上试验训练项目、“海翼号”深海滑翔机完成深海观测、自主研发的“海龙11000”万米级无人潜水器深水试验成功……

图63 “慧眼号”卫星遨游太空

图64 C919大型客机

图65　国产航母

图66　“海翼号”深海滑翔机

图67 “海龙11000”万米级无人潜水器

王老师：同学们今天的表现实在太棒了，把我想谈的大部分内容都讲出来了，那最后我就谈一下自己的体会，算是最后的总结吧。马克思说“科学技术是生产力”，相信这节课后我们的体会更深刻了。邓小平同志也曾讲“科学技术是第一生产力”，这个伟大论断既来自于邓小平同志长期从事革命和社会主义建设实践以及他对马克思主义科学技术观的深刻理解，又来自于科学技术在我国现代化建设中所起的作用日益突出的明显事实，还来自于他对当代科学技术发展状况和特点的深刻洞察以及在全球经济增长和各国间综合国力竞争中所占突出位置的深刻把握。今天，依旧是科学技术引领潮流的时代，只有深入研究科学技术在各个领域中的应用，才能紧跟时代的步伐，才能避免“落后就要挨打”的结果。

在一片掌声中，这节课愉快地结束了。

二、不在“潮流”中掉队

——《资本论》在供给侧结构性改革与金融创新中的应用

有这样一则笑话，孙子着急出去玩，可是正在做饭的奶奶却不答应，要求孙子必须先吃饭。孙子不肯吃饭，大声嚷嚷道：“奶奶，我着急去‘斗地主’，您就让我去吧。”正在做饭的奶奶慌忙从厨房里出来，问道：“在哪里斗？”孙子说：“就在你们经常聊天的大槐树下。”奶奶说：“等我一下。”然后拿起一根棍子就要跟着孙子一起去“斗地主”，孙子急忙解释：“奶奶，我们是用扑克牌‘斗地主’，是一种游戏……”这虽是一则笑话，却能够引起人们的深思，奶奶与孙子年龄相差不过40岁，“斗地主”的含义却完全不同。短短的几十年，我国经历了巨大的变化，从大梁自行车到摩托车，到电动车、汽车，再到电动汽车；从座机到“大哥大”，再到现在的智能手机，有多少事物在潮流的推进中一闪而过，又有多少新鲜事物崭露头角。潮流就像龙卷风来得快，去得也快，怎样才能不被龙卷风湮没？唯有不在“潮流”中掉队。

（一）三百六十行，行行供给需改革

20世纪50年代至80年代，由于自然灾害和经济困难导致粮食缺乏，需要有计划地分配粮食，于是便出现了粮票、食用油票、布票等各种票证。据统计，中国的粮票种类数量有“世界之最”之

称，全国各省、市、县、镇、乡都发放和使用了各种粮票。在那个时代，吃饭要粮票，吸烟要烟票，喝酒要酒票，就连买一盒火柴也要用火柴票，即使你有钱，但没票证，就什么东西也买不到。“票证经济”曾影响了我国几代老百姓的生活，那是一段凭票过生活的年代，也是靠粮票、布票过日子的计划经济时代。

图68　粮票

改革开放以后，创业热潮此起彼伏，各种国有、私营等各类大中小企业开始纷纷出现，产品在种类、数量方面逐渐增多，琳琅满目的市场商品让人眼花缭乱，渐渐地，人们进入似乎买什么东西都可以“货比三家”的时代，当然价格仍是产品之间竞争的最关键因素。

如今，时代和经济发展的高速列车又将人们带入了追求高品位物质和精神产品的新时代。在购物过程中，价格不再是人们关注的重点，而是商品的质量。可是长期以来，厂商已经习惯了采用价格优势赢得市场，对产品的质量关注不够，导致低质量产品大量充斥市场，挤占了创新型、高质量产品的市场份额。“中国制造”的马桶盖在日本遭到中国游客疯狂抢购的事件就是这个问题的真实写照。为了满足消费者的需求，我国开始实施供给侧结构性改革战略，旨在解决市场上出现的高端供给不足、低端供给过剩的供需不平衡问题。

2016年5月，是Z党校一年一度博士生面试的时间，政治经济学是党校的热门专业，今年如往常一样，报考政治经济学的学生依旧很多，按照3∶1的比例进入面试的同学们在门外等候面试。“《资本论》不能将其当作纯粹的理论来学习，而应该与实践相结合，在实践中检验，并指导实践。”李老师语重心长地说。在他看来，理论与实践相结合的能力更重要。

李老师：恭喜三位优秀学子能够进入面试，希望各位能够充分发挥你们的能力，走到最后，争取这唯一的名额。

三位博士生纷纷谢过李老师，等待着老师的面试题目。

李老师：在2015年11月10日召开的中央财经领导小组第十一次会议上，习近平总书记提出了“供给侧结构性改革”概念：“在适度扩大总需求的同时，着力加强供给侧结构性改革，着力提高供给体系质量和效率，增强经济持续增长动力。”在《资本论》这部百科全书里，尽管没有直接提到供给侧改革的理论，但是其中的社会必要劳动时间、人力资本思想、社会再生产理论等均对供给侧结构性改革有明显的指导意义。请你们分别解释一下这三方面的原理对供给侧结构性改革有哪些方面的启示。为了公平与节约时间，你们三位抽签，抽到哪个问题就回答哪个吧。

抽签结果是学生L抽到社会必要劳动时间，学生S抽到人力资本思想，学生Z抽到社会再生产理论，每人有20分钟准备时间。

…… ……

20分钟后，学生L走进面试教室。

L：劳动价值论是这样表述的："每个商品的价值都是由物化在该商品的使用价值的劳动的量决定的，是由生产该商品的社会必要劳动时间决定的。"[①] 社会必要劳动时间是指"在现有社会正常的生产条件下，在社会平均的劳动熟练程度和强度下，制造某种使用价值所需要的劳动时间"。现有的正常的生产条件是指：绝大多数生产部门在生产产品过程中已经达到的技术装备水平。就是说，假如生产条件分为优等、中等、劣等三个水平，若优等生产条件下生产的商品占多数，社会必要劳动时间就由优等条件下生产相同产品所耗费的劳动时间决定。在这种情况下，技术水平落后的劣等企业就会破产或者被淘汰，中等企业在改进技术并逐渐达到优等企业水平后，整个社会的生产率便会普遍提高。为了追求更高的利润，一些先进企业再次进行创新，提高生产技术水平，社会再次出现优等、中等、劣等企业的划分，以此形成良性循环；若劣等生产条件下生产的商品价值量最大，社会必要劳动时间由劣等条件下生产相同产品所耗费的劳动时间决定。这样一来，即使技术水平最低的企业也会赚钱，因此便无动力去改革创新，而对于优等企业来说，由于其超额利润一直存在，因此也无动力去提高技术水平，对社会的进步是非常不

① 马克思：《资本论》(第1卷)，人民出版社2004年版，第218页。

利的。

李老师：这是最基本的理论，那与供给侧结构性改革有什么联系呢？

L：市场经济条件下，“利润”是企业的核心，所有的活动都围绕利润进行开展。而利润能否实现，就看商品能否售出以实现自身的价值。马克思曾鲜明地指出，商品价值能否全部实现取决于该商品所耗费的劳动时间与社会必要劳动时间的关系，若是小于社会必要劳动时间，就会带来超额利润，若是大于社会必要劳动时间则其价值就不能被社会完全接受，也就是说商品的价值不能够完全实现。在当前供给侧结构性改革的推进热潮中，企业更应当深刻理解社会必要劳动时间对产品价值实现的决定作用，应当加大科研和创新投入，提升自身的技术水平，让自己处于优等生产水平的行业前列，赚取超额利润，这对企业的生产与创新有重要的指引作用。

李老师：在16世纪的英国，因为黄金储量紧张，只能在新制造的金币中掺入一些其他金属，于是市场上就出现了两种金币，一种是之前不掺杂质的金币，一种是掺入了杂质的金币。这样一来，人们便都开始收藏不掺杂质的良币，而使用掺入杂质的劣币。时间一长，市场上流通的就只有劣币了，良币全部退出了流通，这就是“劣币驱逐良币”的由来，这个现象被英国经济学家格雷欣发现，后来演变成了格雷欣法则。那么问题出现了，为何生产力水平不断提高，但商品生产却没能一直良性循环下去呢？

L：当社会必要劳动时间由优等生产条件下生产相同商品耗

费的劳动时间决定时，固然对社会进步有利，但也不能忽略另一个重要问题，当生产条件处于劣等的企业发现自己的商品价值不能被社会全部认同，面对被淘汰的危险时，这些企业便会用“妙招”来救急，即用假冒伪劣产品来代替正品，然后打着“亏本甩卖”的旗号，逐渐走进市场。他们所谓的“正品”所耗费的时间要远小于社会必要劳动时间，赚取的利润额甚至超过了优等生产水平企业，“恰到好处”地利用了社会必要劳动时间这个概念。久而久之，类似的企业越来越多，即便原先生产水平优等的企业也在这场“劳动时间战”中惨败，于是他们也开始采用相同的方式，重新进军市场。而原先劣等生产水平的企业为了能够继续生存，便继续偷工减料，由于当时的经济水平较低，价格确实可以影响商品价值的实现，随着大量资本投入该部门，企业进行盲目扩大再生产，这样市场上的商品也出现了类似“劣币驱逐良币”的现象。大量假冒伪劣和低质量商品充斥市场，在动摇消费者的购买信心的同时，也造成了资源的大量浪费。

李老师：嗯，你能从这个角度来解释这个问题，很新颖，也很有道理。当前，在我国经济“新常态”下，劣质产品“霸占”市场份额的问题越来越突出，供给侧结构性改革迫在眉睫。面对市场上“琳琅满目”的假货，我国消费者的消费需求严重外溢，去购买国外的“中国制造”商品，那怎样才能重新进行资源配置，让被逐走的“良币”重新回来呢？

L：据统计，我国出口产品的合格率接近100%，这就说明我国完全有能力生产高质量的产品。因此，我认为最重要的就是管控好“无效投资”，坚决杜绝资源的浪费。有效投资是经济短期和长期增长的关键，马克思曾将商品的售卖环节比喻为“惊险的跳跃”，在我国经济发展还不充分不平衡的时候，相对于“假货”而言，“正品”却更多地品尝到了“惊险的跳跃”的滋味。今天，人们对产品质量的要求逐步提升，劣质产品开始体验“惊险的跳跃”，商品销售不出去，形成大量积压，即便百试不爽的“价格战”也显得“有心无力”。但是，由于长期以来大部分企业都处于产业链的底端，以赚取手工费为主，没有核心竞争力，没有技术创新，为了能够继续生存，他们只能不断地扩大再生产，“走原来的路”，因为他们相信“船到桥头自然直”，即便现在商品出售情况不乐观，但总会有“柳暗花明”的一天。这样一来，新一轮的无效投资不但无法增加消费者的自信，反而会造成资源的新的大量浪费。因此，政府应当大力支持技术创新企业的发展，引导资金向该领域流动，在该产品进入市场初期，给予资金支持，使其快速打开市场，逐渐拉回消费者的消费信心。

李老师：嗯，回答得很全面，也很有自己的想法，你先休息一会儿吧，请叫一下后面的同学。

学生L谢过老师之后，便离开了。稍后，学生S走进面试教室。

…… ……

李老师：《资本论》早在一百多年前就指出未来社会的发展目标是人的自由全面发展，但是长期以来，经济的发展不断将“物质”“金钱”推到至高无上的位置。随着知识经济时代的到来，人才成为推动经济发展的主要驱动力，因此企业的管理实践开始向“以人为本”回归，关注人才对企业发展的影响。我们都知道，要实现产业升级，其核心因素只能是人。因此，请你结合《资本论》中有关人力资本的思想谈一下对供给侧结构性改革推进的意义。

S：虽然《资本论》中未直接阐述人力资本理论，但是剩余价值理论、劳动价值、劳动者权利中都蕴含着人力资本思想，今天我主要从这三方面来阐述其中的人力资本思想对供给侧改革的指导意义。

李老师：嗯，很好，请详细展开你的论述。

S：首先，剩余价值对人力资本的影响。马克思曾将生产过程中的资本区分为不变资本与可变资本，其中不变资本是指资本家用来购买生产资料的那部分资本，在生产过程中，只有价值的转移而没有发生价值的增值；可变资本是资本家用来购买劳动力的那部分资本，在生产过程中，劳动力的使用价值被消费，其结果是这种劳动不仅创造出补偿劳动力价值的那部分价值，而且能创造出剩余价值，实现了价值增值。这也解释了货币之所以能够转变为资本的原因，就是因为购买了劳动力这种具有特殊使用价值的商品。

上述关于可变资本的相关论述，包含着丰富的人力资本思想。目前，我国企业的用工成本越来越高，但是用人的高成本却没能带来生产的高效率。据统计，我国劳动生产率在世界范围内是普遍偏低的，相当于美国的1/12、日本的1/11。反之，用人成本则大幅度上升，2005年中国劳动力成本是美国的22%，2010年是美国劳动力成本的31%，而到了2015年中国的劳动力成本已经达到了美国的60%，人力成本增长速度令人瞠目。

李老师：在你看来，劳动力成本增速远超出生产效率增速的原因是什么呢？

S：劳动力成本增速远大于生产率增速，有一个重要的原因就是形式主义严重。许多员工的工作根本不能创造价值，或者“在其位，不谋其政”，这种现象在国有企业尤为常见，严重约束企业的发展。近年来，我国进行了力度较大的国有企业改革，尽管已经取得了较大的成效，但不能说这种现象就已经不存在了。企业在今后的改革中，管理者应当充分领悟劳动力能够带来价值增值的深刻内涵，进而实现从传统的“管理人”向“开发人”“影响人”转变，始终把“选择好、培养好、使用好”人才作为衡量工作的重要指标，研究员工的心理需要，发掘员工的内在潜能，将提升劳动效率作为出发点与目的，让在职员工“在其位，谋其政”，创造出尽可能多的能够让社会分享的“剩余劳动价值”，提高整个社会的生产效率。

李老师：嗯，理解角度也不错。

S：其次，劳动力价值对人力资本的影响。在劳动价值论中，马克思将劳动力的价值分成三个部分。一是维持工人自身正常生活所必需的生活资料的价值，如食物、衣服、燃料、住房等。二是养活工人家属、子女所必需的生活资料的价值。工人总有一天会丧失劳动能力乃至死亡，必须有新的劳动力来补充，因此，劳动力的价值也包括工人子女的生活资料。三是劳动力的教育费用，即劳动者为了提升自身素质，接受教育、培训等所花费的生活资料。根据上述定义，可以将人力资本投资途径分为两大类，即补偿性人力资源投资和发展性人力资源投资，在劳动力价值的三个组成部分中，前两项属于补偿性人力资源投资，第三项则属于发展性人力资源投资。

目前，我国大多数企业只关注补偿性人力资源投资，很少重视发展性人力资源投资，使得人力资本供给严重失衡，普通劳动力供给富余，高质量劳动力供给不足，导致“就业难”与“用工荒”并存的矛盾长期存在，难以解决。根据劳动力市场信息网发布的数据显示，从2005年开始，我国各种技能型人力资本的求人倍率（需求人数与求职人数之比）均大于1，到2014年，技师、高级技师、高级技能人员的求人倍率进一步攀升到2.3—2.7。究其原因，一方面一些企业未将人力当成本企业的资源，他们认为员工只要能够了解企业规章、公司业务、产业产品等方面的信息就足够了，不需要对其进行额外培训，完全忽视了劳动力能给企业带来价值增值的重大作用；另一方面，虽然企业意识到人力资本的重要性，但是出于“为他人作嫁衣”的忧虑，尤其是一些中小企业，在管理者及员工的培训上投入的资金往往很少，范围窄，难以实现员工技能的大幅度提升，效果不佳。

供给侧结构性改革的推动，让企业前所未有地意识到产业转型升级的重要性，而企业转型升级需要有领军人才、创新人才、高技能人才的推动，因此，现阶段供给侧改革的本质已经开始从“以物为本”向“以人为本”逐渐转变。

李老师：在你看来，企业具体应该怎么实现从“以物为本”向“以人为本”的转变呢？

S：首先，企业应当根据本企业的产业升级目标，有针对性地对人才进行全面培养，岗得其人、人适其岗，实现人与岗位的动态优化配置。其次，对于应届毕业生，企业可以与各高校合作探索实现联合培养等创新机制，一方面解决学生所学理论与实际应用脱节的问题，逐步培养在校生的综合职业能力；另一方面通过招聘实习生，培养适应企业转型升级所需的技能型人才，这样既可以极大地降低人力培训成本，消除“为他人作嫁衣”的忧虑，又可以为企业的成功转型吸纳优秀人才。

李老师：嗯，很好，接着回答第三点。

S：最后一点就是劳动者产权对人力资本的影响。在劳动价值论中，马克思认为，劳动力成为商品有两个条件：一是劳动者丧失了生产资料；二是劳动者具有人身自由，能将自己的劳动力当作商品出卖。“他作为人，必须总是把自己的劳动力当作自己的财产，从而当作自己的商品。……就是说，他在让渡自己的劳动力时不放弃自己对它的所有权”。[①]否则，“他就出卖了自己，就从自由人变成奴隶，从商品占有者转化为商品”。[②]劳动力作为商品，虽有普通商品的一些共性，但也有自身的特殊属性，普通商品的交换必然会发生所有权的转移，而劳动力商品的交换，并不发生所有权的转移。并且，劳动者在出卖自己的劳动力时，还对工作环境、发展前景等有一系列要求，与企业“讨价还价”。这对于企业如何充分“利用好、发展好”人力资源有重大的指导意义。

劳动力商品的特殊性决定了劳动者作为“人力资本”的所有者在参与企业活动时，会根据招聘一方开出的条件，经过多方

① 马克思：《资本论》(第1卷)，人民出版社2004年版，第195—196页。

② 马克思：《资本论》(第1卷)，人民出版社2004年版，第195页。

比较后选择最有利于自身发展的一家。通过供给侧结构性改革，实现企业的转型升级，就需要吸引优秀人才，这个道理“明眼人”都懂，因此各大企业针对毕业生的“常青藤计划”，针对资深人员的“海盗计划”频繁推出。同时，企业在吸引人才时，也要注意采取措施留住原有的核心人才，积极塑造“尊重劳动、尊重人才”的企业文化，构建有利于人力资本充分发挥作用的激励机制，对每位劳动者创造的价值量进行客观公正的考量，建立相应的激励机制，适时适当地给予创新人才与核心人才一定的物质激励、产权激励和精神激励。

李老师：嗯，你能列举几个企业在人才吸引上的策略吗？

S：例如阿里巴巴的合伙制、华为的员工持股计划、海尔的人单合一模式等，都对人才的吸纳与人力资本的充分利用产生了重要的激励效用。

李老师：嗯，很好，答题很充分，角度比较新颖，你先休息一下吧。

…… ……

李老师：相信你准备得也不错，社会再生产理论对供给侧结构性改革的影响，请阐述一下你的观点。

Z：我对这个问题的作答想从供给侧与需求侧两方面来阐释。供给侧结构性改革是我国当前经济改革最重要的任务之一，改革过程中“既强调供给又关注需求，既突出发展社会生产力又注重调整社会关系，既发挥市场在资源配置中的决定性作用又更好发挥政府的作用，既着眼当前又立足长远”[①]。马克思在《资本论》中也曾指出，社会生产分为两大部类，即生产生产资料的第I部类和生产生活资料的第II部类。社会无论进行规模不变的简单再生产还是规模增长的扩大再生产，都应该遵守最基本的规律，即第I部类生产的生产资料必须与两大部类进行再生产时对生产资料需求的价值总和相等，实现供求相一致；第II部类生产的生活资料必须与两大部类进行简单再生产或扩大再生产对生活资料需求的价值总和相等，实现供求相一致。

这表明在社会资本的再生产过程中，两大部类之间相互依存、相互制约，要求按比例发展；生产资料的供给与需求、消费资料的供给与需求也要保持平衡。只有满足了这些条件，社会资本再生产才能顺利进行。

现如今，人们对美好生活的追求，使社会再生产对两大部类之间的供求关系提出了更高的要求，不仅要求生产资料与生活资料在数量上成比例，而且对两大部类供给质量也提出了更高要求。很长一段时间以来，我国为提高经济总量、维持经济的持续增长形成了一种靠不断扩大规模的支持才能延续的再生产模式。[②]该种模式的长期发展使我国生产资料与生活资料的生产不仅在数量上失衡，而且也在质量上出现问题。当前，最明显的问题就是第I部类某些产品超过了社会再生产对生产资料的需求，

① 习近平:《在省部级主要领导干部学习贯彻党的十八届五中全会精神专题研讨班上的讲话》

② 参见张俊山:《用社会再生产理论分析经济发展的“新常态”及结构调整方向》,《当代经济研究》2016年第7期。

如电解铝、钢铁等生产资料严重过剩，已经形成产品积压，商品的价值与使用价值都无法实现；而第Ⅱ部类某些生活资料的生产在质量和结构方面又无法满足人们消费升级的需要，如食品、婴儿用品、电子产品等。这种生产资料与生活资料的数量及质量的失调，直接导致了新的供需不平衡，因此，供给侧结构性改革应当着力调整两大部类之间数量和质量上的关系，这是新的阶段社会再生产得以顺利进行的保证。

李老师：你能从这两个角度分别阐述一下各个部类应该怎样调整吗？

Z：对于生产资料来说，该部类产品的数量和质量直接影响生活资料的数量和质量，为实现再生产的高质量推进以及产业结构转型升级，应当对第Ⅰ部类的生产进行分类调整，而非是“一刀切”。对其中生产新能源、新材料、信息技术产品等的生产资料行业应当给予大力支持，以满足国家新兴战略产业的发展需要；而产能过剩的行业应当着力去产能、去库存，如煤炭、钢铁等。但这些生产资料又是社会再生产不可或缺的部分，因此其生产规模及产量应当以能够满足社会再生产和积累的需要为下限。

对于生活资料而言，当前存在的一个主要问题是供给不足与供给过剩并存，过去面向低收入群体为主的供给体系，没能及时跟上中等收入群体迅速扩大并改变了的消费结构，这种供给体系能够适应“排浪式”的消费，但却满足不了个性化、多样化的消费。产品过剩的实质是创新能力欠缺，因为需求不足的现象只发生在产能过剩的“旧产品”身上，尽管当前的创新产品也会有产能过剩的可能，但在它的发展初期是不会出现这种问题的。当出现产品供给过剩时，只能说该产品已经长期没有进行创新了。就如平板玻璃，尽管电子用的平板玻璃、电视用的太平板等我们还不能生产，但普通的平板玻璃产能已经严重过剩了，这就意味着该行业需要进行创新了。面对当前这种中低端产品过剩、高端产品供给不足的问题，在供给侧结构性改革中最迫切的就是进行创新，一旦生产要素开始向新供给集中，老产业的产能过剩自然就能解除。就像苹果手机，在乔布斯创造出苹果手机之前，世界本不存在对这种手机的需求，可苹果手机面世之后，新的需求就被源源不断地创造出来了，各种智能手机纷纷被开发出来，原先的按键手机便自然而然地退出了市场，按键手机行业的产能过剩问题就解决了。

李老师：将企业经营模式进行创新与“推倒重建”，你更赞同哪个呢？

Z：供给侧结构性改革的推进要求进行创新，但这绝对不同于“推倒重建”。我国当前各个传统产业的发展已经进入成熟稳定期，“推倒重建”并不现实，这就要求在原有基础上进行创新，促进产业升级。全美国的公民都开着底特律生产的汽车，可是底特律仍旧一片萧条，最终破产。尽管当前的汽车行业都面临着市场饱和的问题，但是有两家汽车公司是非常赚钱的，一家是奔驰，一家是特斯拉。原因很简单，就是他们在传统的生产上进行了创新。奔驰的总设计师曾说：“我们卖的不是汽车，而是艺术品，只是碰巧它会跑。”而特斯拉呢，他们卖的也不是交通工具，而是环保，是时尚。这种新供给再次创造出了巨大的市场需求，这对我国正在进行的供给侧结构性改革以及正在进行产业升级的企业都有重要的启发作用。

李老师：嗯，不错，你的观点我完全赞同。在生产过程中，两大部类之间要注重均衡，但是实际情况并不是这样的，这是怎么回事呢？

Z：正如马克思所说，“如果说社会个别商品的使用价值取决于该商品是否满足一种需要，那么，社会产品总量的使用价值就取决于这个总量是否适合于社会对每种特殊产品的特定数量的需要”。[①] “如果某种商品的产量超过了当时社会的需要，社会劳动时间的一部分就浪费掉了，这时，这个商品量在市场上代表的社会劳动量就比它实际包含的社会劳动量小得多”。[②]确实，两大部类之间的积累和扩大是互为条件、相互依赖的，任何一个部门过度发展或发展滞缓都会导致社会劳动量、生产资料的巨大浪费。但发展失衡又是社会发展的必然现象，就是说两大部类的生产不可能以相同的速度增长。这是因为在扩大再生产中，资本有机构成不断提高，资本越来越多地集聚到不变资本中，因此社会对生产资料的需求，较之生活资料增长得更快。但是生产资料优先增长并不代表生产资料的生产可以脱离生活资料的生产而孤立地、片面地发展。因为生产资料的生产归根到底还是为了去满足自身部类和生活资料生产部门的需要。这就意味着生产资料的规模和结构终究要依赖于生活资料生产的需要及发展，为其所制约。在我国当前，两大部类之间除了要在量上保持一定的比例关系之外，还需要重视其在质上的关系，以满足人们对美好生活的

① 《马克思恩格斯全集》(第25卷)，人民出版社1995年版，第716页。

② 《马克思恩格斯全集》(第25卷)，人民出版社1995年版，第209页。

追求。

李老师：我问的问题是对供给侧结构性改革的影响，你觉得这与需求侧有什么关系呢？

Z：我认为供给侧结构性改革需要消费做后盾。供给侧结构性改革如火如荼，为了能够在这次改革中不被淘汰，各类大中小企业都在积极转型，以适应人们对高质量产品的需求。转型，说起来简单做起来难，其中一个重要因素就是资金问题，企业的资金一般来源于商品价值的实现，但对由此而获得的利润，该如何分配才能使自己在转型过程中不被资金问题“扯后腿”，游刃有余地完成这次转型，是所有企业家该重点考虑的问题。消费一直以来都被称为拉动经济增长的“三驾马车”之一，也就是说，供给侧结构性改革并不意味着放弃对消费的“关照”。

资本主义能够进行扩大再生产，是因为资本家没有将所有的剩余价值都消费掉，而是将其中的一部分积累起来，作为资本投入新一轮的生产过程中，使生产规模不断扩大。对于积累与消费之间的比例关系，是否积累越多，企业发展就越快，越能实现转型升级？显然不是。前面曾讲过，商业资本虽然不创造价值，但是商业资本家却能够得到产业资本家让渡的剩余价值，就是经过衡量之后，产业资本家认为由此带来的成本节约远远高于自己让渡出去的剩余价值。这种“放长线，钓大鱼”的逻辑有利于提高剩余价值积累的速度，扩大其规模。倘若各个生产厂家都不愿让渡部分剩余价值来刺激消费，只知道积累，那么生产出来的商品该由谁来消费？商品的价值又将如何实现？商品的价值如果实现不了，造成产能过剩，最终损失的还是生产者。正所谓“舍不得孩子套不到狼”，只有先保证商品价值的实现才能为企业成功转型留有更大的余地。

1913年，亨利·福特受屠宰场启发，其汽车公司研发出了世界上第一条流水线，这一创举使T型车年均产量达到了1500万辆，售价也从最初的850美元降低至240美元。汽车的出现提升了交通运输的效率，而真正让这个世界运转加快的，则是在流水线提升了生产效率后，极大地降低了汽车的单价，使汽车能够得以普及。因此，亨利·福特被称为“给世界安上了轮子的人”，美国也被称为“汽车轮子上的国家”。

可是，当时工人的日薪只有2~2.5美元，除去基本生活所需，工人口袋里攒不了多少钱，加之每日辛苦工作12个小时，日子过得暗无天日。因此，在发完工资后，很多人都选择去酒吧一醉解千愁，几乎没人想过存钱。因为缺少消费拉动，一个地区的经济就如一潭死水。面对公司业绩的严重下滑、利润下降，福特毅然决定将工人的工资从2.5美元提升至5美元，并且工作时间率先由12小时缩短为8小时，这一举动无疑会让公司的利润再次下滑。这个决定遭到了绝大多数高管的反对，但福特还是坚持自己的决定。这让全国产业工人蜂拥而至，但福特公司对招聘的工人设立了一个似乎没有多大实际意义的条件：负担家庭生活的已婚男人，以及“生活节俭”的单身男人和抚养子女的妇女。招聘启事上的内容让人摸不着头脑，福特为何要选择身负重任的人来享受这种优惠待遇呢？

后来，福特说有社会责任感的这群工人，在领到薪水后，除去基本消费之后，第一选择就是储蓄，当工人的收入提高后，他们会需要住房，这就拉动了建筑业的生意，相应的一部分工人就得到一份建筑相关的工作，为社会创造财富的同时，提升自身的收入；福特的工人需要穿得更体面，因此就拉动了服装生产及原材料生产的就业机会；他们会购买更多的生活用品，因此在基本生活用品领域也创造了更多的就业机会。当得到工作岗位的这些人有了更多收入后，就会去消费其他人提供的服务，一个地区的经济就这样被带动起来了。当这个地区的经济变好之后，自然有更多的人能够买得起汽车，钱就这样循环回来了。5美元让福特拥有了全美国最优秀的员工，正如福特曾对他的供应商所说的那样，“你要给员工提高工资，不是因为你亏损而无法这么做，正是因为你亏损所以才要这么做！只有这样做你才能提高工人的积极性，是他们在创造财富，如果他们没动力，你必然亏损”。

福特是这样，我国的企业也大致如此，要想赢得更大的转型空间，不被资金问题所拖累，就应当调整好积累与消费之间的比例关系，以促进结构的调整，结构平衡反过来又促进积累与消费的比例调整，以此形成良性循环。供给侧结构性改革，顾名思义要重点从供给方面进行改革，但这并不代表会对需求侧放任不管，需求是拉动我国经济增长的“三驾马车”之一，其重要性是不言而喻的。

李老师：嗯，回答简洁，观点很明确，论述也有理有据。

三位学生面试完后，由于三个人的回答都非常精彩，李老师陷入了该如何抉择的沉思中……

（二）一着棋活，全盘皆活

第一次鸦片战争，英国用大炮打开中国的大门之后，中国人民就陷入了水深火热的战争中，面对外国人的坚船利炮，战争一次次均以失败告终。以李鸿章为首的朝廷大臣们开始醒悟，要避免惨败战局就必须研制先进的作战工具，一味的“人海战”只会损失更多的同胞。由于当时技术落后，只能先购买“洋人”的武器拿来研究，然后再进行改进和改造。

当时中国有一支令人骄傲的作战队伍北洋水师，也可谓是中国军队中最后的“保底牌”。为了增强北洋水师的力量，李鸿章在购买了“致远舰”之后，又打算向英国订购一艘更为先进的军舰，即后来人们熟知的“吉野号”，这是当时世界上舰速最快的巡洋舰，舰上装有各类火炮40门，鱼雷发射管5具，其中152毫米速射炮8门，47毫米速射炮22门，在当时已经是世界顶尖水平。可是后来由于购置军舰的资金不足，李鸿章最终只能放弃。殊不知，当时的日本已经盯上了中国这块“肥肉”，为了从火炮和速度上压倒北洋水师，达到占领朝鲜、侵略中国的目的，便把原本中国打算购置的军舰“吉野号”抢购了过去。

连中国这样的大国在当时都买不起的战舰，日本为何却能买得起？当时日本只是个一穷二白的小国家，仅凭政府的财政收入根本不足以支付价格昂贵的“吉野号”，那日本是怎样购买到这艘军舰的呢？原来，日本天皇为了筹集资金购买“吉野号”，便向国民宣布：直到击败大清国的那一天，他将一日只吃一餐。日本天皇的决心和举动激起了日本民众的“自尊”，国民纷纷在购买战舰的资金上贡献自己的力量。最后募集到的银两竟然能买三艘“吉野号”！半年后日本政府便把“吉野号”开回了自己的港口，开始实施侵略中国的计划。1894年，北洋水师在黄海返航途中遭遇日本舰队的偷袭，邓世昌指挥着火力远不如“吉野号”的“致远舰”与日军展开了激烈的作战，最终抱着同归于尽的决心撞向“吉野号”，但“致远舰”不幸被鱼雷击中，全舰250多名官兵壮烈殉国。

图69 “吉野号”

今天，经济的发展越来越依赖于资金的顺利周转。筹集资金成为资金周转的主要途径和策略，正如邓小平同志所指出的，“金融很重要，是现代经济的核心。金融搞好了，一着棋活，全盘皆活”[①]。

在马克思生活的年代，信用资本、虚拟资本的发展还不是很明显，但其中的真理至今颠扑不破，对我国建立和完善金融市

① 《邓小平文选》(第3卷)，人民出版社1993版，第366页。

场仍有指导作用。2017年是《资本论》第一卷出版150周年，在2018年马克思200周年诞辰之际，全国兴起重温《资本论》热潮，S省也不例外，当地的政府官员都开始深入学习《资本论》中的相关内容。一次偶然的机会，三位市领导聚到了一起，相互切磋、讨论在今后应当怎样调控好虚拟经济，使其服务于实体经济的发展。

王书记：想要搞明白虚拟资本对经济发展的影响，就应当先弄明白虚拟经济是怎样产生的。在《资本论》中，货币的发展经历了一般等价物—货币—货币符号（纸币）—信用经济等一系列过程，那从货币到虚拟经济是怎样实现过渡的呢？

首先，现阶段为了能够争取到更多的客户，扩大自身的市场份额，很多企业都选择让客户先消费后支付，由此使得商品的让渡同价格实现在时间和空间上产生了分离，这便产生了债权与债务的关系，也因为这种交易方式的变化使货币取得了支付手段的职能。而货币在执行职能手段时，它是作为社会劳动的代表，是可以单方面转让的，这就为信贷关系的发展提供了基础。

其次，各个行业的生产规模随生产技术的发展不断扩大，而个别资本积累的速度难以满足生产规模扩大的需求，这两者之间的矛盾为信用经济的发展提供了重要契机。于是，“一种崭新的力量——信用事业，随同资本主义的生产而形成起来。起初，它作为积累的小小的助手不声不响地挤了进来，通过一根根无形的线把那些分散在社会表面上的大大小小的货币资金吸引到单个的或联合的资本家手中；但是很快它就成了竞争斗争中的一个新的可怕的武器；最后，它变成一个实现资本集中的庞大的社会机构”[①]。马克思后来也曾说，“假如必须等待积累去使某些单个资本增长到能够修建铁路的程度，那么恐怕直到今天世界上还没有铁路。但是，集中通过股份公司转瞬之间就把这件事完成了”[②]。

最后，信用经济不断发展，使银行逐渐成为货币流通的导体，在社会中扮演越来越重要的角色，银行通过自己的金融手段影响企业和国民经济的发展进程，从而变成国民经济的神经中枢。信用关系逐渐渗透到经济生活的每个角落，形成连接国民经济的血管和神经系统。在信用制度下，几乎所有的经济活动都与信用息息相关，企业靠信用筹集资金，个人和家庭进行信用储蓄，就连国家也靠信用来弥补财政赤字。

因此，信用经济的产生和发展是虚拟资本出现的前提条件，它的出现对社会经济的发展和企业经济效益的提高有着巨大的促进作用。可以说，没有信用经济就没有虚拟经济，以及高度社会化的现代化大生产。

林书记：王书记不愧是经济学专业的高材生！弄清了虚拟经济产生的渊源，还要彻底弄明白虚拟经济的本质是什么。为何能够一度让多个国家毫无理由地将其放在经济发展的首要位置？过度发展虚拟经济又存在哪些潜在的风险？我是这样理解的。

马克思在《资本论》（第三卷）中用了近三分之一的篇幅分析了虚拟资本问题，“虚拟资本实际上就是一种被人们想象出来的，可以以各种各样的形式存在的资本”[③]。在《资本论》中，

①《马克思恩格斯全集》（第23卷），人民出版社1995版，第687页。

②《马克思恩格斯全集》（第23卷），人民出版社1995版，第688页。

③ 王宇：《马克思信用与虚拟资本理论及其时代价值研究》，兰州大学硕士论文。

马克思将债券、股票、汇票、土地所有证等带息的有价证券或所有权证都归于虚拟资本的范畴。虚拟资本既充当经济机体的神经系统，又扮演着集体的指挥中心的角色，使经济保持活力，迅猛发展。各国也都积极探索、发展自身的虚拟经济，在初始阶段，虚拟经济的缺点暴露较少，表现出更多的优点。

首先，为企业筹集资金，降低融资成本。企业通过发售股票的办法在市场上直接筹资，可以把零散的闲置资金变成生产资本，增加社会总产值。正如一位美国金融专家曾说的，金融市场就像由水坝、涡轮机和渠道组成的灌溉系统，它把原始的甚至破坏性的自然力量汇集到生产领域中来，推动经济的发展。

其次，能够引导资金流向，优化资源配置。在市场上，资金自然流向经营效益好的部门和企业，以及那些产品和服务需求量大而供给明显不足的产业和行业。凡是这些企业和部门，收益预期高，其股票自然而然受到投资者的青睐，资金自发地从过剩产业流出，流入新兴产业，实现资源优化配置。

最后，中央银行（或充当该角色的机构）能够通过公开市场业务进行宏观调控。中央银行保有的准备金，一般不是现金而是各种有价证券，当市场上货币流通过多可能引发通货膨胀时，为了稳定物价，中央银行可以抛售有价证券，回笼正在市场流通的货币；若市场上货币流通数量少了，经济发展迟滞，呈现出通货紧缩时，中央银行则可以在市场上购买有价证券，增加货币流通量。这是一种比较温和、对经济波动较小的宏观总量调控手段。

正所谓“成也萧何，败也萧何”，虚拟资本就如同一把双刃剑，具有投机性。马克思将这种投机称为赌博，投机者是拿他人的资本进行赌博，财富的集中手段就是大鱼吃小鱼，最终形成一个以虚拟资本和信用货币相互转化为内容，由银行、富有阶层、投机者与小资本所有者构成的循环市场。这一过程使虚拟资本相对独立运行，脱离现实资本自我复制，迅速膨胀。背离现实的货币资本流通最终出现泡沫经济，引发金融危机，对本国甚至整个世界的经济秩序产生严重的负面影响。

关于金融危机，马克思将其分为两种：一种是经济危机的伴生物，另一种则是独立发生的货币金融危机。“如果说危机的发生是由于买与卖的彼此分离，那么一旦货币执行支付手段的职能，危机就会发展为货币危机，只要出现了危机的第一种形式，危机的第二种形式就自然而然地要出现。”①金融系统的过度发展是独立的金融危机能够爆发的最基本条件，在该情况下，如果证券等资本市场的流动性降低、金融市场中投机者遭遇失败或金融机构投资失败等事件发生，其中任何一种情形发生都有可能成为触动金融危机爆发的导火索。另外，国家宏观政策对资本市场决策的失误，也同样有可能触动金融危机爆发。

历史上出现过多次骇人听闻的经济泡沫事件，如17世纪30年代爆发于荷兰的“郁金香风潮”；18世纪20年代爆发于英国的“南海泡沫”事件；20世纪80年代后期日本发生的“平成泡沫经济”；2007年美国次贷危机爆发，2008年引起了全球性的金融危机等。正如马克思所认为的，生息资本徒有资本剥削的方式却没有资本生产的方式。过度虚拟化的资本就是生息资本，它

①《马克思、恩格斯、列宁、斯大林论经济危机》（文章摘编），人民出版社1974年版，第77—136页。

已经脱离了实体经济，不是为实体经济服务的，所以危机一定会发生。[1]

梁书记：你们两个对《资本论》是下了功夫的啊！讲得很透彻！成功的最大秘诀就是从之前的错误中得到经验教训，牢记这些经验教训才不会被同一块石头绊倒两次。通过你们两个人的解释，我们知道金融很重要，是市场经济的血脉系统，偏离了实体经济就会引发经济危机。因此，应当处理好虚拟资本与实体资本之间的关系：一方面，虚拟资本是以实体资本为基础的，没有实体资本就没有虚拟资本；另一方面，虚拟资本又独立于实体资本之外，一般来讲，虚拟资本数量的发展速度，往往超过现实资本的积累。也就是说，虚拟资本由现实资本决定，同时又引导或影响着现实资本的发展。因此，如何驾驭虚拟经济，使其服务于实体经济的发展就成了一个“技术活”。

对于怎样驾驭虚拟经济，使其“为我所用”，我是这样想的。

第一，既然虚拟经济容易自我复制、膨胀，那么首先就应当防止金融衍生品过度投机。作为金融市场中的一种创新，金融衍生产品能够提高金融效率，它可以被当作一种投机的工具，在金融市场中用来对冲或分散风险，但是也隐藏着很大的风险。在20世纪90年代初期，许多华尔街的大型金融机构加快了贷款证券化的步伐，表面上看是促进了金融创新的发展，但其真实目的是追求利润。金融机构针对不同风险偏好的投资者设计出不同风险级别的金融衍生产品，并在全世界出售这些产品，创造了一个庞大的金融衍生品市场。这些金融衍生产品虽然能给不同风险偏

① 参见马克思：《资本论》(第3卷)，人民出版社2004年版，第555页。

好的投机者带来高额的收益，但不良贷款的不断发展会将抵押贷款债券的质量进一步拉低，最后变成了危害金融系统的毒瘤。究其原因，就是对金融衍生产品的过度投机使金融市场中产生了大量的泡沫，最终需要越来越多的现实资本来支撑虚拟资本的高危运行。此时，信用制度一旦被破坏，投资者信心动摇，市场中的泡沫就会迅速破灭，严重的金融危机便瞬间爆发。因此，我们首先要做的就是严格控制金融衍生产品的过度投机，这也是最直接、见效最快的措施。

第二，对金融市场进行适度监管。当年美国政府为了维护金融业的发展，对金融市场中过度投机金融衍生产品产生的隐患采取视而不见的态度，并未实施严格的监管，使次级信贷危机愈演愈烈，最终引发全球性金融危机，我们切不可重蹈覆辙。此次国际金融危机表明，虚拟资本的发展和国际化已经成为不可阻挡的潮流，证券业不断发展、金融创新浪潮不断高涨，与之相伴随的是虚拟资本的过度膨胀。虚拟资本的发展，应该以推动实体资本积累为基本准绳，严格控制其中的非理性泡沫成分，在虚拟资本积累和实体资本积累的良性互动中，循序渐进地开放资本市场，在充分发挥虚拟经济服务于实体经济的同时，避免其消极影响。

最后，让虚拟经济回归实体经济。金融危机最深层的原因是实体经济的失衡，虚拟经济只不过发生了催化剂的作用，因此要抵御金融危机，在加强对虚拟资本监控和管控的同时，还必须从实体经济入手。经过金融危机的重创之后，世界各国从“雾里看花”到“拨云见日”，纷纷将经济发展战略重新聚焦在实体经济方面。奥巴马退任前提出要“再工业化”“重回实体经济”，也就是特朗普现在讲的回归实体经济，以重振美国制造业的辉煌；德国通过基本工业4.0、智能化，特别是制造业的人工智能化，大大推动了实体经济的发展。我国也制定了《中国制造2025》，通过“三步走”战略，即到2025年迈入制造强国行列，2035年中国制造业整体达到世界制造强国阵营中等水平，新中国成立一百年时，综合实力进入世界制造强国前列，以实现制造强国的战略目标。要防止虚拟经济脱离实体经济，当前我国仍需适当发展一些重化工业和大型装备等实体制造业。当然，为了适应科学发展要求，我国已经致力于向高新技术产业、新兴产业和服务业进军，以实体经济为“轨道”，确定虚拟经济发展路径。

改革开放40年来，经济的快速发展使我国的综合国力和国际地位都得到了提升。当我们为经济社会发展取得长足进步而欣喜时，也应该认识到仍然存在一系列矛盾和问题，加上当前国际范围内各种不确定因素，我国也同样面临金融危机发生的可能。我们必须牢记“实体经济是虚拟经济发展的根基，其发展速度必须与实体经济‘合拍’，只有这样，才能让金融作为便捷的工具，以更低的成本与风险为实体经济稳定增长、优化经济结构服务。马克思在写作《资本论》时虽未预测到现代虚拟资本发展的多样性，但是万变不离其宗，只要能够深刻理解其内涵，就能巧妙地应对金融市场上的种种危机。

三、“赶考”仍在路上

——《资本论》在脱贫攻坚与环境保护方面的应用

1949年3月22日晚，是毛泽东在西柏坡的最后一夜，也是他难以入睡的一夜。据李银桥回忆，毛泽东批阅完文件之后，习惯性地站在窗前眺望夜空，一支接着一支地抽起烟来，直到凌晨三四点才休息。临睡前，毛泽东嘱咐，要九点之前把他叫醒。第二天，周恩来前来看望毛泽东，问道：“主席，没有休息好吗？应该多休息一会儿才好，长途行军坐车是很累的。”毛泽东笑道：“今天是进京的日子，不睡觉也高兴。今天是进京‘赶考’嘛，进京‘赶考’去，精神不好怎么行啊？”周恩来笑道：“我们应当都能考试及格，不要退回来。”①

进京前，毛泽东曾多次对战士们讲，“共产党人不能学300年前的李自成，打了18年仗当了18天皇帝，而是要长久下去”②。对一个人来讲，进京“赶考”是人生大事，十年寒窗苦读，只在一朝赶考，决定了一人一生的命运。对中国共产党来说，自1921年成立28年以来，经历了千难万险与血雨腥风，一朝执政决定了一国的命运。毛泽东把进京执政当作是进京“赶考”，是要表明进京对共产党人的重要性，也是在告诉大家既然是“赶考”，就会有

---

① 朱炳元：《回望1949：“进京赶考”再思考》，《党建》2019年第7期，第27—28页。

② 刘功润：《常怀“赶考”之心》，《解放日报》，2012年11月8日。

两个结果：一个是“金榜题名”，一个是“名落孙山”。金榜题名就是“赶考”及格，说明中国共产党的执政得到了全国人民的拥护。名落孙山就是说共产党没有得到人民群众的拥护，“赶考”落榜就会和当年的李自成一样，即使上台还是会被人民赶下去。

今天，中国共产党在近70年的“赶考”过程中，呈上了一份又一份满意的答卷，为了百尺竿头更进一步，共产党人时时刻刻都在谨慎对待中国发展过程中出现的每一个大小问题。近几年，有两个家喻户晓的问题：一个是脱贫，一个是环保，正在考验着“赶考”进程中的每一个共产党人。《资本论》作为马克思经济理论中的精华，在这两个问题上又会给“赶考”者怎样的启示呢？

（一）还有些人要吃饱饭

宋代大文豪苏轼被贬到海南岛时，路上恰遇一个卖馓子的老妇人因为生意不好，无法养活自己和孩子而发愁，苏轼非常同情老妇人，欣然挥墨为她作了一首诗：

纤手搓来玉色匀，
碧油煎出嫩黄深。
夜来春睡知轻重，
压匾佳人缠臂金。

这首诗以丰富的想象，把馓子匀细、色鲜、酥脆的特点和形似美人环钏的形象刻画出来，老妇人得到这四句诗，把它贴到门上，竟成了“活广告”，老妇人的店里马上顾客盈门，收入倍增，一家人的温饱问题就解决了。贫困问题伴随着历朝历代的各个发展时期，即便在科技如此发达的今天，这个问题也依旧存在。苏轼凭借一己之力能够帮助一家人脱贫，却不能帮助所有贫困者脱贫。今天，面对脱贫攻坚战，怎样才能实现真正的全面脱贫呢？

图70　苏轼画像

党的第十九次全国代表大会提出实施乡村振兴战略，此后《关于实施乡村振兴战略的意见》《乡村振兴战略规划2018—2022》《国家质量兴农战略规划》等文件相继出台，为乡村振兴战略的实施提供了充足的政策支持与引导。

研究生毕业后的小徐从来没有想过要留在大城市，而是一心想回老家建设家乡，而他也得到了一份与之相适应的工作——选调生。还没等上任，小徐就迫不及待地来到了办公室，将厚厚的三本《资本论》放到了办公桌最显眼的地方，以此来提醒自己，要时刻注意运用马克思主义原理和方法来指导实践。勤政爱民的孙书记听到隔壁屋里有动静，就赶紧起身查看情况，看到提前上任的小徐甚是欣慰，尤其是看到这个年轻人竟然带来了《资本论》，翻看几页还发现了书里面密密麻麻的批注和笔记，孙书记激动地说："想不到啊，小伙子，现如今的干部尤其是基层干部，钻研马克思理论的人可太少了，你如此认真，值得称赞！走走走，到我办公室我们多聊聊吧。”令小徐没想到的是，孙书记的桌上也摆放着同样的三卷《资本论》，对这位书记的亲切感油然而生，两人一边谈论着《资本论》，一边探讨怎样运用好马克思主义经济学的指导思想尽快摘掉贫困县的帽子，让村民生活早日实现全面小康。

小徐：孙书记，其实我早就有建设家乡的理想，因此，平时只要有时间，我一定会用来读《资本论》，回到家乡看到这坑坑洼洼的泥土路，心里真不是滋味。对于怎样脱贫，其实《资本论》的字里行间都透露着答案，我就抛砖引玉，先说一下我的想法吧。

孙书记：行，你先说。你是名牌大学的高材生，在理论这一方面，我的功课肯定不如你，我还要向你学习呢！

小徐：孙书记，您太谦虚啦。关于农村如何脱贫的问题，《资本论》中虽未单列章节进行专门论述，但其中有关劳动时间与生产时间的差别、农村劳动力转移方面的思想能给我们很多启示呢。

首先，关于劳动时间与生产时间的差别，马克思指出，“一定资本的总流通时间，等于它的流通时间和它的生产时间之和”。[①] 无论是在工业中还是在农业中，预付资本的生产时间都是由两个阶段构成的，即资本处在劳动过程、未完成产品形式上的时间和不在劳动过程中而受自然过程支配的时间。也就是说，劳动时间与生产时间是不一致的，劳动时间一般短于生产时间，这一点是农业预付资本与工业预付资本均具有的共性的一面。这

① 《马克思恩格斯全集》(第24卷)，人民出版社1995版，第171页。

就意味着在超出劳动时间的生产时间中，大量农业劳动者赋闲在家、“无所事事”，以至于周而复始地出现阶段性的“绝对过剩人口”，如果这些剩余时间充分利用起来，就可以在农业之外发展农村工副业。这就对我们当前的“脱贫”工作提出了新思路。

孙书记：一般工业生产上区分劳动时间与生产时间，想不到农业生产上也有这样的区分，但是与工业应该有所不同吧。

小徐：对对，劳动时间与生产时间的不一致是农业预付资本与工业预付资本都具有的共性，但是两者之间又有不同之处。在工业中，两类时间的差距主要是由生产技术决定的，受自然规律影响较小。随着科学技术的发展及其在生产上的应用，两者之间的差距会逐渐缩小。例如“制革业，旧的方法将靴酸浸入皮内，需要6个月到18个月的时间，新的方法使用抽气机，只需一个半月到两个月就完成了”[①]。而在农业中，超过劳动时间的生产时间在何时、有多少，一般是由自然规律决定，因为农业的生产时间要受严格的农时和环境的影响，农活必须在一定的时节开始，在一定的时节结束，错过了农时，植物的生长发育就要受到影响。农业劳动力的投入和农业工具的使用均具有较强的季节性，并且，劳动时间与生产时间的差距几乎不会发生变动或变动非常小，这也是农业生产不同于工业的一个重要方面。当然，也正是农业生产的这一特点，使农业与农村副业相结合具有了可能性和客观必然性。

① 《马克思恩格斯全集》(第24卷)，人民出版社1995版，第267页。

图71 农村编织副业

孙书记：哦，农村副业？

小徐：是的，如果在超过劳动时间的生产时间里，有大量的农业劳动者“无所事事”，就会使社会财富的创造量大大减少。马克思在《资本论》中曾以俄国为例，“在那里，北部一些地区，一年只有130天到150天可以进行田间劳动。可以想象，假如俄国欧洲地区的6500万人口中，竟有5000万人在必须停止一切田间劳动的冬季的6个月或8个月中无所事事，俄国将会遭受多么大的损失”。[1]在这段时间内，劳动者无法与生产资料相结合，是社会劳动的一个巨大浪费。但是这绝不排斥他们可以利用这个时间来从事其他副业生产，因此可以说农业生产时间和劳动时间的不一致（后者仅仅是前者的一部分），正是农业和农村副

① 《马克思恩格斯全集》(第24卷)，人民出版社1995版，第268—269页。

业相结合的自然基础。[①]一般来讲，许多农村副业只要有劳力，利用农村就地取材的简单的生产资料就可以进行，劳动者不需要或者只需要支付少量的额外预付资本，就可以开展副业生产。这样，劳动者的“剩余时间”恰好为发展农村副业提供了劳力、时间方面的保障。

其次，由于农业生产时间和劳动时间有显著差异，因而“所使用的固定资本的使用时间当然也会在或长或短的时间内不断发生中断”。[②]例如役畜、农具和机器等，在劳动期间被使用，在非劳动期间就闲置起来。我们知道，即便固定资产处在闲置状态，仍然会发生有形损耗和无形损耗，使固定资产的价值不断丧失。

孙书记：有形损耗与无形损耗这部分，我在看书的时候还真没有理解，你给我解释一下吧。

小徐：有形损耗就是指固定资产在生产过程中的损耗以及由于自然力的作用所引起的损耗，比如你买一台打印机，如果一段时间用不到而被搁置，当你再使用时，它的样子、功能与搁置之前就不可同日而语，因为这期间的有形损耗使其价值逐渐丧失了。所谓无形损耗，一是指由于生产效率的提高，导致生产同样固定资本所需的社会必要劳动时间减少，使固定资本价值相应的减少，比如说10年前购买一辆自行车需要500元，但现在技术的发展提高了生产效率，一模一样的自行车你只需花费300元就能买到，那你的自行车现在最多值300元，即使你买回后从来都没有骑过，这就是自行车“使用会磨损”，“不使用同样会磨损”；

① 《马克思恩格斯全集》(第24卷)，人民出版社1995版，第269页。

② 《马克思恩格斯全集》(第24卷)，人民出版社1995版，第270页。

二是由于新技术的出现和效率更高的新机器设备的发明，导致原有固定资产贬值，还拿刚才的自行车来说，现在家家户户都骑上了电动车，自行车骑起来又累又慢，你将500元买的自行车以200元卖给别人，别人可能都不会要，这也是无形损耗。

孙书记：正如现在企业每年都要对固定资产提取折旧一样，因为“转移到产品中去的价值，不是按固定资本执行职能的时间，而是按固定资本丧失价值的时间计算的”。[①]这就是说，在一定的生产时间内，固定资本不论使用与否，丧失的价值都要转入新的产品中。由于生产时间比劳动时间长，其中非劳动期间不生产产品，但又要把非劳动期间内固定资本丧失的价值分摊在生产的产品上，所以产品的价格一般要高于产品的价值。

小徐：对对，孙书记，就是这个道理。一方面，我们要合理利用农业生产中的固定资产，使其在闲置期间内应用到副业生产中，做到物尽其用，将固定资产丧失的价值一部分转移到副业产品中去，减少向农产品中转移的价值，从而使农产品的生产价格相应降低，就能提高市场竞争力。另一方面，将农业劳动者农闲时“不得其用”的时间充分利用起来，就能做到“人尽其才”，从而解决了劳动力和劳动资料的分离状态，既能增加就业、提高收入，还能实现农村社会稳定。

孙书记：嗯，说得非常有道理。

小徐：最后，农村副业的发展还会促进农民资金的周转。农业生产时间是从劳动力和生产资料投入生产过程开始到农产品出售为止的全部时间，包括农业生产中的准备时间、劳动者使用

① 《马克思恩格斯全集》(第24卷)，人民出版社1995版，第270页。

生产工具直接作用于劳动对象的时间、劳动过程中断时动植物自然生长发育的时间、产品在生产者手里库存待售的时间等。而在这段时间内，每个时间段都需要预付大量的资本，直至农产品全部出售，才可能一次性收回预付资本。例如苹果，在整个生产时间内，需要多次进行农药喷洒、施肥、浇灌、剪枝、套袋等工序，这些农业生产中的管理环节都需要花费一定数量的预付资本。即使农产品收获，在出售前可能还需要支出必要的库存费用等。倘若没有一定程度发展的副业，那么在农产品出售之前，农民几乎是没有收入的，所以农业与农村副业相结合，对于解决农业生产所需的流动资本，维持在该期间内的消费，提高农民的生活水平，活跃城乡经济，增加社会财富，都有十分重要的意义。

孙书记：不愧是高材生，想法就是多。

小徐：孙书记过奖了，我虽有理论，但是在实践方面就如一张白纸，空空如也，还有很多地方要向您学习呢。

孙书记：哈哈，慢慢来！

小徐：孙书记，既然要进行副业生产，那也不能一股脑儿地乱干，需要有相关的人力资源做保障。我下面说一下《资本论》中剩余劳动力对我们村发展农村副业的影响吧。

孙书记：这个问题可是困扰我们多年了，其实何止我们村，周边的几个村又何尝不是这样，你赶紧说一下你的想法。

小徐：对于农村副业来讲，一般可以分为两类。一类是具有灵活性和临时性的，如编织、采石、利用农产品为原料的简单加工等，农忙时劳动者务农，农闲时从事这一副业生产，这种间断性地生产并不影响其经济效益；另一类具有固定性的特征，如村办工厂、镇办工厂等常年性副业专业户等，有助于产业兴旺的实现，因此第二类农副业所占比重越来越高，这对实现乡村振兴的目标有重要的促进作用。

对于第一类具有灵活性和临时性的副业来讲，它一般与农业生产时间互补，与农业生产特点相适应。对于劳动者文化水平、技术水平等方面的要求不高，农村暂时性、季节性的剩余劳动力均可进行。我国拥有着丰富的自然资源，这为农村副业的发展提供了广阔空间，加之我国劳动人民在长期生产过程中积累了丰富的生产经验，无论在南方还是在北方，山区、丘陵还是平原，内陆还是沿海、滨湖地区，当地劳动者都拥有着“靠山吃山、靠水吃水”的本领，能够充分利用当地资源。农民一般在农忙时务农，农闲时从事临时性副业。例如在农闲时，他们会选取豆腐豆芽、粉丝粉皮、蔬菜、鱼虾海货以及各种野生动植物等其中的一种或多种副业项目进行理性组合，以增加自身收入。随着城乡生活的改善和提高，人们对副食品的需求量及其质量要求均有所提高，因而大力发展农村副业，既能够解决纯天然产品供给不足的问题，也会解决农村劳动者资金周转不灵的问题。

对于第二类固定性、常年性的农村副业，是农村生产力发展的必然趋势，但这类副业只有做到规模化才能做强，它所需要的并非是暂时性、季节性的劳动力，而是能够常年进行副业生产的劳动力。不仅如此，这种副业对劳动力的素质和技能都提出了较高的要求，需要经营者在文化水平、技术水平、资金规模等方面达到一定标准才能满足生产要求。这一系列的标准使当前农村劳动力的供给呈现出“既不足，又过剩”的现状。从总量上看，农村劳动力仍然是过剩的；从结构上看，规模化生产所需的高素质劳动力却供不应求。

孙书记：你说得很对，我们农村缺少的就是人才啊！马克思在论述大工业和农业的关系时指出，“如果说机器在农业中的使用大多避免了机器使工厂工人遭到的那种身体上的损害，那么机器在农业中的使用在造成工人‘过剩’方面却发生了更为强烈的作用，而且没有遇到什么抵抗”[①]。土地资源是有限的，机器的使用导致农业资本有机构成（不变资本与全部资本的比值）提高，直接导致对劳动力的需求绝对下降，并且即便“农业工人”不断减少，农产品不断增加，劳动力仍然过剩，机器应用程度的提升，不断地将农村劳动力“挤出”农业，转向非农产业，所以农业机械化和农业产业化的整个过程都将伴随农村劳动力转移的客观问题。

除此之外，社会分工越发展，社会部门的分化就越明显，产生的部门也越多。马克思讲，部门之间的竞争以及资本的自由流动使得不同资本家获得的利润会逐渐转化成平均利润，而各个资本家为了追求超额利润，不断地改进生产技术，提高生产力，最终导致资本有机构成不断提高，平均利润也不断呈现出下降的趋势。这致使农业资本家的资本积累行为变得懈怠，对劳动的吸纳能力进一步降低，或者原先的资本开始转移到利润率更高的新兴行业。尽管资本在新旧行业转移的过程中，对劳动力需求大幅度上升，但之前被“挤出”的劳动力却无法满足新行业的发展需求，“天花板”与“地板”的双向挤压，产生了更多的剩余劳

① 马克思：《资本论》（第1卷），人民出版社2004年版，第578页。

动力。

农村劳动者就业机会越来越少，致富的途径变得稀缺。为了维持生计，养家糊口，他们最终不得不选择进入城市充当工业过剩人口大军中的一员，扮演“蓄水池”的角色。正如马克思指出的那样，“尽管农业工人的人数不断减少，他们的产品数量不断增加，但他们还是不断地‘变得过剩’，这是使他们成为需要救济的贫困的摇篮”[①]，农村劳动力不断出现剩余的同时必然伴随贫困现象的发生。

小徐：对，一方面由于机器在农业中的不断应用，将劳动力“挤出”农业，转向非农产业；另一方面机器在工业中的普遍应用导致平均利润不断下降，促使资本家将积累资本投入新兴的高利润产业中，而被机器“挤出”的农村劳动力由于自身的素质不能达到相应的需求，使他们最终一步步成为剩余人口。还有一个问题就是教育资金的投入可能会让农村发展呈现“两亏”的局面。

孙书记：确实是这样。我们都清楚，要适应当前新兴产业对劳动力的需求标准，摆脱沦为相对剩余劳动力的命运，就应当从自身素质出发。现在，很多家长都将他们的全部财力用来培养孩子，但最终只是“为他人作嫁衣”，人才走出去后就回不来了，依旧无法解决农村发展问题，所以你能回来，我是打心眼儿里高兴。

小徐：孙书记您知道吗，有一段时间网上特别流行一个说法，叫“别人家的孩子”，这从侧面折射出了人们现在的价值

① 马克思：《资本论》(第1卷)，人民出版社2004年版，第797页。

观。很多年前，有钱的人可以穿一件貂皮大衣，带一枚钻戒，提一款名牌包包来炫耀一下，可是不知何时，这一现象已经消失了，那么现在的人就不再攀比了吗？不，人们现在开始相互攀比自己的下一代，只要自己的孩子成绩好，那么你就有发言权。为了孩子，家长可以卖掉房子，学校在哪里，家就搬到哪里，这个现象无论在城市还是农村，竟然相似得令人惊讶。不同的是，同样是教育投资，最终，资金、人才都留在了城市中。一方面教育投资绝大部分并不在农村形成消费，而是流向城市，带动城市的发展，这一点在大学城尤其明显；另一方面通过教育投资培养出的人才绝大部分并未回到农村和服务于农业，而是流向城市谋求发展。现阶段，尽管有国家政策的支持，农业发展有迈向规模化、专业化的现代化趋势，但这需要大量资金与人才的支持，当前的“两亏”局面使农村既失去资本又失去人才，这样培养的“人才”对农业发展的益处着实不大。

孙书记：哎，现实就是这样啊。灯红酒绿与灯火稀疏、柏油马路与泥泞小路、宽敞明亮的超市与脏乱差的集市、办公室里的白领与面朝黄土背朝天的农民……农村发展确实落后于城市太多。这种差距让多数人产生了“宁当凤尾，不做鸡头”的想法，他们宁愿选择待在陌生的城市中忍受各种就业和生活压力，也不愿回到农村去。对农村孩子而言，能够让他们走进大城市的唯一资本就是学历，所以，他们怎么会放弃这唯一的“稻草”。这样一来，农村劳动力的转移既带走了专业劳动力和资金，也带走了原本生长于农村的高素质人才。如何摆脱当前的“两亏”局面，引导劳动力“逆流”，转移到农村中，服务于农村的发展已经成为我们亟须解决的一个重要问题，小徐你可有什么好的办法？

小徐：目前，我国发展农业副业的政策和措施还局限在传统农业领域，对发展“大农业”还没有足够重视。所以在新农村建设中，要立足于现代农业副业的规模化、专业化发展，大力推动农业向工业、服务业延伸，逐步实现农村第一、二、三产业融合。当然，这一切都需要有相应能力的人才作支撑，至于如何吸引、留住人才，我认为有以下几个方面。

首先，对于被机器“挤出”的农村转移人口来讲，他们在城镇转移的过程中开阔了视野，更新了观念，学到了新知识、新技能。因此，要鼓励农村外出人员回乡创业，在政策上对回乡创业的人员给予一定的支持，建立农民创业资金体系，加大财政补贴力度。比如，农民创业贷款可用土地、林地或住房作为抵押向银行申请。如创业不成功，银行可将土地、山林或住房等抵押品交土地中心，由土地中心对土地进行有偿流转。另外，继续大力加强农村劳动力技能培训，提升农民转岗就业的能力。

其次，接受完高等教育的高素质人才，大多都选择在大城市就业，我们应当用一系列优惠政策吸引他们，留住他们。例如，鼓励农业专业合作社、农业企业等与相关院校进行有偿实习合作，用福利待遇和发展潜力留住在实习过程中表现优异的大学生，做到“专业对口，岗位定向”。一方面解决农村企业专业人才匮乏的问题，另一方面解决大学生就业难的问题。鼓励大学生、专业人才到农村创业，设立“农村创业专项扶持基金”，政府为相关人员进行创业担保，并为他们提供相关的创业通道、资源等；对于创业达到一定规模的，每年给予一定的补贴，加大宣传力度，形成典型效应。

最后，一个地区的发展不能仅靠某一产业来带动，还需要相关服务业的推动，因此还需要发展与基础产业相关的服务业，为创业营造良好的氛围。

孙书记：嗯，确实是这样。说到这儿我想起一段话，感触颇深。咱们都知道以色列企业家的创新能力在世界上是被公认的，不仅体现在研发新产品上，更体现在如何使产业均衡发展的策略上。有一个人开了一家电脑生产厂，生意很火；另一个人仔细考虑之后就在电脑生产厂的一侧开了一家电脑屏幕保护膜便利店，生意仍旧很火；第三个人对这情况深入观察之后，就在不远处开了一家优盘制造厂，生意同样不错；第四个人又来到这里开了一家电脑维修店……制造业与服务业的均衡发展使该地区的经济得到迅速发展。而我国当前制造业与服务业的“交互外部性”并不明显，有人曾预言，假设上述例子放在中国，情况就会完全不同，当发现一个人生产电脑有利可图时，第二个人也会在附近开一家电脑生产厂，第三个人再来开一个……到最后，该地区就成了生产电脑的聚集地。我国的企业家似乎有一种从众的习惯，做什么都喜欢“一窝蜂”式地进行。改革开放初期，我国东南沿海地区一个镇、县甚至是几个县都生产同一件产品，例如“皮鞋之乡”“打火机之乡”等。中国不同产业之间的发展不平衡并非只在当初缺乏经验时才存在，而是一直到今天都还存在这个问题。2008年的“4万亿计划”的时候，人人都涌向光伏、锂电池、太阳能等产业，仍旧没有意识到不同产业之间均衡发展和互补发展的重要性，以至于使这种新兴产业很快也变成了产能过剩产业。

图72　湖南邵阳打火机生产基地

有人开玩笑说“中国人生产什么，什么就降价；中国人买什么，什么就涨价”，尽管这是一句玩笑话，对于农村发展规模化副业来说却有深刻的警示意义。例如，一个地区要着力发展有机蔬菜，那么就应当鼓励本地物流、餐饮、广告等相关服务业的发展，使各个产业之间形成良性合作，相互带动，实现由点到线、由线到面的全方位发展，而不应该是各个规模化企业都去发展有机蔬菜，最终形成恶性竞争。这些问题，中央已经意识到，在最近的乡村振兴战略和发展纲要中都特别强调了农村产业间形成一体化和深度融合的重要性。

小徐：加快农村劳动力“回流”不仅是新农村建设的必然要求，也是城市化、工业化发展的客观需要，是推动城乡一体化、解决贫困问题的有效途径。农村劳动力“回流”和脱贫是相辅相成的。一方面，农村劳动力“回流”可以增加农民收入、改善农民生活，并为农村发展注入资金，同时农村劳动力从城市带回来的技术和观念会大大推动新农村建设的步伐；另一方面，农村经济的发展为农村劳动力素质提出了新要求，劳动者会更加积极主动地提高自身素质。加快农村劳动力“回流”符合科学发展、社会和谐的中国特色社会主义的基本要求。

孙书记：你真是个有想法的年轻人，希望在今后的工作中咱们相互合作，让咱们村振兴有望，最终发展成为人才洼地、投资盆地、技术高地。

（二）“金山银山”与“绿水青山”

我国古代的环保立法可以追溯到夏代大禹治理时期，大禹曾经颁发一条禁令：“春三月，山林不登斧，以成草木之长。夏三月，川泽不入网罟，以成鱼鳖之长。”为了保护环境，古代也设有相关的环保部门，当时被称作“虞”，舜所设的九部委中就有“虞”。春秋时期，齐国上卿管仲便是一位环保专家，在任时倡导环保治国，认为“为人君而不能谨守其山林菹泽草莱，不可以立为天下王”。到了战国时期，赵国著名思想家荀子也曾提出过“环保治国”的理念，并把这种环保称作“圣王之制”。即便在经济不发达的古代，人们都能意识到环保的重要性，可是到了生活优裕的今天，“乱花”渐欲迷人眼，金钱、地位逐渐让人们忘却了这一重任，致使环境遭到严重破坏。

2013年9月7日，习近平总书记在哈萨克斯坦纳扎尔巴耶夫大学回答提问，在谈到环境保护问题时指出：“我们既要绿水青山，也要金山银山。宁要绿水青山，不要金山银山，而且绿水青山就是金山银山。”这段论述是对经济发展与生态保护辩证关系

图73 “绿水青山就是金山银山”海报

的生动表述和理性取舍，是对自然生产力所蕴含财富的充分肯定，同时也是对《资本论》中自然生产力观点的进一步发展。

1. 我们能够做到既要绿水青山，也要金山银山吗？

孟子曰：“鱼，我所欲也，熊掌，亦我所欲也；二者不可得兼，舍鱼而取熊掌者也。生亦我所欲也，义亦我所欲也；二者不可得兼，舍生而取义者也。”尽管鱼和熊掌都想要，但最后只能选择一样，就如同“生”与“义”的对立关系。如今人们出行时，口罩已成了必需品，这并不是在跟风，而是因为PM2.5浓度居高不下，已经严重影响了人们的日常出行。当前生态环保与经济发展是否也面临着鱼与熊掌的对立关系呢？习近平总书记给了我们准确答案，我们“既要绿水青山，也要金山银山”，就是说经济的发展不能以环境的破坏为前提，对环境进行保护也不一定以经济的停滞为代价，这种双赢思想更是对《资本论》中有关节约自然资源、保护环境的新发展。

《资本论》中对人、自然以及人与自然的辩证关系贯穿始终。关于人的社会属性，马克思在《资本论》有过这样的看法："人即使不像亚里士多德所说的那样，天生是政治动物，无论如何也天生是社会动物。"[①]人在改造自然的生产实践中，结成了形式各样的社会关系，而且这些林林总总的社会关系还处于不断的变动之中。对于人与自然之间的关系，马克思引用劳动的概念来阐述，"劳动首先是人与自然之间的过程，是人以自身的活动来中介、调整和控制的人和自然之间的物质变换的过程"[②]，"一边是人及其劳动，另一边是自然及其物质"[③]，"劳动过程结束时得到的结果，在这个过程开始时就已经在劳动者的表象中存在着，即已经观念地存在着，他不仅使自然物发生形式变化，同时他还在自然物中实现自己的目的"。[④]显然，劳动过程蕴含着人类世界最基本的关系：人与自然的关系、人与人的关系。在这一过程中，人们充分发挥其主观能动性。从这个角度来看，劳动是人与自然间物质变换的一般条件，同时也是保证人类生存能够维持的过程，这一过程的两端是自然与劳动者，劳动充当中介者。

另外，马克思强调了人与自然之间的物质变换必须靠最小的消耗来满足人类本性的需要，合理性是物质变换的最基本要求。在此基础上，社会生产应该达到运用最少量的自然资源、最充分地循环利用废物和最少的排泄物的标准，把排泄物降到最

① 马克思:《资本论》(第1卷)，人民出版社2004年版，第379页。
② 马克思:《资本论》(第1卷)，人民出版社2004年版，第207—208页。
③ 马克思:《资本论》(第1卷)，人民出版社2004年版，第215页。
④ 马克思:《资本论》(第1卷)，人民出版社2004年版，第208页。

低。上述思想强调了生态文明建设的核心就是保持人与自然之间合理的物质变换，从而实现社会生产和自然生产的等量循环互动，使人类摆脱环境污染和自然资源紧张的生态危机。

“人离不开自然的手，就像小孩子离不开引带一样。”[①]自然界为人类创造物质财富提供基本的生产资料，为人类的生存提供基本的物质生活资料，为人类的精神生活提供素材。人类的劳动改变着人与自然之间的关系，在这一过程中，只要能够做到尊重自然、顺应自然、保护自然、合理利用自然资源，就能够摆脱舍“生态环境”、取“经济发展”导致的窘境，避免遭受来自自然界的负反馈，实现人与自然之间的共赢。

从我们当前的大背景来看，人与自然进行物质交换的过程就是经济发展的过程，这一过程表现为人类为了谋生不断地从自然环境中获取诸如石油、铁矿石和木材等自然资源。与此同时，人们在消费这些自然资源的过程中也必然向自然界排放二氧化碳、二氧化硫等工业燃烧废气物。因此开展节能减排意义非凡，能够节约物质资源和能量资源，最大限度地使废气、废水、固体粉尘等排泄物的排放得到有效控制，同时也对减轻生态环境承载压力、应对资源稀缺问题意义重大。

因此，要实现“既要绿水青山，也要金山银山”的目标，我们就必须放弃西方现代化的旧有发展模式，在新型工业化的道路上，大力发展生态经济，从根源上解决生态危机问题，推进节能减排，使不合理的生产现状得以改变。在我国人口众多、资源趋紧、生态环境破坏日益加剧的现状下，马克思关于自然资源、

① 马克思：《资本论》(第1卷)，人民出版社2004年版，第587页。

排泄物和废弃物的循环利用思想，对我们今天的生态转型意义深远，为中国生态经济建设提供了理论依据和方法论原则。

2. 为什么宁要绿水青山，不要金山银山？

面对“绿水青山”与“金山银山”如何抉择？习近平总书记给了我们明确的答案：宁要绿水青山，不要金山银山，因为绿水青山就是金山银山。

生态问题在马克思的时代并没有现在这样明显，而马克思却以其犀利的目光意识到生态问题以及生态危机的发展态势，并对生态问题产生的根源进行了深刻的剖析。概括起来，主要包括自然环境的变迁、人居环境以及工作环境的恶化。

自然环境遭到严重破坏。资本主义工业的发展和资本积累的加速，加剧了资本家对自然资源的贪欲……人和土地之间的合理物质变换被破坏，人消费掉的土地组成部分无法回归土地，自然界中的土地资源消耗严重，却又不能被及时、有效地补充，最终走向枯竭与贫瘠，河流、森林也都遭到了破坏与污染，具体表现在：河流泥沙淤积，污染严重；森林被乱砍滥伐，面积缩减。

资本主义农业的任何进步都不仅是掠夺劳动者剩余价值技巧的进步，而且是掠夺土地有限肥力技巧的进步，即便在一定时期内提高土地肥力取得了一定进展，那也是在为进一步破坏土地肥力做铺垫。“一个国家，例如北美合众国，越是以大工业作为自己发展的基础，这个破坏过程就越迅速。因此，资本主义生产发展了社会生产过程的技术和结合，只是由于它同时破坏了一切财富的源泉——土地和工人。”[①]同时，江河遭到污染，河流泥沙

① 马克思：《资本论》(第1卷)，人民出版社2004年版，第580页。

淤积，由于资本主义工业化的加速，致使部分发达工业化城市中的生产排泄物和消费排泄物被大量排放到河流中。马克思在《资本论》中还曾对泰晤士河遭到污染的情况做了记录，“在伦敦，450万人的粪便，就没有什么好的处理方法，只好花很多钱用来污染泰晤士河。”[①]另外，近代工业的发展、农业生产的进步和矿山开采技术的提高，凡此种种，还表现出了对植被的大量需求，进而导致森林面积的缩减。很长一段时间内，对森林的破坏都远远超过了对森林的养护和生产。正如马克思所说：“资本主义生产方式以人对自然的支配为前提”[②]，“在社会的以及由生活的自然规律所决定的物质变换的联系中造成一个无法弥补的裂缝。”[③]

工人的居住环境也日益恶化。资本主义工业发展将废气排放到空气中，成为城市空气的主要污染源，致使居民的空气环境日益恶化，居住在资本主义工业发达地区的人们似乎永远不知道太阳是何时升起、何时降落的。一些工业城市的周边到处弥漫着煤烟，像之前的伦敦和曼彻斯特，正如恩格斯所说的那样：“伦敦的空气永远不会像乡间那样清新而充满氧气”，“大城市的居民……患慢性病的却多得多。”[④]

资本主义经济发展需要大量的廉价劳动力，于是资本家抛出高工资作为诱饵，大量工人蜂拥而至，涌入心之所向的大城市，令他们没有想到的是，他们所向往的大城市已经沦为工业发展的附庸，到处弥漫着灰色的烟雾，水渠中流淌着黑得像柏油一

① 马克思：《资本论》（第3卷），人民出版社2004年版，第115页。
② 马克思：《资本论》（第1卷），人民出版社2004年版，第587页。
③ 马克思：《资本论》（第3卷），人民出版社2004年版，第919页。
④《马克思恩格斯全集》（第2卷），人民出版社2004年版，第380—381页。

样的污水，散发着令人作呕的臭气。城市布局被工厂一再挤占，导致道路狭窄、通风条件极差，而这地域恰恰就是工人要居住的场所，低矮、潮湿、阴暗、狭小的安身区域内，垃圾遍地、空气污浊，惨不忍睹，这样的环境往往是百病滋生的根源，这种环境下的人类似乎丧失了与动物的区别。

不仅如此，工人的工作环境也日益恶化。在工厂里，利润最大化的理念促使资本家最大限度地节省成本，陈旧的设备依然在车间里轰鸣，没有任何保护措施的高强度的劳动导致职业病例频发，与现在不同的是，那里没有保险，生病了非但不会给工人治病报销，还会迅速将他们赶出工厂。生产力进步就是如此摧残工人的身体健康的，正如马克思所形容的“人为的高温，充满原料碎屑的空气，震耳欲聋的喧嚣等，都同样地损害人的一切感官，更不用说在密集的机器中间所冒的生命危险了……对空间、空气、阳光以及对保护工人在生产过程中人身安全和健康的设备系统的掠夺”。但是这一切在资本家看来，安装预防生产危险的机器是一种奢侈，[①]为了节约成本，即使将工人安排在这种环境中也是不存在任何问题的，因为只有资本才是他们唯一的灵魂。

自然问题说到底仍然是社会问题，人与自然问题的最终解决取决于理顺人与人之间的关系，而人与人的对立与冲突又是由制度造成的。资本主义制度放纵了资本家的贪婪本性，为了最大限度地获取利润，不惜以掠夺资源和压榨工人为代价，从而使得人与自然、人与人之间的矛盾冲突不可避免。生态环境问题日益凸显，破坏了生态环境，耗费了有限的资源，剩余价值最大化的

---

① 参见马克思：《资本论》(第3卷)，人民出版社2004年版，第101页。

魔咒使得人们的居住环境与工作环境日趋恶劣。资本主义的发展以自然环境的破坏为代价，最终出现被大自然“下诅咒”的后果，面对这种生活环境，即便选择了“金山银山”，可是没有“绿水青山”作为生活的基础资源，那也只能是和尚买梳子——无用。

3. 为什么绿水青山就是金山银山？

绿水青山就是金山银山，这种思想如果置于当时的资本主义生产过程中，站在资本家的角度，那一定是解释不通或令人费解的。但是在今天，这句话无论从哪个国家的角度看，相信大家都不会有异议。“雾都”最初是伦敦的别称，而现在很多城市已经后来居上，“青出于蓝而胜于蓝”了！当前，英国爱丁堡、中国重庆、日本东京、美国旧金山、土耳其安卡拉与伦敦已经并称为全球“六大雾都”。

“绿水青山”泛指一切有利于人类生存和发展的良好自然生态，这些“绿水青山”所提供的自然条件、自然资源、自然力等能产生巨大的自然生产力，自然生产力中又蕴含着丰厚的生态财富，就是一座座“金山银山”。

相对于资本主义以生态环境、人居环境、工作环境破坏为代价的发展而言，“绿水青山”可以通过改善劳动者自身的再生产条件来促进人类财富的增加：一方面给劳动者提供宜居的自然环境，使劳动者身心愉悦，从而提升劳动者的工作效率；另一方面，通过提供丰富的生活资料保障劳动者自身的再生产，从而促进人类财富的创造。另外，“绿水青山”可以通过提供劳动工具，进而影响人类财富的创造。无论科技怎样发达，劳动工具怎

图74　工业革命造成大气污染

样升级换代，究其源头，都是来自大自然的馈赠。但是长久以来，人们拘泥于“人定胜天”的思维模式，把自然界视为肆意掠夺与支配的对象，却以为自己在因势利导，认为秦代的李冰都能够修建都江堰，更何况在科技发达的今天，完全忽视了在自然面前自己的被动地位。人们似乎并没有意识到他们一直在追寻的“金山银山”实际上就是已经被他们掠夺得千疮百孔的“绿水青山”。

图75　英国工人的生活环境

人与自然之间的关系几乎贯穿了《资本论》的始终，这足以说明马克思对环境问题的关注和深刻认识。马克思曾说："在资产阶级看来，世界上没有一样东西不是为了金钱而存在的，连他们本身也不例外，因为他们活着就是为了赚钱，除了快快发财，他们不知道还有别的幸福，除了金钱的损失，不知道还有别的痛苦。"[①]马克思认为生态危机的根源，就是资本逻辑的驱使，就是资本对自然的占有，如此一来，人与自然的关系必然被资本对自然的占有关系所掩盖。

人与人的关系以及人与自然的关系应当是同一生产过程的两个方面。一方面，人与人只有结成一定的关系，才能去利用和

①《马克思恩格斯全集》(第2卷)，人民出版社2004年版，第564页。

改造自然；另一方面，如果离开人与自然的关系，人与人的关系的形成也就失去了赖以存在的物质基础。人与人的关系是对人与自然关系的发展与延伸，人与自然的关系对人与人的关系而言是其存在和发展的前提与基础。人与自然之间有着千丝万缕的联系，两者之间没有谁的地位更高之说，两者是公平的，倘若人类肆无忌惮地去“挑战”自然的极限，就如同自掘坟墓，自然也会“投之以桃，报之以李”，由人类来品尝自己种下的恶果。

国家“十三五”规划中已经明确指出，“十三五”期间中国经济发展的战略目标，即生态环境质量得到总体改善，绿色的生产方式和生活方式逐渐呈现，低碳水平有所提升。能源资源开发利用效率大幅度攀升，能源资源消耗、碳排放总量得到有效控制，大幅降低主要污染物排放总量。党的十九大报告指出，“人民美好生活需要日益广泛，不仅对物质文化生活提出了更高要求，而且在民主、法治、公平、正义、安全、环境等方面的要求日益增长”。传统的粗放型经济发展带来了突出的生态、环境问题，生态账本严重透支，使人类的经济活动处在“竭泽而渔”的困境下。因此，面对长江生态环境的恶化，习近平同志曾提出，“要把修复长江生态环境摆在压倒性位置，共抓大保护，不搞大开发”。其实，这句话不仅适用于长江生态环境的修复上，用在任何一个地区都合适。

“共抓大保护”意味着生态环境的修复是一项系统工程，涉及面广。因此，不仅需要各个地区打破行政壁垒和界限，建立合作、协调机制，还要我们每一个个体都秉持着“共饮一江水，共谋一盘棋”的心态，实现“大保护”；不搞大开发意味着在不损害生态环境的前提下，科学发展，有序开发，限制污染严重产业的扩张，淘汰高能耗、高排放、高污染的落后产业，利用有限的资源推动产业转型升级，发展高效农业、绿色工业和现代服务业，实现高质量发展，逐步弥补生态欠账，走出一条代价小、排放低、效益好，立足于国情又紧扣经济发展主题和转变经济发展方式主线的生态文明新路，就能使“绿水青山”真正变成“金山银山”。

参考文献

[1]《马克思恩格斯全集》(第2卷)[M]. 北京：人民出版社1957年版。

[2]《马克思恩格斯全集》(第6、9卷)[M]. 北京：人民出版社1961年版。

[3]《马克思恩格斯全集》(第12卷)[M]. 北京：人民出版社1962年版。

[4]《马克思恩格斯全集》(第16、18卷)[M]. 北京：人民出版社1964年版。

[5]《马克思恩格斯全集》(第19卷)[M]. 北京：人民出版社1963年版。

[6]《马克思恩格斯全集》(第21卷)[M]. 北京：人民出版社1965年版。

[7]《马克思恩格斯全集》(第23、24、27、29、31、34卷)[M]. 北京：人民出版社1972年版。

[8]《马克思恩格斯全集》(第25、36卷)[M]. 北京：人民出版社1974年版。

[9]《马克思恩格斯全集》(第26卷)第一册 [M]. 北京：人民出版社1972年版。

[10]《马克思恩格斯全集》(第26卷)第二册 [M]. 北京：人民出版社1973年版。

[11]《马克思恩格斯全集》（第26卷）第三册［M］. 北京：人民出版社1974年版。

[12]《马克思恩格斯全集》（第28、33卷）［M］. 北京：人民出版社1973年版。

[13]《马克思恩格斯全集》（第35卷）［M］. 北京：人民出版社1971年版。

[14]《马克思恩格斯全集》（第44卷）［M］. 北京：人民出版社1982年版。

[15]《马克思恩格斯全集》（第46卷）上册［M］. 北京：人民出版社1979年版。

[16]《马克思恩格斯全集》（第46卷）下册［M］. 北京：人民出版社1980年版。

[17]《马克思恩格斯选集》（第1—4卷）［M］. 北京：人民出版社1972年版。

[18]《列宁选集》（第1、2卷）［M］. 北京：人民出版社年2012年版。

[19]［德］马克思：《资本论》（第1—3卷）［M］. 北京：人民出版社2004年版。

[20]雍桂良：《〈资本论〉的写作与传播》［M］. 北京：求实出版社1982年版。

[21]顾海良：《画说〈资本论〉》［M］. 南昌：二十一世纪出版社2000年版。

[22]胡培兆，林圃：《〈资本论〉在中国的传播》［M］. 济南：山东人民出版社1985年版。

[23]《毛泽东选集》（合订本）［M］. 北京：人民出版社1991

年版。

[24]孙毓棠：《中国近代经济史》（上册）[M]．北京：人民出版社1979年版。

[25]高一涵：《回忆李大钊同志》，选自《五四运动回忆录》[M]．北京：中国社会科学出版社1979年版。

[26]周恩来：《宗教精神与共产主义》，选自《五四前后周恩来同志诗文选》[M]．天津：天津人民出版社1979年版。

[27]周恩来：《周恩来旅欧通信》[M]．北京：人民日报出版社1979年版。

[28]中共双峰县委员会：《蔡和森传》[M]．长沙：湖南人民出版社1980年版。

[29]蔡和森：《蔡和森文集》（下）[M]．长沙：湖南人民出版社1979年版。

[30]李大钊：《李大钊选集》[M]．北京：人民出版社1959年版。

[31]郭湛波：《近五十年中国思想史》[M]．北京：北平人文书店1936年版。

[32]张鸿浩：《回忆学生时代的周恩来同志》，选自《五四前后周恩来同志诗文选》[M]．天津：天津人民出版社1979年版。

[33]人民出版社资料组：《人民的好总理》（上册）[M]．北京：人民出版社1977年版。

[34]罗章龙：《回忆"五四"运动和北京大学马克思学会研究会》，选自《文史资料选辑》[M]．北京：中华书局1980年版。

[35]胡培兆：《经济学本质论——三论三别》[M]．北京：经济科学出版社2006年版。

[36]孙冶方：《社会主义经济的若干理论问题》（续集）[M]. 北京：人民出版社1982年版。

[37] [德]马克思：《政治经济学批判大纲（草稿）》（第3分册）[M]. 北京：中国人民大学出版社2016年版。

[38]《毛泽东选集》（第1、3卷）[M]. 北京：人民出版社1991年版。

[39]《毛泽东文集》（第1卷）[M]. 北京：人民出版社1993年版。

[40]中共中央文献研究室：《建国以来重要文献选编》（第8册）[M]. 北京：中央文献出版社1994年版。

[41]张家禄主编：《〈资本论〉与社会主义市场经济》[M]. 北京：经济管理出版社1999年版。

[42]《邓小平文选》（第2、3卷）[M]. 北京：人民出版社1994年版。

[43] [德]马克思：《资本论》（第1卷）[M]. 上海：生活·读书·新知三联书店2009年版。

[44] [德]威廉·李卜克内西：《回忆马克思恩格斯》[M]. 北京：人民出版社1973年版。

[45] [俄]斯大林：《列宁主义问题》[M]. 北京：人民出版社2002年版。

[46] [美]埃德加·斯诺：《西行漫记》[M]. 上海：生活·读书·新知三联书店1979年版。

[47] [美]埃德加·斯诺：《红星照耀中国》[M]. 北京：人民文学出版社2016年版。

[48]胡放之：《英国工业革命时期的劳动力市场与工资水平》

[J].《湖北大学学报》2004年第5期。

[49]黎澍：《论社会主义在中国的传播》[J].《历史研究》1954年第3期。

[50]周宏府：《中国早期工人运动的发展和中国共产党的诞生》[J].《湘潭大学社会科学学报》1981年第10期。

[51]蔡和森：《马克思学说与中国无产阶级》（一九一二年二月）[J]. 长沙：湖南人民出版社1980年版。

[52]陈独秀：《马克思学说》[J].《新青年》1922年第9卷第6期。

[53]陈独秀：《社会主义批判》[J].《新青年》1922年第9卷第3期。

[54]吴杰：《"资本论"的几种中译本》[J].《翻译通报》1951年第2期。

[55]雨竹：《在白色恐怖下翻译与出版〈资本论〉》[N].《中国社会科学报》，2011年9月27日。

[56]刘大明：《把火种"盗"到中国的人们——〈资本论〉早期的翻译出版和全译本首次在中国出版纪实》（上、中、下篇）[J].《新文化史料》1988年第1、2、3期。

[57]郭大力：《关于马克思的〈资本论〉》[J]. 上海：生活·读书·新知三联书店1978年版。

[58]常永胜：《马克思经济学的学术境遇与发展空间——兼谈胡培兆教授的〈经济学本质论——三论三别〉》[J].《嘉应学院学报》2009年第4期。

[59]胡培兆：《古典的与当代的马克思主义》[J].《中国经济问题》2007年第1期。

［60］胡培兆：《中国的人口问题》［J］.《中国经济问题》2008年第5期。

［61］吴志菲，卫兴华：《〈资本论〉给了我研究“资本”》［J］.《财经界》2014年第5期。

［62］林健：《陈征教授与〈资本论〉研究》［J］.《福建学刊》1988年第2期。

［63］陈征：《我与〈资本论〉》［J］.《当代经济研究》2015年第1期。

［64］薛暮桥：《中国社会主义经济问题研究》［J］. 北京：人民出版社1981年版。

［65］许涤新：《中国过渡时期国民经济的分析》［J］. 北京：科学出版社1957年版。

［66］崔占峰：《二元结构异化与城镇化进程中的“三农”命题：兼论新型城镇化的前提与起点》［J］.《贵州社会科学》2014年第8期。

［67］习近平：《在省部级主要领导干部学习贯彻党的十八届五中全会精神专题研讨班上的讲话》。

［68］张俊山：《用社会再生产理论分析经济发展的“新常态”及结构调整方向》［J］.《当代经济研究》2016年第9期。

［69］《马克思、恩格斯、列宁、斯大林论经济危机》（文章摘编）［J］. 北京：人民出版社1975年版。

［70］王宇：《马克思信用与虚拟资本理论及其时代价值研究》［D］. 兰州大学硕士论文，2010年。

附　录

（本书中所涉及重要事件，按时间先后顺序排列）

时间	事件
1840年	鸦片战争
1841年	莱茵省议会会议对“农民禁止采伐林木，否则按盗伐惩处”这一法案表决
1843年	马克思被迫离开《莱茵报》
1843年	马克思与热恋7年的燕妮完婚
1844年	马克思与恩格斯相遇
1844年	马克思完成《1844年经济学哲学手稿》
1848—1849年	欧洲革命
1853年	马克思写作《大不列颠在印度统治的未来结果》与《大不列颠在印度统治》
1857年	马克思写作《资本主义社会以前的各种社会形态》
1857—1858年	马克思完成《1857—1858年经济学手稿》
1858年	马克思与柏林的出版商弗·敦克尔签订了出版这部经济学巨著的协议
1859年	福格特出版了一本诽谤马克思及其战友们进行共产主义活动的书
1859年	《政治经济学批判》第一分册出版
1861年	马克思完成《福格特先生》
1861—1863年	马克思完成《1861—1863年经济学手稿》

时间	事件
1865年	马克思初步完成《资本论》三卷的新手稿
1867年	马克思完成了《资本论》第一卷的润色与誊写工作
1867年	《资本论》与大众见面
1870年	普法战争
1877年	严复被派往英国朴次茅斯海军学校学习海军理论
1877年	马克思重新整理《资本论》第二卷
1881年	马克思的病情使他完全停止《资本论》第二卷的写作
1883年	马克思与世长辞
1884年	恩格斯进行《资本论》第二卷的编纂工作
1885年	《资本论》第二卷由汉堡出版社出版
1894年	《资本论》第三卷出版
1894年	新西兰颁布了《劳资协调与仲裁法》
1898年	片山潜、幸德秋水等人组织了社会主义研究会
1899年	英国传教士李提摩太与蔡尔康合著《相争相进之理》
1899年	蔡尔康首次在中国提到《资本论》
1902年	梁启超在《新民丛报》发表了《进化论革命者颉德之学说》一文
1903年	马君武在《译书汇编》中发表《唯物论二巨子学说》和《社会主义与进化论》
1906年	朱执信在《民报》发表《德意志社会革命家小传》一文
1913年	李大钊在日本早稻田大学留学
1917年	俄国十月革命胜利

时间	事件
1917年	李大钊发表《法俄革命之比较观》《庶民的胜利》《布尔什维主义的胜利》
1917年	蔡元培、吴玉章在北京、上海等地喊出“劳工神圣”的口号
1919年	日本出版《资本论》日文全译本
1919年	李大钊发表《我的马克思主义观》
1919年	黄凌霜发表《马克思学说的批判》
1919年	李达东渡日本专攻马克思列宁主义理论
1920年	陈公博发表《马克思的一生及其事业》
1920年	陈独秀开始信仰马克思主义
1920年	朱执信被杀害
1920年	邝摩汉发表《马克思剩余价值论》
1920年	李汉俊翻译的《马克思资本论入门》出版
1920年	费觉天翻译的《资本论自叙》出版
1920年	陈启修在北京大学开设马克思主义经济学教程
1920年	蔡和森与向警予在法国成婚
1920年	李大钊在北京大学秘密组织马克思学说研究会
1920年	周恩来带领天津高校学生五六千人请愿被捕
1920年	陈望道所译《共产党宣言》正式出版发行
1921年	李大钊宣布成立北京大学马克思学说研究会
1921年	蔡和森被迫回国
1921年	马克思学术研究会成立，陈启修被聘为导师，指导研究并翻译《资本论》
1921年	中国共产党在上海宣告成立

时间	事件
1922年	李大钊发表《马克思的经济学说》
1922年	邝摩汉发表《马克思经济学说》
1922年	周佛海发表《介绍马克思经济学说》
1922年	陈独秀发表《马克思经济学说》
1922年	李达出任湖南自修大学校长
1923年	周佛海发表《马克思的资本论》
1923年	施复亮发表《资本论解说》
1925年	毛泽东撰写《中国社会各阶级的分析》
1926年	李季翻译《通俗资本论》
1924—1927年	第一次革命失败
1927年	毛泽东撰写《湖南农民运动考察报告》
1927年	八七会议
1927年	戴季陶与胡汉民合译《资本论解说》
1929年	李达编写《社会之基础知识》
1929年	施复亮发表《资本论大纲》和《经济学大纲》)
1929年	李季发表《马克思传》
1929年	李达翻译《政治经济学批判》
1929年	陈启修翻译《新经济学》和《经济学大纲》
1929年	陈启修翻译河上肇的《经济学大纲》
1930年	闽西各级苏维埃政权建立
1930年	吴黎平翻译《反杜林论》

时间	事件
1930年	王学文与鲁迅等发起成立中国自由运动大同盟
1930年	李达与王静等合译《马克思主义经济学基础理论》
1930年	陈启修翻译《资本论》第一卷第一篇
1931年	郭沫若翻译《政治经济学批判》
1931年	中国生产出第一辆国产载货汽车——民生牌汽车
1932年	邓子恢发表《发展粮食合作社来巩固苏区经济》
1932年	侯外庐、王思华翻译《资本论》
1932年	侯外庐、王思华将翻译完成的《资本论》前七章以国际学社的名义出版
1932年	汪馥泉翻译《马克思经济学说》
1932年	潘冬舟翻译《资本论》第一卷第二、三、四篇
1932—1936年	王思华、侯外庐翻译《资本论》第一卷
1932年	郭大力之前译好的《资本论》第一卷译稿毁于"一·二八"的战火
1934年	吴半农翻译《资本论》第一、二篇
1935年	瓦窑堡会议
1935年	遵义会议
1936年	狄超白发表《通俗政治经济学讲话》
1936年	《资本论》第一卷剩余的内容出版
1937年	郭大力将《资本论》第一卷译稿交到郑易里手中
1938年	郑易里翻译《〈资本论〉的文学构造》
1938年	郭大力、王亚南合译《资本论》第一、二、三卷
1938年	美国颁布《公平劳工标准法》

时间	事件
1938年	中译本《资本论》第一、二、三卷问世
1939年	沈志远发表《研究〈资本论〉入门》
1939年	许涤新发表《理解〈资本论〉所必需的预备和知识》
1939年	刘少奇演讲《论共产党员的修养》
1947年	全国土地会议召开
1948年	王学文按照《资本论》的基本原理，开始编写中国自己的政治经济学教程
1949年	郭大力以考茨基的版本为依据，翻译并出版《剩余价值学说》
1953年	王学文被陈伯达排挤出马列学院
1953年	郭大力对首版译本作全面的修订
1953年	中国大陆大部分地区的土地改革基本完成
1953年	工商业改造在全国展开
1956年	毛泽东撰写《加快手工业的社会主义改造》
1956年	王文学的《政治经济学方法论的几个问题》在湖南人民出版社出版
1957年	王亚南发表《政治经济学论文选集》
1963年	王亚南发表《〈资本论〉讲座》
1963年	卫兴华发表《〈资本论〉学习参考资料》
1973年	王亚南发表《〈资本论〉研究》
1975年	中共中央马克思著作编译局重新翻译《资本论》
1975年	中共中央马克思著作编译局翻译《剩余价值学说》，并将书名改为《剩余价值理论》

时间	事件
1976年	郭大力写完译稿最后一个字后与世长辞
1978年	王学文发表《马克思主义政治经济学的实践性》《学习与运用马克思主义政治经济学的重要性》
1978年	安徽小岗村18人签订大包干契约
1979年	王学文《认识、掌握和运用社会经济运动规律的重要性》
1979年	漆琪生发表《王亚南同志对〈资本论〉在中国传播的贡献》
1979年	周锦尉发表《在探索整理的道路上——王亚南和他的助手们对〈资本论〉的研究》
1979年	刘诗白发表《试论经济改革与社会主义全民所有制的完善》《论发展社会主义商品经济与利用市场》
1979—1984年	价格改革第一阶段
1980年	胡培兆与周元良合写《王亚南传略》《王亚南在我国传播马克思主义政治经济学的贡献》
1980年	王亚南发表《关于学习〈资本论〉的几个问题》
1981年	王学文、许涤新等人发起创立《资本论》研究会
1981年	陈克俭与甘民重合写《王亚南经济思想初探》
1981年	卫兴华与胡钧、吴树青编写《〈资本论〉第二卷简要本》
1983年	胡培兆与周元良合写《半封建半殖民地经济形态研究大师王亚南》
1984年	中华人民共和国的第一个合资车企——“北京吉普”成立
1985年	宋涛发表《政治经济学》上、中、下三册
1985—1993年	价格改革第二阶段
1987年	胡培兆发表《只有发展才能坚持马克思主义》

时间	事件
1988年	宋涛发表《〈资本论〉辞典》《中国大百科全书(经济学卷)》
1988年	实施价格“并轨”,放开价格管制,取消价格双轨制,实施著名的“价格闯关”
1991年	宋涛发表《〈资本论〉与当代中国经济》《市场经济体制与问题探索》
1992年	刘诗白教授在中国《资本论》学术年会上提交《社会主义市场经济之我见》
1992年	宋涛发表《马克思主义经济理论全书》
1993年	价格改革第三阶段
1994—1995年	宋涛发表《社会主义经济理论探索》《政治经济学教程》第四版
1998年	陈征发表《〈资本论〉在社会主义市场经济中的运用和发展》
2006年	胡培兆出版专著《经济学本质论——三论三别》
2009年	“张小泉”剪刀申遗成功
2013年	习近平总书记提出“一带一路”倡议和“金山银山”的理论
2017年	《资本论》研究会与福建师范大学举办“纪念《资本论》第一卷出版150周年”研讨会
2017年	将推进“一带一路”建设内容写入党章
2017年	党的十九大报告中提出乡村振兴战略
2018年	马克思诞辰200周年
2018年	港珠澳大桥开通仪式在广东珠海举行

后 记

2017年9月，我参加了在母校福建师范大学举办的《资本论》第一卷出版150周年的学术研讨会。参加这次会议的初衷，一是向学界前辈和同仁取经学习，二是探望授业恩师陈征先生。会场的气氛一直感染着我，尤其是先生和卫兴华教授两位学界泰斗，虽耄耋之年，需要借助轮椅和搀扶才能行走，但仍然出席了当天的纪念活动，并分别围绕收入分配和现代科学劳动价值论等问题做了主旨发言。我不仅感动于他们对马克思主义信仰的坚定、对我国《资本论》研究和政治经济学发展的贡献，尤惊讶于两位先生如此高龄却仍耳聪神清、思维敏捷、逻辑清晰，对于工作后疏于对《资本论》进一步深入学习的我，深感不安和惭愧。

先生的家里有一幅字："究天人之际、通古今之变、察中外之理、成一家之言"，这是他的座右铭。意思是进行学术研究，既要研究自然规律，也要研究社会运动；既要了解历史，也要把握现实的变化，还要学习中国的和外国的理论，这样才能形成自己的思想和观点。先生的《〈资本论〉解说》在学术界独树一帜，培养出了新一代中国经济学人，正是他对自己座右铭躬身践行的结果，同时也是先生教给我进行学术研究最根本的方法，让我终身受益。

一直有个关于《资本论》的情结，就是希望在《资本论》的研究方面能有所精进，因此工作之后的数年间，我在全校主动开设了《〈资本论〉脉络》选修课，几年来从未间断。目的之一是希望有更多的学生了解《资本论》，二是倒逼自己不要放弃对《资本论》的学习和研究。尽管如此，仍自感对《资本论》这部马克思主义的百科全书知之甚浅，需要继续努力。

欣慰的是昔日好友、山西教育出版社的郭志强同志致力于筹划和编辑一套包括《〈共产党宣言〉在中国》和《〈资本论〉在中国》的马克思主义中国化通俗理论丛书，以此作为纪念马克思200周年诞辰的献礼，并将其中的《〈资本论〉在中国》的写作任务委托于我，诚惶诚恐地接受了这个任务，我倍感压力！

令我激动的是，我昔日的学生——在中央党校攻读政治经济学和中共党史硕士学位的李敏、王法警两位同学，出于对马克思主义的坚定信仰和对《资本论》学习研究的浓厚兴趣，成了我完成写作的重要助手。我的大学同窗、山西大学经济与管理学院的和芸琴博士也欣然加入了创作队伍，经过大家的共同努力，从提纲的撰写、语言风格的选择到篇章结构的衔接，历时一年多，几经讨论、校对、修改，终于成稿。在终稿交给出版社的同时，我仍然心怀忐忑，不知这本即将问世的拙作能否实现让更多人愿意阅读，并在阅读中产生兴趣从而对其价值观产生影响的预期目标，希望能够有所裨益。

这本《〈资本论〉在中国》的篇章结构和叙述风格，深受上述先生从事学术研究方法的影响，史今结合，力图言之达意。为了增强可读性，还煞费苦心地采取了讲故事的方式，希望能引起读者的兴趣。

尽管做了很多努力与尝试，仍可能不尽如人意。由于时间仓促，能力和水平有限，书中还可能存在不规范、值得商榷，甚至谬误的地方，恳请大家宽容并批评指正。

最后，要向恩师陈征先生致谢，感谢他在我学术道路上的引领和一直以来的支持，不顾年迈，每次新作完成，都欣然作序；感谢学界前辈的研究成果，为我们完成写作提供了丰富的知识给养；感谢我的研究生崔宏瑜、王瑾珑、贾爱霞和原欣欣等人在注释校对方面认真细致的工作；感谢山西出版传媒集团和山西教育出版社、感谢郭志强和崔璨编辑的信任与支持！